农产品流通双渠道融合发展研究

Research on the Development of Dual Channel Integration of Agricultural Products Circulation

◎尹元元　著

中国矿业大学出版社

China University of Mining and Technology Press

图书在版编目（CIP）数据

农产品流通双渠道融合发展研究 / 尹元元著 . —徐州：中国矿业大学出版社，2018.12

ISBN 978-7-5646-4343-0

Ⅰ . ①农… Ⅱ . ①尹… Ⅲ . ①农产品流通－研究 Ⅳ . ① F304.3

中国版本图书馆 CIP 数据核字 (2018) 第 302174 号

书　　名　农产品流通双渠道融合发展研究
著　　者　尹元元
责任编辑　夏　然　章　毅
出版发行　中国矿业大学出版社有限责任公司
（江苏省徐州市解放南路　邮编　221008）
营销热线　（0516）83884103　83885105
出版服务　（0516）83995789　83884920
网　　址　http://www.cumtp.com　**E-mail**：cumtpvip@cumtp.com
印　　刷　湖南省众鑫印务有限公司
开　　本　710 mm×1000 mm　1/16　**印张**　16　**字数**　226 千字
版次印次　2019 年 12 月第 1 版　2019 年 12 月第 1 次印刷
定　　价　98.00 元

尹元元 副教授、博士、硕士生导师，现任湖南工商大学经济与贸易学院副院长。中国商业经济学会理事、湖南省市场学会秘书长、湖南商务厅中小商贸流通企业服务中心特聘专家。曾经获得湖南省青年教学能手称号，是湖南省青年骨干教师。近年来主持完成国家社科基金课题1项，省社会科学成果评审委员会重点课题1项，省教育厅重点课题1项，其他省级课题7个；出版学术专著2部；在SCI、CSSCI等学术刊物发表论文近30篇。主要研究方向为商贸流通及营销管理。

前　言

作为农业生产大国，我国蔬菜、水果、肉等农产品的产量早已位居世界前列，然而多年来农产品流通环节多、流通成本高、辐射半径短等突出问题没有得到有效解决。自1978年改革开放以来，我国农产品流通体系发生了巨大变革，从计划经济时代的“统购统销”逐步进入以市场化为中心的农产品流通模式。农产品流通渠道一直是政府关注的重点领域之一，2018年的中央一号文件更是从实施乡村振兴战略的高度，提出要重点解决农产品销售中的突出问题，打造农产品销售公共服务平台，健全农产品产销稳定衔接机制等建设思路和措施。农产品流通体系建设既是一项民生工程，又是“三农”中一个突出问题。农产品流通体系建设关乎亿万小规模农户生产与亿万居民家庭消费。新时期，我国农产品流通体系建设既有中国特色农业现代化和社会主义新农村建设的新任务，又有后经济危机时代扩大内需促进新一轮经济平稳快速增长的新要求；既面临城乡商品流通差距不断扩大的新局面，又面临网络时代向网络化、信息化、电子化、安全化发展的新趋势。因此，进入了中国特色社会主义新时代，如何充分利用物联网、电子商务等新技术，不断创新农产品流通渠道，拓展农产品流通渠道模式，破解我国农产品流通的困境，是一个亟须解决的问题。本书以我国农产品流通双渠道融合发展为研究核心，通过对农产品流通渠道选择的影响因素全面分析和研究，分别探讨了农产品批发市场转型升级以及农产品电子商务营销模式创新，分析了农产品流通双渠道融合的必要性及可行性，提出了促进农产品流通双渠道融合的对策建议。

全书共分为七章内容：第一章为导论，主要阐述研究背景以及研究意义，回顾和总结国内外研究现状，归纳本研究的理论基础，提出研究的内容和思路。第二章为质量体系对农产品流通渠道选择影响分析，在对我国农产品质量安全体系现状分析的基础上，以线上渠道为例，从理论分析和实证研究两个方面探讨了质量对农产品流通渠道选择的影响情况，并提出了对策建议。第三章为消费行为对农产品流通渠道选择影响分析：一是对消费者线上线下农产品购买方式的决策方式比较研究；二是从转换成本和支出心理账户视角，探讨了转换成本、支出心理账户与线上农产品购买行为的关联性。第四章为外部环境对农产品流通渠道选择影响分析，分别从市场信用、安全网络关注度和极端气候事件等方面探讨了对农产品流通渠道选择的影响路径及方式等。第五章为农产品流通线下渠道升级与改造研究，分别探讨了农产品批发市场转型升级以及农贸市场提质改造等问题。第六章为农产品流通线上渠道的营销创新研究，在全面梳理农产品电子商务研究脉络、现状及趋势的基础上，分别研究了农产品线上品牌的路径构建、农产品电子商务营销模式选择以及农产品电子商务营销模式实例等。第七章为农产品流通双渠道融合发展及对策建议，在对双渠道概念分析的基础上，分析了农产品流通双渠道融合的必要性，提出了农产品流通双渠道融合发展的对策建议。

本书是近年来由笔者主持完成的湖南省社会科学成果评审委员会重点课题“湖南农村电商问题及对策研究”、湖南省教育厅青年课题“新时期物联网下湖南省农产品流通体系构建研究”、湖南软科学课题“极端气候下湖南鲜活农产品市场保障机制研究”、湖南社科基金课题“科技创新和食品市场安全监管体系构建研究”等系列课题的研究成果。非常感谢参与这些课题研究的柳思维教授、黄福华教授、刘建芬教授、李莉副教授、周敏副教授、瞿艳平副教授、徐勋美博士等专家学者，他们对课题进行了全面细致的指导，以帮助课题顺利结题。此外，要特别感谢笔者指导的硕士生彭密香同学、赵悦同学、张灿同学，也是在她们的共同努力下，课题研究才取得了这些成果。当然，我们的研究还存在着一些不足和不够完善的地方，书中错误之处在所难免，敬请各位读者批评指正！

2018年6月30日

于湖南工商大学（现为湖南工商大学）

目　　录

第一章　导　论

第一节　研究背景和意义

一、研究背景

作为农业生产大国，我国蔬菜、水果、肉等农产品的产量早已位居世界前列。然而一直以来，农产品流通环节多、流通成本高、辐射半径短等突出问题没有得到有效解决。而且我国农产品滞销事件频出，仅2017年网络报道的就有河南中牟苹果、安徽砀山梨、山西襄汾辣椒等几十起；另外，据有关研究显示，我国农产品流通的损耗率远高于发达国家平均5%的标准。中央一号文件已经连续十余年关注“农产品流通问题”。2017年中央一号文件再次强调“完善全国农产品流通骨干网络”。2018年中央一号文件从实施乡村振兴战略高度提出，要重点解决农产品销售中的突出问题，加强农产品产后分级、包装、营销，建设现代化农产品冷链仓储物流体系，打造农产品销售公共服务平台，支持供销、邮政及各类企业把服务网点延伸到乡村，健全农产品产销稳定衔接机制，大力建设具有广泛性的促进农村电子商务发展的基础设施，鼓励支持各类市场主体创新发展基于互联网的新型农业产业模式，深入实施电子商务进农村综合示范，加快推进农村流通现代化。可见，农产品流通体系建设一直是我国政府高度重视的领域之一。

自1978年改革开放以来，我国农产品流通体系发生了巨大变革，由计划经济时代的“统购统销”逐步推进以市场化为中心的农产品流通体制（薛建强，2014）[1]。1978—1984年是农产品流通体制改革的初期阶段，改革重点在于理顺农产品价格，逐步走向市场自行调节（范恒山，2008）[2]。1985年以后改革的重点逐步从生产领域转向流通领域。到20世纪90年代初期，形成了以农产品批发市场为龙头、以集贸市场为基础的农产品流通渠道，即以批发市场为集散枢纽，以个体大户和经纪人为主体，以大路货的农产品为客体，以集贸市场和社区菜市场为零售末端的农产品流通体系。进入20世纪末，逐步兴起了以物流中心为枢纽，以连锁超市公司和其他农产品公司为主体，以标准化和较优质的农产品为客体，以连锁超市为零售末端的农产品流通渠道。总体来看，已有的农产品流通模式对于建立统一、开放、竞争、有序的现代市场体系，统筹城乡经济发展起到了巨大作用。

但是，上述农产品流通渠道在实际运行过程中存在下述一系列问题：系统环节多，“人流、物流、资金流、信息流”协同成本高；系统运作主体层次多，“人流、物流、资金流、信息流”协同规模效益低；物流技术落后，钳制了“人流、物流、资金流、信息流”协同的整体效率发挥；系统环节信息处理功能不全，不适应“人流、物流、资金流、信息流”协同等。尤其是随着农产品总产量的增加，“过剩”“卖难”“买难”问题日益凸显，进入21世纪后这种现象没有消失，并呈现出新的变化：一是“过剩”问题日益严重，农产品阶段性、区域性、结构性相对过剩成为普遍现象；二是农产品成为“卖难”的“主角”，蔬菜、水果等首当其冲；三是“卖难”“买难”现象同时存在，即对农户而言农产品“卖难”现象突出，而对城市居民而言则农产品价格居高不下，即人们常说的农产品流通“两头叫”现象。之前的农产品“卖难”“买难”是由于体制障碍造成的市场发育程度低和国家宏观调控乏力所致（张留征，1996）[3]。新时期农产品“卖难”“买难”现象变化特征表明这一时期农产品流通问题重点在于“产销脱节”，即流通渠道不畅。因此，在互联网发展的新时代，如何充分利用物联网、电子商务等新技术，不断创新农产品流通渠道，拓展农产品流通渠道模式，破解我国农产品流通的困境，是一个亟须解决的问题。

二、研究意义

农产品流通体系建设既是一项民生工程，又是“三农”中一个突出问题。农产品流通体系建设关乎亿万小规模农户生产与亿万居民家庭消费。新时期，我国农产品流通体系建设既有中国特色农业现代化和社会主义新农村建设的新任务，又有后经济危机时代扩大内需促进新一轮经济平稳快速增长的新要求；既面临城乡商品流通差距不断扩大的新局面，又面临网络时代向网络化、信息化、电子化、安全化发展的新趋势。为此，基于乡村振兴战略的实施，以农产品流通渠道为研究对象，深入探讨线下农产品流通渠道和线上农产品流通渠道的融合发展具有重要的理论和现实意义。

（一）理论意义

（1）深入探讨线下农产品流通渠道和线上农产品流通渠道的相关理论，进一步完善农产品流通理论体系。

（2）采用定量方法研究质量体系、消费行为以及外部因素对农产品流通渠道选择的影响，有助于对农产品流通渠道进行科学的定量分析。

（二）实践意义

（1）构建基于线上线下融合的我国农产品流通体系的新思路，为政府进一步提高农产品流通效率，保证农产品质量安全，加强农产品市场宏观调控，确保国家粮食安全和主要农产品有效供给，尤其是完善现代化农产品流通体系和改革农产品流通体制提供政策及对策参考。

（2）电子商务等新技术在农产品流通体系构建中的应用性研究有利于推动我国农产品电子商务的建设与发展。

（3）为我国农产品生产企业以及流通企业应用电子商务等技术实现跨越式发展提供经营思路和对策。

第二节　研究现状和理论基础

农产品流通（agricultural products distribution，或 circulation）在国外文献中一般是指农产品分销过程或分销渠道。

一、国内外研究现状

（一）国外研究现状

在西方早期的流通理论中，“农产品流通”和“农产品营销”是可以相互替换的，含义基本一致。20 世纪 50 年代以后，随着营销学科的发展，农产品分销渠道研究成为焦点。农产品流通渠道的形成与变化实质上是农产品分销体系中资源配置与整合的外在表现形式。长期以来，国外学者主要是围绕农产品分销效率、农产品分销策略、农产品分销管理等方面进行研究。

近年来，随着互联网、物联网等新技术在美国、日本、韩国等发达国家农产品分销过程中的应用，学者们展开了相关研究，已有的研究文献主要包括以下几个方面：

（1）物联网与农产品质量追溯体系研究，如 Sugahara 等（2008）对日本应用物联网射频识别（RFID）技术构建农产品分销可追溯体系进行了探讨。[4]

（2）物联网与农产品分销体系研究，如 Wen（2007）构建了一种基于信息技术的新型农产品自动销售体系。[5]

(3) 物联网与农产品分销的有效性研究，如 Harald (2010) 对农产品分销过程中物联网应用的有效性进行了实证研究。[6]

(二) 国内研究现状

1. 农产品流通渠道模式研究

郭崇义、庞毅 (2009) 提出以实力强的流通主体为核心建立 6 种渠道模式，认为由于我国发展环境具有复杂性和区域差异性，应同时采用多种主导模式。[7] 盛革 (2009) 提出以虚拟批发市场为核心、有形批发市场兼营和多种中间服务组织广泛参与的全面协作型农产品现代流通服务体系的概念框架。[8] 汪旭晖、张其林 (2014) 构建了基于线上线下融合的农产品流通模式。[9] 刘刚 (2014) 研究了鲜活农产品流通模式演变动力机制，认为农产品流通模式将进一步向扁平化、多元化方向发展，具体有电子商务、城市配送、连锁经营、产销联盟等流通模式。[10] 张闯、夏春玉 (2005) 认为造成农产品流通渠道稳定性缺失及效率低等问题的原因在于农产品流通渠道中权力结构的过度失衡，解决措施是壮大农产品流通合作社的规模与实力、提高农户组织化程度、政府制定互补性制度等。[11] 赵晓飞、李崇光 (2012) 梳理了中外农产品流通渠道变革过程、特征，描述了其变革规律，并构建了农产品流通渠道变革驱动力模型，分析了农产品流通渠道变革的影响因素及其作用机制。[12]

2. 农产品流通渠道效率评价体系和实证研究

目前对农产品流通效率评价研究的方法主要有三类：

(1) 基于 DEA 的 Malmquist 指数分析法。王彬等 (2008)[13]、王家旭 (2013)[14]、王仁祥等 (2014)[15]、陈耀庭等 (2014)[16] 都采取上述方法构建了评价体系，并进行了实证研究。缪梦丹等 (2015) 在传统 DEA 基础上建立了交叉对抗的数据包络模型。[17]

(2) 基于层次分析法 (AHP)。王辰依和郭佟佟 (2012) 利用 AHP 方法评价四种果蔬类农产品主要流通模式的流通效率[18]。吕丹（2013）采用层次分析法和模糊评价对农产品流通效率各指标的权重以及影响力评估进行了定量研究。[19]

（3）基于产出距离函数。欧阳小迅和黄福华（2011）利用该方法，通过构建非参数的生产前沿面函数模型，对我国农村地区农产品流通效率进行测算。[20] 夏春玉等（2009）探讨了农产品流通网络组织与农产品流通效率之间的关系。[21] 李琳和范体军（2011）对鲜活农产品的流通模式与流通效率进行了研究。[22] 周峻岗等（2015）[23]、沙米拉•色依提（2015）[24] 探讨了不同流通模式的农产品流通效率。

3. 农产品电子商务与农产品流通研究

张学志和陈功玉（2009）从销售渠道的视角探讨了电子商务模式对生鲜农产品流通的价值。[25] 李欣（2012）从供应链的资源优化配置和物流设施的完善与改进视角研究了农产品电子商务对农产品流通的影响。[26] 陈耀庭等（2013）探讨了电子商务对生鲜农产品流通系统的优化效果。[27] 王晓宇等（2014）从农产品流通损耗、产业化空间等视角研究了电子商务模式相对于传统模式对生鲜农产品流通的影响。[28] 杨军和王厚俊（2014）基于电子商务和非电子商务的理论比较对农产品流通的交易费用进行了研究。[29]

二、理论基础

（一）商品流通理论

《资本论》中研究资本主义生产过程时，总是把生产流通过程作为统一体加以考察。马克思指出："资本主义生产过程，就整体来看，是生产过程和流通过程的统一。"商品流通过程是资本主义再生产过程的必经阶段。商品生产者之间的关系，只有在流通领域，通过商品交换才能反映出来。离开了流通领域，商品所有者之间就不能发生任何关系。商品流通过程可以分为商流和物流两种类型：以货币为媒介而进行的商品购入和商品销售，实现商品所有权转移的交易活动称之为商流；通过商品运输和商品储存及进行必要的商品包装、加工、整理而使商品实体在空间位置上进行移动活动称之为物流。商流、物流构成商品流通的两个不同侧面，商流是物流的前提，物流是商流的必要条件，它们既相互制约使商品流通有机统一，又因流通环节不同而相对独立。商流是价值运动，物流是使用价值的物质运动；商流对物流有决定性的作用，而物流是商流的物质内容，对商流也有反作用。物流搞好了，能促进商流的发展；反之，会阻碍或中断商流的发展。

（二）渠道理论

菲利普·科特勒（Philip Kotler）对营销渠道的定义为：营销渠道是指将特定的产品或服务从生产者转至消费者的过程中所有取得产品或协助转移的个人或机构。Stern 与 Ansary 对营销渠道的定义为：营销渠道可视为由一群相互关联的组织组成，这些组织将促使产品或服务顺利地被使用或消费。美国市场营销协会（AMA）认为营销渠道是：企业内部和外部的代理商和经销商（批发和零售）等组织机构，通过这些组织，商品（产品或劳务）才得以上市行销。2001年，Wilkinson 按照学者们所关注的重点差异，将营销渠道管理研究分为三个发展阶段：第一，是以效率和效益为重心的营销渠道结构理论，起源于韦尔德，他首先论及营销渠道的效率，认为职能专业化产生经济效益，专业化的中间商所从事的分部营销是合理的。第二，是以权力和冲突为重心的营销渠道行为理论。斯特恩认为，在营销渠道中，如果某个成员对其他成员的依赖性较大，那么后者将更有权力；如果一个成员对渠道的承诺减少，那么渠道的其他成员影响他的能力将降低。第三，是以关系和联盟为重心的营销渠道关系理论。莫和内文认为渠道关系中建立渠道联盟的一般程序是：承诺，践诺，向对你践诺的人践诺。海德和米纳认为渠道成员都希望联盟具有连续性，因为下游成员担心上游成员夺走其市场，或与其重新谈判，上游成员也担心失去下游渠道成员的市场。

（三）消费者行为理论

消费者行为理论又称效用理论，主要关注的是消费者的收入分配问题，它通过对商品和劳务进行合理分配以实现消费者满意最大化。该理论的前提是消费者完全理性，并拥有消费自主权，且仅考虑物品消费所产生的效用。商品需求的产生来源于消费者需求的推动，消费者通常被假定为是关注自身利益、能做出理性经济行为的个体。在决策过程中，消费者会受到两种相反力量相互作用的影响：一方面，消费者为了满足自身需求，会使自己的消费和产品的拥有数量尽可能多；另一方面，消费者自身的收入以及获取收入的方式是有限的。因此，消费者决策最优就是指，消费者要将有限的收入在不同商品之间进行合理分配，以实现消费者利益最大化。

（四）理性行为理论

1975 年，由 Fishbein 和 Ajzen 提出的理性行为理论主要关注消费者认知态度的形成过程，并研究态度对个体行为的影响。"理性人"假设认为，个体会综合各方面信息，在比较权衡之后做出行为决策。此外，行为意向能够为个体行为提供一定的指导，帮助个体做出合理判断；同时，个体行为态度反过来又会影响个体的行为意向。个体行为意向是指个体参与某一特定行为的主观意愿程度。个体态度是指个体参与某一特定行为的情感表现，受个体的主观信念及其他因素的共同影响。主观准则是指人们对某一特定行为过程及结果的判断标准。这三者的结合产生了行为意向，并影响行为的发生和改变。

（五）心理账户理论

理查德·萨勒（Richard Thaler）等认为，在实际过程中，人们无法根据一生中会遇到的所有情况来做出最优化选择，因此个体需要将经济活动划分为不同的"心理账户"，然后在既定的收支范围内做出经济决策。此外，心理账户还可以解释很多消费和支出领域的行为，比如储蓄、借贷、税收返还的支付和使用等。Schweitzer（1999）认为心理账户的构建有利于决策的制定。[30]Wu、Chen 和 Chien（2013）研究冲动购买与信任的关系时主要探究黏性和心理预算账户的中介效应，结果显示冲动购买对信任有积极的影响，且黏性和心理预算账户都具有中介效应。[31] 王宁、胡小阳、单晓红（2014）从心理账户的视角出发，在参考价格的概念基础上建立了心理账户视角下的顾客满意度模型。[32] 杨林波、朱兴婷（2015）结合“大五”人格特质理论和社会网络理论，构建了消费者个体属性、社会网络结构特征与心理账户之间的关系，并从理论层面建立了消费者心理账户的形成机制。[33] 田靓、万映红、董兰兰（2016）在“刺激—反应—行为”决策过程模型基础上，从心理账户角度剖析“反应”黑箱中的理性与非理性心理活动。[34] 王琦、席丹、张晓航（2017）基于心理账户理论，将注意力作为中介变量，探索了积分和现金两种支付方式对消费者购买意愿的影响。[35]

（六）转换成本理论

转换成本主要是指，在经常消费原有品牌、产品、服务的情况下，消费者转而消费另一品牌、产品和服务时所感知到的成本。当个体认为成本转换比较高时，消费者在做出决策时就会变得比较困难。陈文沛（2014）[36] 以及常向阳、毛牧野（2015）[37] 通过验证性因子分析顾客参与和顾客转换成本的维度，并借助相关性分析和线性回归分析研究了两者之间的关系。董晓波、常向阳（2016）从转换成本视角构建了企业和农户间的供求均衡模型，研究发现成交价格是买方转换成本的增函数、卖方转换成本的减函数。[38] 郭俊辉（2017）以渠道转换成本为核心，研究农产品购买中的消费者渠道转换障碍，结果显示延迟者的渠道利用习惯和较高的转换成本能够一起提高自身的渠道转换抵制能力。[39]

第三节 研究内容和研究思路

一、研究内容

本书将以我国农产品流通双渠道融合发展为研究核心，通过对农产品流通渠道选择影响因素的不同层面分析，着重探讨农产品批发市场转型升级以及农产品电子商务营销模式创新，分析农产品流通双渠道融合的必要性和可行性，提出促进农产品流通双渠道融合的对策建议。全书分为七章内容：第一章为导论，介绍研究背景以及阐述研究意义，回顾和总结国内外研究现状，归纳本研究的理论基础，提出研究的内容和思路；第二章为质量体系对农产品流通渠道选择影响分析，在对我国农产品质量安全体系进行现状分析的基础上，以线上渠道为例，从理论分析和实证研究两个方面探讨了质量对农产品流通渠道选择的影响情况，并提出了对策建议；第三章为消费行为对农产品流通渠道选择影响分析，一是对消费者线上线下农产品购买方式的决策方式比较研究，二是从转换成本和心理账户视角，探讨了转换成本、心理账户与线上农产品购买行为的关联性；第四章为外部环境对农产品流通渠道选择影响分析，分别从市场信用、安全网络关注度和极端气候等方面探讨了对农产品流通渠道选择的影响路径及方式等；第五章为农产品流通线下渠道升级与改造研究，分别探讨了农产品批发市场发展和改造升级以及农贸市场的提质改造等问题；第六章为农产品流通线上渠道的营销创新研究，在全面梳理农产品电子商务研究脉络、现状及趋势的基础上，分别研究了农产品线上品牌的路径构建、农产品电子商务营销模式选择以及农产品电子商务营销模式实例等；第七章为农产品流通双渠道融合发展的对策建议，在对双渠道概念分析的基础上，分析了农产品流通双渠道融合的必要性，提出了农产品流通双渠道融合发展的对策建议。

二、研究思路

本书围绕“提出问题—分析问题—解决问题”的基本逻辑，对农产品流通双渠道融合发展进行系统性研究，具体研究思路如图 1-1 所示。

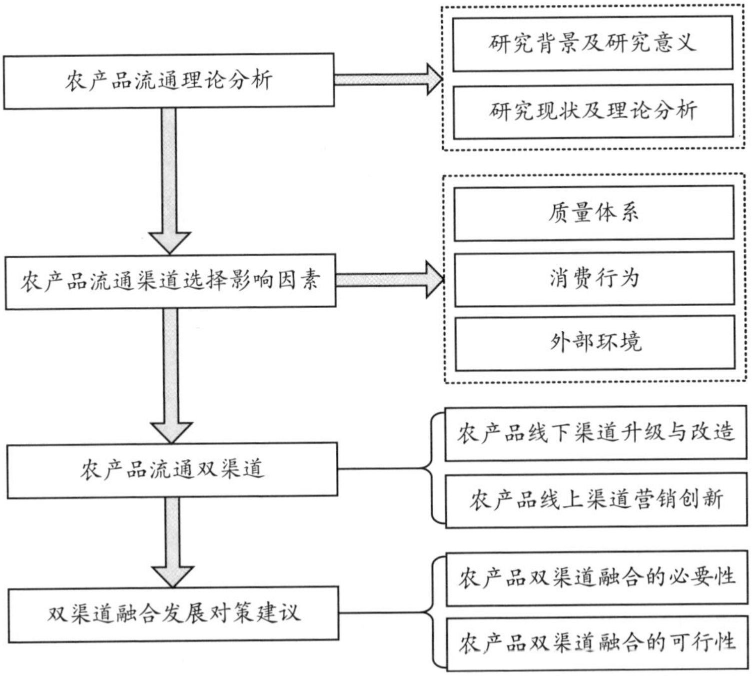

图 1-1 研究思路示意图

第二章　质量体系对农产品流通渠道选择影响分析

第一节　我国农产品质量安全体系现状

一、农产品质量安全的意义

民以食为天，食以安为先。农产品质量安全是食品安全的源头，是保障城乡居民消费安全的需要，也是维系公共安全的重要基础，是关系到国计民生的大问题。近些年，我国农产品污染问题较突出，品质安全层次性不高，与消费者对农产品安全需求的差距相差甚远，频频爆发的农产品质量安全事件在一定程度上造成了国内居民对农产品质量安全的恐慌，并严重影响到农产品加工生产与国际市场的竞争力，是我国农业发展新阶段亟待解决的主要矛盾之一。因此，日益突出的农产品质量安全问题引起了各方的高度关注。2009 年 6 月 1 日，《中华人民共和国食品安全法》开始实施，同年 7 月 20 日国务院第 73 次常务会议通过了《食品安全法实施条例》。2013 年 11 月召开的党的十八届三中全会对食品质量安全监管工作进行了专门部署，提出完善统一权威的食品药品安全监管机构，并提出了食品安全监管的具体要求和制度设计战略。2015 年国家食药监局根据新《食品安全法》起草了《食品安全法实施条例修订草案（征求意见稿）》，首次明确了网售食品的抽检标准，要求网络食品交易平台需备案IP地址、IP审查许可证明、网址等信息。2018年中央一号文件提出实施食品安全战略，完善农产品质量和食品安全标准体系，加强农业投入品和农产品质量安全追溯体系建设，健全农产品质量和食品安全监管体制，重点提高基层监管能力。

当前，我国不断强化农产品质量安全体系建设具有重要的现实意义。

（1）农产品质量安全是现代农业发展的核心问题。发展现代农业是一项重大战略任务。发展现代农业强调农业生产综合能力提高的同时，着重提出了要提高农产品质量，加强农产品质量安全监管。根据中共中央农村工作会议精神，要把我国农产品质量安全作为转变农业发展方式、加快现代农业建设的关键环节。事实也证明，没有农产品质量安全，也就没有农业现代化。这是因为中国是农业大国。2017年，我国农产品进出口额为2 013.9亿美元，同比增长9.1%。其中，出口755.3亿美元，同比增长3.5%；进口1 158.6亿美元，同比增长12.8%；贸易逆差为403.3亿美元，增长30.4%。由农产品质量安全问题导致的贸易壁垒严重影响了我国农产品在国际市场上的竞争力，也是我国农产品这种贸易逆差存在的关键因素。以湖南省茶叶产业为例，20世纪90年代后期，由于农残超标严重，出口受阻。近年来，湖南积极发展绿色、有机茶叶品牌，整个产业竞争力显著增强，出口大幅度增长。中商产业研究院大数据库统计显示，湖南省2017年茶叶出口额居全国第三位，出口量为3.29万吨，出口金额为9 084.65万美元，成为我国出口欧盟高档茶交易额最大的省份。以上情况说明农产品质量安全才是农产品出口竞争力的基础。同时，农产品质量安全与农业规模化生产经营机制紧密相连。现代农业是规模化、标准化和信息化的农业。如果能够实现农业规模化经营，按照统一标准组织生产加工，推进农产品向规模化、品牌化和品质化等方向发展，也就能确保农业可持续发展。

（2）农产品质量安全问题是民生大事。近些年相继发生的一些重大食品安全事件，如“红心蛋”事件、猪肉“瘦肉精”事件、“毒韭菜”事件、“毒豇豆”事件，加上一些农药残留物超标、农产品黑加工厂的劣质产品等事件，反映了我国农产品质量安全的隐患比较严重。同时，这些农产品质量安全事件的发生，在一定程度上对消费者健康安全造成了严重影响，让消费者的心理产生了“阴影”。因此，加强农产品质量安全管理，在全社会营造一个安全的消费环境，既是经济问题，更是民生问题。

（3）农产品质量安全是政府公共管理的重要组成部分，事关维护执政党、国家及政府的形象。农产品质量安全与否，是对执政党执政为民能力的重要考验，因而备受关注。各级政府都强调要切实把农产品质量安全这一重大民生工程抓紧抓好，并建立了一系列与农产品质量安全挂钩的考核体系。近年来各级政府部门都提出建立更为严格的食品安全监管责任制和责任追究制度，使权力和责任紧密挂钩。因此，农产品质量安全的保障，事关执政党、国家及政府的形象，事关政府公共管理的成效，确保农产品质量安全也是政府树立公信力的重要体现。

二、我国农产品质量安全的现状

虽然农产品质量安全总体较好，但各地发展并不平衡，少数地方没有真正引起重视，还存在着质量安全隐患多、基层监管体系建设滞后、监管制度不健全、专项整治措施不力等问题，农产品质量安全监管难度仍很大。

（一）农产品质量安全的隐患比较多

农产品生产和经营的进入门槛不高，参与经营的个体多。在农产品生产环节，农村经营主体仍然以千家万户为主，农产品生产多为分散经营模式，少数农产品经营者质量安全意识淡薄，管理和规范生产难度较大，不合格产品进入集贸市场得不到有效控制，并且这些经营主体很难统一起来，按照一个模式组织生产。分散的生产经营方式难以满足标准化的要求，这种状况大大制约了农产品质量安全的提升。而在农产品加工环节，存在散、乱、差的现象。一些地级市从事食品生产和加工的企业有50%以上属于小作坊无证生产经营者，这些企业从业人员素质低、场地不固定、卫生条件差、生产设备简陋，因监管主体不明、监管手段缺失，产品质量存在极大的安全隐患。另据工商部门介绍，食品流通许可证、营业执照以及卫生许可证是从事食品生产与经营的必备证，但是有些食品小作坊位于偏远的农村和山区，用三轮车等形成流动食品摊点，查处有一定难度。

(二) 农产品质量安全的内涵建设不足

(1) 对优质农产品创立品牌和培育品牌的意识不强。近年来虽然部分地区加大了培育有机、绿色和无公害农产品的工作力度，但对优质农产品的宣传力度不够。比如，“无公害食品行动计划”提出已有十多年，但是其知晓率不高。农产品质量安全监管在一定程度上还没有形成全社会的共识，特别是广大农民没有采取统一行动。当前有些地方的农产品标准化基地建设的整体规模不大，获得优质农产品的品牌数量不多，且品牌产品的生产规模不大，无法满足市场需求。

(2) 安全优质农产品生产技术规程和地方标准不全。发达国家用完整、系统的生产技术标准控制农产品质量安全，国内在这方面才刚刚起步。目前国内大宗农产品的生产技术标准由省级以上部门制定，地方特色农产品的生产技术标准可由地方制定。而一些地方具有特色且品质较优的农产品的生产技术标准还未制定，无法推行标准化生产。

(3) 优质农产品的附加值不高。一些区域的农产品品质很好，但由于没有通过无公害产地认定，无法在大中城市销售，无法实现优质优价。而且有机、绿色和无公害农产品与普通农产品的价格差没有形成，挫伤了生产经营者的积极性。

（4）其他影响农产品品质和品牌内涵建设的问题依然存在。如优质农产品宣传推广以及检测经费严重不足，亟须增加。目前，尽管一些地区安排了部分专项资金，但多是用于应付上级的例行性监测，缺少前瞻性的产品质量评估。同时，因为执法不严，对假冒伪劣和无证生产的产品打击力度还有待加强。

（三）农产品质量安全的监管难度加大

随着新资源、新技术、新工艺等的应用，对农产品的安全性因素的监管难度加大。部分种植户依靠降低生产成本、增加产量来提高收入，追求产量而不重视质量。如近年来饲料添加剂、食品包装材料与生鲜产品防霉保鲜剂等滥用带来的农产品质量安全问题很多，水果蔬菜依靠多施化肥增产，多打农药控制病虫害以及一些有害人体的化学药品添加等，直接造成农产品质量安全隐患，造成低质量农产品、问题蔬菜的产生。这些给农产品质量安全监管带来新的问题，是监管的难题。

（四）农产品质量安全监管投入力度不大

（1）监管机构建设与人员投入力度相距太远。大部分县、乡、村（基地）三级没有专门设置基层农产品质量监管的机构，导致质量监管的人手不足，很难承担大量的检测工作，农产品监管机构对质量安全“管不过来”。

（2）检测设施投入不够且检测密度不合理。对农产品质量安全检验检测体系建设的经费投入不够，比如农产品质量安全监管相配套的实验室、仪器设备、检测技术还不能满足工作需要。一些地区虽然设立了农产品质量安全检测站，且拥有部分配套的蔬菜农残检测设备设施，但面对大规模的检测，投入严重不足，日常监督检查难以有效开展，监测密度不够，农产品缺乏经常性的检测监督，从而导致监督管理职能不能充分发挥。

（3）农产品质量溯源还不能真正付诸实施；缺少快捷的信息反馈和统计平台，难以及时掌握农产品质量安全水平发展动态，生产环节与流通环节、政府监管环节之间的信息传递脱节，难以实现实时监控。

三、农产品质量安全监管经验借鉴

(一) 美国完善食品监管法律体系

以美国为例，近年来陆续出现食品安全事件，震惊全美。事件发生后，公众对美国食品安全监管能力提出严重质疑。时任总统奥巴马事后评论说，美国的食品安全体系不但过时，而且严重危害公共健康，必须彻底进行改革。在上述背景之下，美国于2009年加快了食品安全立法进程，继《2009年消费品安全改进法》后，又通过了几经修改的《2009年食品安全加强法案》。没有什么制度是万能的，美国相对先进的食品安全管理制度仍需不断完善。2011年1月，奥巴马签署《食品安全现代化法案》，美国食品安全监管体系迎来一次大变革。奥巴马政府的这次改革是根据不断变化的现实对美国食品安全体系进行的一次调整。一百多年来，美国的食品安全体系在不断改进中日渐成熟。近年来，美国多次发生食品污染事件，奥巴马政府又及时调整食品监管体系，赋予美国食品和药物管理局（FDA）更大的权力。由此可以看出，发达国家对食品安全重视已久，而且相关法律和监管体系在与时俱进地不断修订完善。

(二) 法国严控食品源头涉农企业安全

法国全程管控确保食品安全。法国是世界闻名的美食大国，食品安全一直是政府和民众关注的焦点。近些年来，疯牛病、二噁英污染、禽流感、口蹄疫等与食品安全相关的问题不断涌现，促使法国更加注重对食品生产、销售等各个环节的监管。从食品供应的源头开始，法国政府实行严格的监控措施。供食用的牲畜如牛、羊、猪都会挂有识别标签，并由计算机网络系统追踪监测。屠宰场还要保留这些牲畜的详细资料，并标定被宰杀牲畜的来源。肉制品上市要携带“身份证”，标明其来源和去向。具体分工上，法国农业部下属的食品总局主要负责保证动植物及其产品的卫生安全、监督质量体系管理等。竞争、消费和打击舞弊总局负责检查包括食品标签、添加剂在内的各项指标。进入流通环节后，法国有两种模式的认证和标志制度，分别是政府统一管理形式和各大超市自我管理形式。政府统一管理的食品认证标志主要由农业部负责，统一管理的认证标识包括原产地冠名保护标签（AOC）、生态食品标签（AB）、红色标签（LR）、特殊工艺证书产品认证（CCP）4 种，其他统一管理的认证标志还有企业认证、特点证明、地理保护标志、营养食品等。原产地保护认证和标志由法国原产地研究院签发，农业部监管。原产地保护标志使用最多的是葡萄酒，法国出产的葡萄酒 80% 以上都有原产地标志。奶酪也有相关的原产地标志。贴有生态食品标签的食品，说明它至少有 95% 以上的原料经过授权认证机构的检验，是精耕细作或精细饲养而成，没有使用杀虫剂、化肥等。如果一项产品贴有红色标签认证，说明它与同类产品相比，经过了更严格的生产控制流程并拥有更高的质量。法国现有 450 种产品获得了这一认证。特殊工艺证书产品认证则从 2000 年才开始实行，要获得这一认证，农产品或食品的生产和加工必须按照规定的程序进行，并设有全面和完善的监控。法国各大超市也建立了自我管理的认证和标志，比如家乐福的食品质量认证标识（FQC）已成功实施超过 15 年。在家乐福超市的销售柜里，有 FQC 标志的食品占 30% 以上。法国通过严控食品源头生产企业安全，保障了食品质量安全。

（三）日本、韩国等建立农产品安全检测档案与追溯体系

日本、韩国的米面、果蔬、肉制品和乳制品等农产品的生产者、农田所在地、使用的农药和肥料、使用次数、收获和出售日期等信息都要记录在案。农协收集这些信息，为每种农产品分配一个“身份证”号码，提供给消费者查询。日本、韩国的食品监管还重视企业的召回责任，在报纸上经常有生产者主动召回食品的广告。日本、韩国都是采用以消费者为中心的农业和食品政策。食品只有通过“重重关卡”才能登上百姓的餐桌。在食品加工环节，原则上除政府相关机构指定的食品添加剂外，食品生产企业一律不得制造、进口、销售和使

用其他添加剂。当然，在这方面做得好的还有德国、英国等国家，这些国家对食品的追溯能力也值得借鉴。比如英国，在食品标准署网站上，可以查询到问题食品的召回信息，包括食品生产厂家、包装规格和召回原因。在2010年3月22日的一条公告中，写明召回Natco公司生产的400克装咖喱鹰嘴豆，原因是未在标签中注明其含有芥末，可能会引起对芥末过敏人群的不适。像这种并不算很严重的原因都得到清晰监管，对那些大的食品安全问题公众也就更放心了。

(四) 德国着重惩罚农产品造假主体

在食品安全制度相对先进的发达国家，食品安全事故也时有发生，各国为此都加大了惩罚力度，其中的许多做法值得我们借鉴。德国针对食品安全事故出台刑事诉讼外加巨额赔偿的措施。2010年年底，德国西部北威州的养鸡场首次发现饲料遭致癌物质二噁英污染。2011年1月6日，德国警方随即调查了位于石荷州的饲料制造商哈勒斯和延奇公司。7日，德国农业部宣布临时关闭4 700多家农场，禁止受污染农场生产的肉类和蛋类产品出售。对于这次二噁英事件中的肇事者，德国检察部门提起刑事诉讼；同时，受损农场则拟提出民事赔偿，数额可能高达每周4 000万至6 000万欧元，完全可能让肇事者破产。

第二节　质量对农产品流通渠道选择影响的理论分析

一、文献回顾与梳理

(一) 产品感知质量对消费者购买意愿的影响

学者们对于消费者购买意愿进行了大量的研究，其中较有代表性的观点为：

(1) 消费者产生个人需求，这些需求刺激他们根据生活中的经验和周围环境去获得相关的信息，对这些信息进行对比分析。如果这些信息能够满足消费者的心理预期，则会产生购买意愿，反之不会产生购买意愿。

（2）影响消费者购买意愿的因素是多方面的，主要包括产品的成本、价值以及对产品的质量感知等因素。从消费者视角出发，对产品感知质量概念的研究有以下代表性的成果。

（3）消费者通过实际感受与心理预期的对比形成产品感知质量。产品感知质量是消费者根据产品的价值、品质等因素对产品进行的评价，它代表产品的实际质量，具有一定的主观性、相对性、抽象性以及片面性。

（二）产品感知质量对消费者线上购买意愿的影响

线上购买和线下购买的主要区别在于消费者进行线上购买行为时，通过购物平台获得相关的信息，主要是对包括平台销售的产品以及提供的相关服务进行了解。在传统购物模式下，消费者可以比较直观地对产品进行了解，而在线上进行购买时获取信息的渠道有限，所以影响消费者购买意愿的因素也比较复杂。Pavlou（2003）认为，网络购物相较于传统的购物方式虽然能够给消费者提供一定的便利，使消费者以较低的价格获得所需的商品和服务，同时享受网购带来的乐趣，但线上购物也会给消费者带来风险，存在的主要风险有难以确定产品质量、售后服务品质不能保证、个人隐私存在泄漏隐患以及网上支付方式的信息可能被盗等。这些风险对消费者购买意愿产生了消极的影响，同时也对电子商务的发展造成了阻碍。[40]

综上所述，产品的感知质量会对消费者的购买意愿产生影响，与线下销售相比，线上销售包含的感知质量更加多元。而通过对文献的梳理与分析发现，在产品感知质量对消费者线上水果购买意愿的影响方面还鲜有学者进行研究。

二、消费者线上水果购买意愿模型构建

(一) 影响消费者线上水果购买的质量因素分析

消费者的购买态度会受到感知质量的影响。消费者感受到的产品质量越高，消费者就对产品就越满意，就会形成积极的购买意愿；反之，如果消费者感受到的产品质量越低，对该产品就会越不满意，也就越不会购买此商品。产品的感知质量是一个复杂的动态过程，消费者在体验产品过程中的每一步都会对其购买意愿、购买偏好、购买价值、溢价支付以及购买频率产生影响。

水果在线上销售与线下销售对质量的要求具有很大的差异，因为水果难以保存，运输容易损耗，损耗率一般会达到10%~30%。水果的关键就在于这个"鲜"字，所以对配送时间要求高。若消费者收到水果的时间过长，水果就可能存在不新鲜、损坏、腐烂等问题，从而降低消费者的满意度。从实际来看，线上水果销售的满意度比较低的原因主要是产品质量存在问题：最终配送到家的产品与网上购买时的认知存在差异。水果作为代表性的生鲜农产品，既具有一般生鲜农产品的特征，又具有一定的独特性，其既可以满足自身日常生活需要，也可以成为走亲访友的礼品。在作为礼品赠送时，水果的品质则更加受到消费者的关注，而且影响消费者感知质量的因素又增加了产品的分级和包装等外部品质因素。所以影响消费者线上购买水果感知质量的影响因素不是单一的，而是一个体系，是多元的。本书根据水果供应链主要环节将质量划分为生产质量、流通质量、服务质量三个方面，以此进行分析。

1. 生产质量对消费者线上水果购买意愿影响分析

生产质量即指产品自身的品质。对于水果而言，其生产质量主要包括水果的品种、品质等要素。不论销售什么产品，也不论采用什么渠道进行销售，产品自身的品质都是最根本的影响因素，如果没有高质量的产品就不能长期吸引消费者。产品自身的质量是影响产品价值的核心要素，仅仅依靠后期的包装、

宣传等营销方式将低品质的水果卖出一个高价位，最后失去的是企业的声誉和顾客的信任。

2. 流通质量对消费者线上水果购买意愿影响分析

流通质量是指产品开始进行销售到交易完成这一过程中影响产品感知价值的形式上的质量，主要包括分级、认证、包装、品牌等要素。传统流通方式下，商家不重视水果的流通质量也可以把水果卖掉，而在线上进行销售时，流通质量不仅对能否卖掉水果产生影响，而且会对最后卖出的水果的价值产生重要影响。与线下相比，消费者线上选购水果更加关注水果的流通质量。在线下选购时，产品的质量、档次可以通过更加直观的视觉、触觉、嗅觉甚至是味觉进行判断。而线上选购水果，因为只是通过图片以及商家的描述来对产品进行了解，因此采用统一的标准，例如对水果进行分级，并使用权威认证能够增加消费者对产品质量的感知价值。线上购买水果，因为从交易结束到消费者实际拿到产品有一定的时间差，而水果又是易腐品、易坏品，良好的包装能够改善消费者对水果可能出现损坏的不安心理，增加消费者的感知价值。同时，良好的品牌形象也可以为产品的品质进行担保。有些消费者采用线上购买水果的方式是为了追求更高的生活品质。一般门店出售的水果都采用较为简易的包装，只是为了消费者携带方便，而不能增加水果的价值；精美的包装、知名的品牌可以满足对生活品质有较高要求的消费者的需求。

3. 服务质量对消费者线上水果购买意愿影响分析

服务质量是指交易完成后销售方提供的附加服务的质量。对于线上销售水果来说，服务质量也应当引起足够的重视。服务质量主要包括物流的效率和退换货保障两个方面。因为与线下交易不同，消费者不能立即拿到产品，交易结束到消费者实际拿到水果这段时间差，对于水果这种对新鲜程度具有较高要求的产品来说至关重要。相关统计数据证明，大部分消费者不愿意线上购买水果的原因就是担心水果不新鲜，所以线上销售平台采用的物流方式、承诺的到货时间都会对消费者购买意愿产生影响。

水果的电商平台提供退换货保障会大大提高产品的感知质量，因为退换货保障可以有效地解决消费者担心水果质量的问题。消费者在线下购买水果时，因为买到的产品都是自己挑选的，在购买过程中就会选择自己满意的水果，很少存在退换货的需求。而在线上购买水果则完全不同，消费者收到的水果都是由商家选择的，再加上物流原因，导致水果质量不能保证，这种情况下退换货保障就显得至关重要了。

生产质量、流通质量、服务质量这三方面的质量贯穿整个销售过程，对于消费者感知质量具有同等重要的影响，每一方面都不能忽视，需要三位一体，共同加强，如图 2-1 所示。而且这三方面的质量不是孤立地对感知质量产生影响，生产质量、流通质量和服务质量之间也会相互作用，例如产品的分级以及认证和产品自身的质量是息息相关、不可分割的。

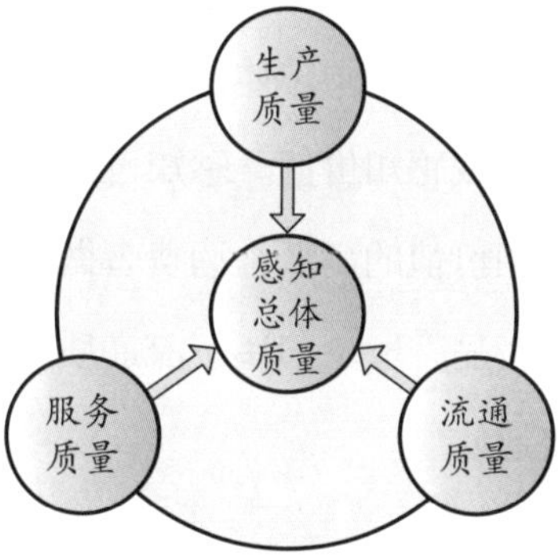

图 2-1　感知总体质量三位一体图

（二）基于质量的消费者线上水果购买意愿模型

自 Cardozo 在 1964 年首次提出消费者满意度的概念之后，很多学者在其基础上提出新的观点，并创建出消费者满意度理论模型。如 Fornell 创建了美国消费者满意度指数模型（ACSI），该模型显示消费者总体质量感知也是影响消费者满意的重要因素。我国学者根据中国消费者的消费心理创建了相对完整的中国指数模型（CCSI），在影响消费者满意的因素中加入了品牌形象。本书结合上述质量感知与消费者满意度模型，提出了以感知质量为核心的消费者线上水果购买意愿模型（如图 2-2 所示）。

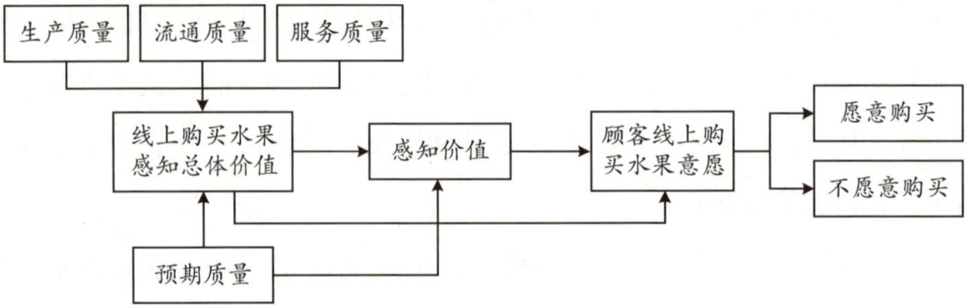

图 2-2　基于质量的消费者线上水果购买意愿模型

从上述质量因素对消费者线上水果购买影响分析来看，在水果的线上消费行为之中，质量因素是一个综合概念和总体概念，包括三位一体的生产质量、流通质量和服务质量。这三部分质量因素分别对消费者线上水果购买意愿产生直接影响，而且对消费者构成了一个总体质量感知。基于总体质量感知和线上购买预期的比较，消费者形成感知价值。感知价值是消费者做出线上水果购买意愿的重要基础，根据感知价值的高低，消费者做出购买意愿或者不购买的决策。此外，在本模型中，将品牌形象归属于流通质量，与产品的分级、认证以及包装共同构成产品的流通质量。

第三节　质量对农产品流通渠道选择的实证研究

一、研究假设与模型构建

（一）多维质量与消费者购买意愿

质量管理大师朱兰曾说过："21 世纪是质量的世纪。" 质量问题越来越受到消费者的关注。通过梳理文献，发现关于线上销售生鲜农产品质量的研究主要集中在产品质量、品牌质量和服务质量三个方面。杨颖（2015）指出消费者在线上购买生鲜农产品时，生鲜农产品的产品质量、电商平台的服务质量对消费者购买意愿具有正向作用。[41]Baron 和 Mueller（1995）认为产品属性影响消费者购买鲜活农产品的决策，新鲜程度、价格、产地的影响程度依次减弱，农产品新鲜度和可供选择的多样性对于消费者的网购意愿有积极的影响。[42]林家宝、万俊毅和鲁耀斌（2015）认为农产品不仅能给消费者带来味觉上的享受，而且具有促进身心健康的功能；生鲜农产品的产品质量包括内在质量和外在质量两方面。生鲜农产品的内在质量主要指农产品的营养价值、农产品安全性。农产品的外在质量指农产品的外观、色泽、口味等。如果企业网上销售的农产品让消费者感受到比较好的内在质量和外在质量，便可能提高消费者的购买意愿。[43] 尹元元和赵悦（2017）对生鲜农产品线上购买方式提出多维质量概念，包括产品质量、品牌质量和服务质量。[44] 我们认为，由于生鲜农产品自身的特性以及消费者线上购买生鲜农产品时感知的虚拟性和交付的分离性，所以影响消费者线上购买意愿的质量应当是包括产品质量、品牌质量和服务质量的多维质量。

基于此，提出以下假设：

H1：多维质量对消费者购买意愿有正向影响。

H1(a)：产品质量对消费者购买意愿有正向影响。

H1(b)：品牌质量对消费者购买意愿有正向影响。

H1(c)：服务质量对消费者购买意愿有正向影响。

(二) 多维质量与消费者感知价值

Kolter 和 Levy 在 1969 年首先提出了顾客感知价值的概念。Zeithaml(1988) 表示感知利得就是感知利益，包括产品质量等。[45]Parasuraman 等（1991）是 Zeithaml 权衡说的支持者之一，他认为服务质量和产品质量、价格因素是影响感知价值的重要因素。[46]Cristobal（2007）表示感知价值由感知利益、情感利益和经济利益三方面构成。[47]感知价值是消费者制订购买决策的重要依据。消费者感知价值的特征体现了一定的主观性和动态性。乜标和俞佳峰（2011）归纳了国内外学者关于网络环境下顾客感知价值的驱动因素的研究，指出感知价值包括产品感知、购买体验、服务、感知风险、时间成本。消费者对线上销售生鲜农产品的认知过程是消费者对产品质量、品牌质量及服务质量的反应过程，一般情况下，消费者通过自己对生鲜农产品的感觉、知觉、记忆、想象、思维等心理活动来完成对生鲜农产品的认知过程，这是形成消费者感知价值的重要基础。[48]季爱红和刘迪（2011）通过对淘宝网上生鲜农产品消费者的数据进行研究得出结论：生鲜农产品的产品质量和消费者感知价值是正相关关系。[49]邓爱民等（2014）通过实证方式研究了网络购物客户，发现线上服务质量是影响消费者感知价值的重要因素。[50]Lee 和 Lin（2005）认为购物网站提供的优质服务能够减少网络消费者为获得自己喜爱的商品而付出的时间及精力成本，消除消费者在网上进行购物活动的后顾之忧。[51]Lee 和 Lin 在研究的基础上提出购物网站应该向网络消费者提供良好的服务，与网络消费者建立紧密的关系，提升网络消费者的感知价值。

通过文献梳理发现，虽然已有部分学者指出生鲜农产品的品牌是消费者识别生鲜农产品品质的重要因素，但是大多数学者较关注产品质量和服务质量对感知价值的影响，而关于线上生鲜农产品的品牌质量对消费者感知价值影响的研究较少。消费者在线上购买生鲜农产品时，通过网站提供的信息进行判断，如果产品没有知名的品牌、权威的分级认证以及规范的包装，难以获得消费者的信任，从而降低消费者的感知价值。线上生鲜农产品品牌质量应当和产品质量以及服务质量一起作为影响消费者感知价值的重要因素。

因此，提出以下假设：

H2：多维质量对消费者感知价值有正向影响。

H2(a)：产品质量对消费者感知价值有正向影响。

H2(b)：品牌质量对消费者感知价值有正向影响。

H2(c)：服务质量对消费者感知价值有正向影响。

(三) 消费者感知价值与消费者购买意愿

消费者购买意愿是其购买行为的前置变量，产生于购买决策做出之前。消费者态度以及主观认知与其所做出的决策之间联系是非常紧密的，而态度以及主观认知使消费者产生购买意愿，购买意愿最终将导致购买行为的发生。Zhou 等（1990）认为影响消费者购买意愿的因素是多方面的，主要包括产品的成本、价值以及对产品质量的质量感知等因素。[52] 科特勒认为顾客购买意愿取决于其所感知的价值。[53] 项九秀（2013）认为消费者决定是否进行购买行为时，总是希望感知价值能最大化，所以感知价值对消费者购买意愿具有正向影响作用。[54] 吴亮锦和糜仲春(2005)通过对消费者的珠宝购买意愿进行分析，得出影响消费者购买意愿的直接因素是消费者感知价值的结论。[55] 王崇和刘健（2011）从感知价值角度研究我国消费者的网购意愿，结果表明感知价值是消费者网购意愿的重要影响因素。[56] 钟凯和张传庆（2013）认为消费者的消费理念逐渐趋于理性，消费者越来越关注产品或服务带来的价值，若其感知产品或服务的利益越高，感受价值就越高，就会激发消费者强烈的购买意愿，则越可能产生购买行为。[57]

因此，可以提出以下假设：

H3：消费者感知价值对消费者购买意愿有正向影响。

(四) 多维质量、消费者感知价值和消费者购买意愿

质量、顾客感知价值对顾客满意度的影响已经有众多学者进行了研究。Fornell 等（1996）创建的美国消费者满意度指数模型（ACSI）实证了消费者满意度受到预期质量、感知质量和感知价值的影响。[58]Hennig-Thurau 和 Klee

(1997) 对服务质量和消费者满意进行了实证研究，提出消费者满意是维护客户和保证关系质量的关键因素。[59]Cristobal 等(2007) 在验证电子服务质量和消费者满意度之间的关系时，认为质量感知是多层次和多维度的感知：网站设计、客服质量、保证性和订单管理、质量感知对消费者满意度有正向影响。[47] 龙安迪 (2016) 提出感知价值是交互质量、物流质量、信息质量影响顾客满意与顾客忠诚的重要过渡环节。但是关于质量、感知价值对消费者购买意愿的影响研究还比较缺乏，不过仍然有学者研究了感知价值的中介作用。[60] 杨颖 (2015) 基于 TAM 的生鲜农产品网购影响因素模型探究了感知价值在质量对消费者购买意愿产生影响的过程中所起到的作用。[41] 而且 Oliver、Linda (1981) 指出消费者满意度对消费者购买意愿具有明显的正向作用 [61]。因此，可以提出以下假设：

H4：消费者感知价值在多维质量对消费者购买意愿的影响中有中介作用。

综上所述，构建出本研究的理论模型，如图 2-3 所示。

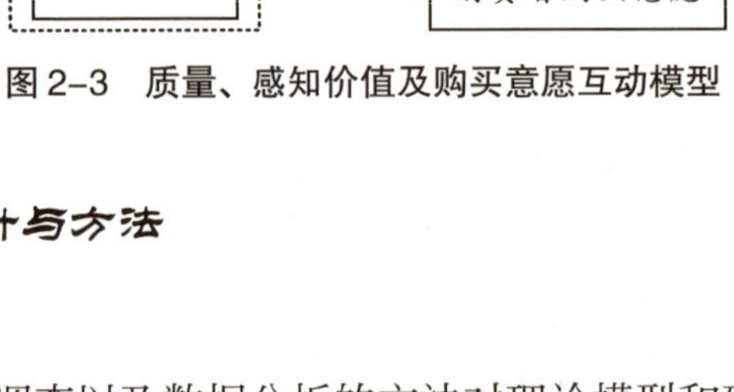

图 2-3 质量、感知价值及购买意愿互动模型

二、研究设计与方法

(一) 量表设计

本书通过问卷调查以及数据分析的方法对理论模型和研究假设进行验证，自变量为多维质量，中介变量为感知价值，因变量为消费者购买意愿，根据国内外已有的成熟量表来编制本研究中变量的测度项。本研究采用的是 5 级 Likert 量表，1 指完全不同意，2 指不同意，3 指中立，4 指同意，5 指完全同意。

其中多维质量的测度项改编自 Saura 和 Jiang 等的研究，感知价值的测度项改编自 Lin 和 Wang 等的研究，消费者购买意愿的测度项改编自 Gefen 等的研究。本研究选取 20 名大学生对量表进行了预测试，根据预测试的结果以及大学生们的反馈，将量表中表达不清晰的语句做了修改，最终量表的测度项及其来源如表 2-1 所示。

表 2-1 模型量表

变量	维度	问项编号	问项内容
多维质量	产品质量	PQ1	您是否觉得线上销售的生鲜农产品品种更多?
		PQ2	您是否觉得线上销售的生鲜农产品品质更好?
		PQ3	您是否觉得线上销售的生鲜农产品来源地更加优质?
	品牌质量	BQ1	您是否觉得线上销售的生鲜农产品具有更广泛的分级?
		BQ2	您是否觉得线上销售的生鲜农产品具有更权威的认证?
		BQ3	您是否觉得线上销售的生鲜农产品具有更规范的包装?
		BQ4	您是否觉得线上销售的生鲜农产品具有更知名的品牌?
	服务质量	SQ1	您是否觉得线上销售生鲜农产品的物流效率更高?
		SQ2	您是否觉得线上购买生鲜农产品更具有退换货保障?
		SQ3	您是否觉得线上购买生鲜农产品更便捷?
感知价值	产品价值	PV1	您是否觉得线上销售的生鲜农产品味道更好?
		PV2	您是否觉得线上销售的生鲜农产品更新鲜?
		PV3	您是否觉得线上销售的生鲜农产品更营养?
	服务价值	SV1	您是否觉得线上购买生鲜农产品更令自己感到放心?
		SV2	您是否觉得线上购买生鲜农产品更令自己感到愉快?
		SV3	您是否觉得线上购买生鲜农产品更令自己感到方便?
购买意愿		PD1	以后购买生鲜农产品时您会优先考虑线上购买吗?
		PD2	您会推荐亲朋好友线上购买生鲜农产品吗?

（二）样本收集

本书的调查对象为18~60岁的消费者，样本来源于湖南省、河南省、河北省、广东省、北京市、重庆市等地区，线下发放问卷200份，线上发放问卷134份。剔除了无效问卷后，最终一共获得300份有效的调查问卷。300个样本的人口统计特征为：男性156人，占52%；女性144人，占48%。性别比例与中国互联网信息中心（CNNIC）统计的互联网用户群体特征相符。

（三）信效度分析

将各变量的正式问卷数据进行描述性统计和皮尔逊相关性分析（结果如表2-2所示）。通过分析结果可以得出结论：各变量维度之间或多或少都存在一定的相关关系，即证明量表具有较好的区分效度。为了确保量表的稳定性，本书采用一致性指数对信度进行检验，利用SPSS 21.0软件分析得到各变量的Cronbach's α系数检验结果全部大于0.7，这表明其具有较高的信度。再利用该软件对量表进行KMO值检验和探索性因子分析EFA（Exploratory Factor Analysis），对量表进行效度分析。结果表明，除服务质量和购买意愿的KMO值略小于0.7以外，其他变量的KMO值均大于0.7，量表的构建效度良好，且因子分析的效果较好，结果如表2-3所示。

表2-2　变量间的描述性统计与皮尔逊相关（$N=300$）

变量	均值	标准差	1	2	3	4	5	6
产品质量	1.986 9	0.829 67	1					
品牌质量	2.224 7	0.901 26	0.795	1				
服务质量	2.057 7	0.941 23	0.778	0.747	1			
生产价值	1.968 4	0.805 32	0.759	0.729	0.798	1		
服务价值	1.953 2	0.882 73	0.778	0.787	0.825	0.825	1	
购买意愿	1.862 7	0.945 63	0.689	0.654	0.746	0.766	0.787	1

表 2-3　信度效度检验结果

	Cronbach's α	KMO 值	方差解释量（%）
产品质量	0.849	0.714	76.797
品牌质量	0.805	0.779	64.297
服务质量	0.790	0.677	70.418
生产价值	0.791	0.707	70.634
服务价值	0.820	0.716	74.468
购买意愿	0.819	0.689	84.686

三、数据分析与结果

(一) 模型评价

本书利用 AMOS 21.0 软件对量表进行验证性因子分析 CFA（Confirmatory Factor Analysis），并采用极大似然估计法对模型进行估计运算，得出全面质量、感知价值和消费者购买意愿模型的拟合优度指标，可以看出 x^2/df<3，GFI 和 AFGI 的值略低于 0.9，NFI 和 CFI 的值都大于 0.9，且 RMSEA 为 0.077，小于 0.1 的门槛值，所以可以证明模型的拟合效果非常好（拟合指数如表 2-4 所示）。

表 2-4　模型拟合评价指数

指标	卡方值	自由度	显著值	x^2/df	GFI	AGFI	NFI	CFI	RMSEA
数值	350.780	125	0.000	2.806	0.885	0.843	0.915	0.943	0.077

（二）多元回归分析

将本书构建的以感知价值为中介效应的模型进行逐步多元回归分析（回归结果如表 2-5 所示），具体可以分为三步进行。

第一步，将多维质量的三个维度（产品质量、品牌质量和服务质量）作为自变量，以消费者购买意愿为因变量进行多元线性回归，以研究多维质量和消费者购买意愿的关系，即验证假设 H1 是否成立。由表 2-5 可得，模型一的调整后 R^2 为 0.587，且 F 值显著，证明了多维质量对消费者购买意愿有较好的解释能力。由回归结果可知，产品质量、品牌质量和服务质量都与消费者购买意愿呈现正相关关系且关系显著，则 H1(a)、H1(b) 和 H1(c) 得证。

表 2-5　模型回归结果（标准化回归系数）

	模型一		模型二		模型三	
	购买意愿		感知价值		购买意愿	
	β	t 值	β	t 值	β	t 值
产品质量	0.210	3.086***	0.226	4.686***	0.067	1.059
品牌质量	0.116	1.809*	0.253	5.558***	0.069	1.154*
服务质量	0.496	7.962***	0.485	11.021***	0.187	2.841***
感知价值					0.635	8.726***
F 值	145.398***		391.231***		155.214***	
调整后 R^2	0.587		0.793		0.669	

注：*** 表示 p 在 0.01 的水平上显著，** 表示 p 在 0.05 的水平上显著，* 表示 p 在 0.1 的水平上显著，下同。

第二步，将多维质量的三个维度作为自变量，以感知价值为因变量进行多元线性回归，以研究多维质量与消费者感知价值之间的关系，即验证假设 H2 是否成立。由表 2-5 可得，模型二的调整后 $R^2=0.793$，同样说明全面质量对消费者感知价值有较好的解释能力。由回归结果可知，产品质量、品牌质量和服务质量都与消费者感知价值呈正相关关系且系数在 1% 的显著性水平下显著，据此 H2(a)、H2(b) 和 H2(c) 得证。

第三步，将多维质量的三个维度与消费者感知价值同时放入模型中作为自变量，以消费者购买意愿为因变量进行多元线性回归，以研究多维质量、消费者感知价值和消费者购买意愿三者之间的关系，即验证假设 H3 和 H4 是否成立。由表 2-5 可得，模型三的调整后 $R^2=0.669$，且 F 值显著，说明多维质量和消费者感知价值都对消费者购买意愿有较好的解释能力。由回归结果可知，除了产品质量对消费者购买意愿的正相关关系不够显著外，多维质量的其他两个维度分别与感知价值、消费者购买意愿都存在显著的正相关关系，则 H3 得证。仔细分析模型三的回归结果可以发现，虽然模型中多维质量各维度的系数仍然显著，但相较于模型一而言，系数明显变小了。这说明多维质量对消费者购买意愿的直接作用被另一个因素影响了，即感知价值在全面质量推动消费者购买意愿提高的过程中起了一部分作用——消费者感知价值在多维质量对消费者购买意愿的影响中充当中介变量的角色，据此 H4 得证。

（三）中介效应检验

为了更全面地解释消费者感知价值的中介作用，本书采用偏差校正的非参数百分位 Bootstrap 法检验中介效应。为检验多维质量和消费者购买意愿之间的关系是否以消费者感知价值为中介，使用温忠麟、叶宝娟等人提出的 Mplus 程序检验中介效应。对 1 000 个 Bootstrap 样本进行计算，得到 1 000 个系数乘积估计值，按数值从小到大排序，其中第 0.5 个百分位点和第 99.5 个百分位点构成一个置信度为 99% 的置信区间。如果置信区间不包含 0，则系数乘积显著。在本研究中，多维质量和消费者购买意愿的中介效应 99% 的置信区间为 [0.765, 0.974]，不包含 0，因此感知价值的中介效应达到 0.01 的显著水平。由表 2-6 可知，多维质量对消费者购买意愿的直接效应值 $C=0.757$（0.765, 0.974），多维质量对消费者感知价值的效应值 $A=0.887$（0.808, 0.934）；多维质量和消费者感知价值共同作为自变量时，多维质量对消费者购买意愿的效应值 $C'=0.167$（0.013, 0.386），消费者感知价值对消费者购买意愿的效应值 $B=0.665$（0.582, 0.967）。消费者感知价值的中介效应 $=AB/C=AB/(AB+C')=77.920\%$。

表 2-6　总体回归结果（标准化回归系数）

	模型一	模型二	模型三
因变量	购买意愿	感知价值	购买意愿
自变量	多维质量	多维质量	多维质量、感知价值
β	0.757	0.887	0.813、0.343
t 值	20.197***	33.562***	24.356***、8.301 6***
置信区间	[0.867, 0.965]	[0.837, 0.964]	[0.469, 0.734]　[0.210, 0.478]
F 值	407.918***	1 126.419***	593.220***
调整后 $\overline{R}^2$	0.572	0.787	0.660

注：*** 表示 p 在小于 0.001 的水平上显著。

四、结论

本研究构建了多维质量、感知质量与购买意愿的研究模型和相应测度量表，利用 300 份消费者的调查问卷数据为样本进行逐步回归，并运用 Bootstrap 方法进行稳健性检验。实证结果表明，多维质量的三个维度和感知价值都与消费者购买意愿呈现出显著的正向相关关系，即产品质量、品牌质量和服务质量能有效促进消费者感知价值的提高和消费者购买意愿的提升，且消费者感知价值在多维质量对消费者购买意愿的推动作用中存在完全中介作用。

第四节　提高农产品质量的对策建议

农产品质量安全体系的构建是一个系统工程，需要从各环节入手。结合我国农产品质量安全体系建设的现状以及存在的问题，我们建议可以从以下几个方面进一步加强和完善农产品质量安全监管。

一、积极引导农产品生产的标准化建设

农产品标准化是保障农产品质量安全的基础，也是实现农业现代化的必由之路。一是要在思想认识上有突破。要真正把农产品标准化作为推进农业现代化、提升农产品质量安全水平的重中之重来抓，坚持以标准化作为技术手段，将农业各环节、各部门、各层次紧密联系起来，将社会资源整合起来，形成全力推进农产品生产标准化的浓厚氛围。二是重点建立绿色无公害食用农产品生产标准，即对粮食、食用油、牲猪、家禽、鲜鱼、乳品、蔬菜、水果等食用农产品推行生产标准化。大力推进食用农产品标准化生产，扎实推动农产品质量安全监管示范县和农业标准化生产示范基地创建工作，使全国优质农产品主产区规模以上生产主体基本实现标准化。大幅度提高无公害农产品生产面积。三是努力扩大农产品标准化生产规模。各地要从抓农业标准化示范基地建设转向整体推进农业标准化建设，扩大农业标准化建设规模，要鼓励发展、大力扶持家庭农场、专业大户、农民合作社、产业化龙头企业等新型主体来主导标准化农产品的生产规模扩大。建议设立农产品标准化奖励基金，对农产品生产标准化较高的市县和龙头企业、生产基地予以奖励，以激励和调动农产品标准化生产的积极性。对城市工商资本去农村投入农产品标准化生产与规模经营的应在税收上予以一定优惠，并在农产品规模化经营和土地流转等用地上予以支持和推动，以建设一批农产品标准化示范区和标准化生产示范基地，推动新增认证无公害、绿色食用农产品。四是建立特色优质农产品发展专项资金，多渠道增加特色优质农产品发展投入，整合各部门资金扶持优质农产品基地建设和基础设施建设，围绕优势、特色产业基地建设，创建一批在国内有影响力的省、市、县三级无公害、绿色食品生产基地，推动特色优质农产品实现可持续和跨越式发展。

二、努力改善农产品生产的外部环境

农产品安全与否的关键环节在于生产过程，生产环境状况直接制约农产品的成分与品质。如蜜蜂采的油菜花是在农药残留高的土壤里生长的，则酿成的蜂蜜也会有问题。湖南临武鸭、新晃黄牛品质好，主要是生长环境好。因此要把住农产品质量关，必须把好生产环境安全关，治地治水，净化农产品产地环境，切断污染物进入农田的链条，对受污染严重的耕地、水等，要划定农产品生产禁止区域，进行集中修复，控肥、控药、控添加剂，严格管制乱用、滥用农业投入品。要推进全国农产品产地安全状况调查和评价，加快农产品禁止生产区域划分工作，实施农产品产地环境安全分级管理。对于污染严重并已危害到农产品质量安全的耕地、水面、草原应进行休耕、休渔、休牧，并集中时间治理污染，待污染治理经检测达标后再恢复耕种、放养与放牧。对耕地、水面、草原因休耕、休渔、休牧而减少的农产品供给可适当增加进口，以免市场波动。对耕地、水面、草原因休耕、休渔、休牧导致农民收入减少的，政府应设农产品生产环境基金、农业生态补偿基金或“休耕、休渔、休牧”补偿基金，对减收地区农民予以一定的补贴。

三、多路径构建农产品质量安全监管体系

(1) 加大扶持农产品质量安全监管机构的建设与完善。各级财政要支持农产品质量安全监管机构的建设与完善。党的十八届三中全会明确提出要完善统一权威的食品药品安全监管机构。要强化县级以上地方人民政府对食品安全工作的属地管理责任，市县范围内应由政府主要领导直接挂帅，建立统一的食品(含药品) 安全监管机构，制定并组织实施食品安全监管工作年度计划；并将农产品质量安全作为一个重要的考核指标纳入政府绩效考核当中，实行严格的问责制度。财政应切实加大投入，支持从市县到乡镇全覆盖的监管体系建设，推

进市县两级农产品质量安全监管机构建设，要加强食品安全监管队伍建设，配备与食品安全监管职责相适应的人员，保障经费和工作条件，提升各级、特别是基层监管队伍装备配备水平。食用农产品的安全监管要突出重点环节和薄弱环节，一方面是加强对重点食用农产品产区、重点食用农产品市场、重点食品生产经营企业及婴幼儿食品、食品添加剂等重点品种的监管；另一方面强化对农村、城乡接合部等食品安全薄弱地区的监管，尽快建立和完善乡镇农产品质量安全监管公共服务机构，防止假冒伪劣食品下乡；加强餐厨废弃物综合治理，推进资源化利用。

（2）重点支持农产品质量安全标准体系建设，形成一套科学的全过程“控农残”体系。国家或省级财政层面应加大对农产品质量安全标准体系建设的投入力度，重点用于开展食用农产品食品安全标准制度的修订和基础性研究。同时，地方财政应努力开辟各种筹资渠道，用于建立农产品质量检测单位，购置农产品质量检测仪器，提高农产品质量检测时效和增加可控制手段，确保农产品质量安全。在财政支持项目形式上可以设立诸如农产品检验检测中心建设项目、农产品质量安全监管示范县创建项目、乡镇农产品质量安全监管站项目等。

（3）加大对农产品质量安全追溯体系建设的支持。2010 年以来，商务部会同财政部分三批支持 35 个城市开展肉菜流通追溯体系建设试点，已经取得明显成效。建议中央政府在总结试点城市经验的基础上，一是增加质量追溯体系食用农产品品种，除肉、菜外，增加油、奶、蛋、茶；二是扩大质量追溯体系覆盖城市数量，除覆盖有条件的直辖市、计划单列市和省会城市外，尽快使人口在 50 万以上的大城市都建立食用农产品质量安全的追溯体系，初步形成与全国大市场、大流通格局相适应的全国追溯网络架构。要按照“科技领先、便捷追溯、品牌示范”的原则，加强相关部门追溯工作信息对接，尽可能运用信息化手段，建立重要食用农产品及品牌农产品流通电子追溯体系，形成从生产源头到消费终端全过程的完整追溯链条。中央财政应增加这方面的公共预算开支，作为一项重要民生工程。同时政府应出台相关政策，鼓励和支持农产品生产和加工企业建立产品质量可追溯体系，如财政支持在农产品包装上进行验证标识设立，建立可供消费者自行查询的网络平台，多途径保证农产品质量安全，及时将各种不安全的事故抑制在萌芽状态。

四、不断推进农产品流通渠道创新

（1）鼓励农产品批发市场与农产品基地合作社、农业产业化龙头企业建立长期供求关系，鼓励农产品批发市场经营户通过自建基地、基地指导、优化产品结构等方式与基地建立利益共享、风险共担的利益联合机制等的“农批对接模式”。

（2）鼓励大型超市、大型连锁企业、农产品加工企业等与从事鲜活农产品生产的农民专业合作社、农业产业化龙头企业开展农超、农企、农校对接，实现农产品直供、减少流通环节、降低流通损耗、保障食品安全等的“农超对接模式”。

（3）鼓励和支持大型农产品批发市场建设鲜活农产品配送中心和当地批发市场建设农产品集配中心的“直接配送模式”。

（4）在城化建设过程中要合理规划农产品市场建设面积和用地规模，留足市场发展用地，确保农产品市场的高水平建设和标准化经营。同时，对预留土地，严格按规划用途使用，如需调整，必须经市规划部门报市政府批准。

（5）加强城乡现代农产品物流体系建设特别是鲜活农产品冷链物流设施建设，强化食品集中交易批发市场的建设和监管，加强产销对接，提高食品储存、运输、流通的质量安全控制。对农产品流通过程中企业的税收予以一定程度的减免，提高企业用于质量管理方面的费用，促进农产品生产与经营成本的降低。

五、加大农产品质量安全技术与管理人才培养

(1) 要把加快培育新型农业经营主体作为一项重大战略，解决农业农村劳动力“空心化”的问题。要通过政策措施，吸引年轻人务农，构建现代职业农民队伍，为农业现代化建设和优质、绿色、放心农产品生产提供坚实的人力基础和保障。因此应创造良好的务农条件和环境，加强新农村建设，提高农业经营的比较效益，让农业成为有奔头的产业，让农村成为安居乐业的美丽家园，以吸引大中专院校特别是农业院校毕业生到农村经营农业；对大学生、复员军人在农村创业的，要在资金、税收、土地留转方面予以支持。同时，也要重视提高现有农户的文化与职业素质。

(2) 要把培养高素质食品质量安全技术与管理人才纳入国家人才培养计划，确保食品质量安全管理有专业化人才保证。国家财政应对这类人才的培养予以支持，鼓励有条件的高等院校增加农产品食品质量安全检测技术相关专业的招生，以保证食品质量安全管理工作有充分的人才支撑。

(3) 政府应加强食品质量安全管理的专业培训，政府应安排财政经费，一方面，每年专门免费为农产品生产企业举办2~3期农产品质量安全生产加工技术培训班，重点培训申请产品认证和准备申请产品认证的企业的技术骨干和管理人员，为企业提供优质培训服务。另一方面，加强对全国各地特别是县、乡镇基层食品质量安全管理岗位的管理人员进行定期培训，培训内容包括食品质量安全法规知识、检测技术知识、食品质量安全管理知识。食品质量安全监管单位负责人、关键岗位人员要统一接受培训，在此基础上对重要岗位要试行培训考试合格发放资格证书以及持证上岗制度。建议中央政府组织有关职能部门或行业协会与有条件的高等院校联合组建“中国食品（含食用农产品）安全监管培训中心”，使食品（含食用农产品）安全监管培训工作制度化、规范化，不断提高食品（含食用农产品）安全监管人员管理能力和职业素质。

六、着重推进农产品经营行业诚信体系建设

多年来发生的食品（含食用农产品）质量安全问题，绝大部分是由于生产经营者道德失范、诚信缺失、见利忘义所致。因此加快信用体系建设，是搞好农产品质量安全监管的基础性工程和治本之策。

（1）应重点加强食品（含食用农产品）生产加工与流通经营行业商务诚信的基础建设，要依法依规，在完善生猪屠宰、酒类流通执法检查记录基础上，逐步制定全国统一的主要食用农产品及加工品信用信息采集和分类管理标准，建立企业诚信档案，依法使各类食品（含食用农产品）生产加工和流通企业的信用状况透明、可核查。

（2）要完善诚信奖惩制度，建立起诚信褒扬、失信惩戒的外部约束机制，让守信者处处受益、失信者寸步难行。全方位提高失信成本，加大对失信行为的惩戒。要建立对失信违规的企业和个人的“黑名单”定期公布制度，让失信者在市场经营活动中无法立足。

（3）政府带头加强食品（含食用农产品）安全监管方面的政务诚信建设。政府要以身作则，带头推进政务公开，依法公开在食品（含食用农产品）安全监管方面管理中掌握的信用信息，提高决策透明度，主动接受企业、消费者和新闻媒体的公开监督和批评，以政务诚信示范引领全社会诚信建设。诚信也是一种宝贵的公共产品，建议财政对食品（含食用农产品）生产加工与流通经营行业的诚信信息网络平台建设及维护予以必要支持。

第三章　消费行为对农产品流通渠道选择影响分析

第一节　消费者线上线下购买方式选择研究

随着互联网技术的发展与应用，线上购买逐渐成为消费者购买农产品的重要方式之一。本节以水果为例，利用对长沙市、广州市、重庆市、北京市、上海市、深圳市等1 063名城市消费者的线下问卷调查和422份水果购物网站的线上问卷调查所得数据，运用二元Logit模型，研究了影响消费者做出线上、线下购买行为的主要因素。研究结果表明，消费者的个人特征、心理特征、行为特征以及环境特征的偏好程度对水果线上、线下购买方式的选择有显著影响。根据研究结论，水果的线上购买方式必定成为未来的发展趋势，但目前线上、线下两种方式依旧相互依存、相互影响。在进行水果营销时，需要结合线上、线下购买方式的影响因素，为商家提出对策建议。

一、引言

随着互联网技术的广泛应用以及支付方式的多样化和物流体系的不断发展完善，城市消费者对水果的购买方式也开始由线下发展到了线上，并逐渐成为消费者水果购买的重要方式之一。线上的销售方式由网店、微店开始进入了O2O模式，天天果园、易果生鲜、水果营行、顺丰优选、Dmall、本来生活、沱沱工社等一批生鲜电商企业兴起与发展，当然也有不少已倒闭。从行业发展的趋势来看，水果销售的互联网化似乎不可阻挡。但是，水果电商的高淘汰率以及行业总体低水平的赢利状态又反映出消费者尚未完全接受这一新兴消费方式。为此，亟须探索消费者购买水果的行为方式和特点。从现有的研究来看，既有基于某一类消费者（比如大学生）的个体特征，也有结合消费者的区域属性进行网络水果购买行为的分析和探讨，为水果的购买方式研究提供了很好的基础和借鉴。但是，结合线上的消费趋势，将消费者水果线上和线下购买方式进行对比研究的尚不多见。为此，本节以城市消费者水果购买方式为研究对象，基于对长沙市、广州市、重庆市、北京市、上海市、深圳市等城市消费者的实地问卷调查以及购物网站的问卷调查所形成的调研结果，分析城市消费者水果购买方式选择的行为特征，深入探讨影响消费者做出线上、线下购买方式的关键因素，最后对水果销售企业提出相应的对策和建议。

二、文献综述

（一）基于消费者水果线上购买方式的研究

廖依婷、徐文博、张婧怡等（2016）通过对我国大学生的水果网购行为研究，发现水果质量、价格、商家信誉、送达时间、退货或换货的服务保证等是影响消费者购买行为的主要因素。[62] 张蓓、林家宝（2014）基于心理反应综合视角，从消费者特征、消费者认知、消费者情感和消费者意志四个维度构建了可追溯水果消费者购买行为理论模型，研究发现：文化程度、家庭月收入、信息丰富度、体验和偏好等是重要的影响因素。[63] 在此基础上，林家宝、万俊毅、鲁耀斌（2015）从消费者信任角度进一步探究线上水果的发展方向，通过构建水果电子商务消费者信任影响因素模型分析水果质量、感知的价值、物流服务质量、网站设计质量、沟通和信任倾向对消费者信任的作用。[43]Ilyoo B. Hong 和 Hoon S. Cha（2013）通过引入消费者信任这一调节因素，帮助在线商家预测消费者购买意图，结果显示，绩效、心理、金融和网上支付风险对购买意愿有显著的负面影响；同时，消费者信任度正向影响消费者在线购买意图。[64] 王竹君（2016）以水果电商伯果儿为例，研究消费者选择线上购买水果时的影响因素，结果显示伯果儿主要围绕消费者的行为特征和心理特征进行重点营销。[65] 王明葆（2016）采用系统动力学方法，以水果 O2O 企业许鲜网为例，构建许鲜网供应链模式的因果循环模型，结果显示许鲜网主要是通过提高水果性价比和供应链流通速度来提升用户体验。[66] 任杰、赵冬梅（2014）主要围绕个体特征、品质偏好两方面研究消费者水果线上购买方式影响因素，[67] 将消费者的参考价格根据水果的不同品种分为国产水果和进口水果进行研究，主要包括消费者所购水果的网络销售价格、相对于传统实体店同类水果的价格、对已购买水果的品质偏好程度和购买之前的价格搜寻活动，并引入性别、年龄、收入等人口统计变量作为控制变量。

（二）基于消费者水果线下购买方式的研究

Chongguang Li 等（2012）基于生活方式和民族中心主义角度研究中国消费者对购买国产和进口新鲜水果的态度，结果显示中国消费者对进口水果的购买意愿受生活方式群体的影响，同时消费者的种族中心主义倾向也影响着他们对国内新鲜水果的购买态度。[68]Ximing Sun 和 Collins Ray（2006）从消费者感知质量和预期用途角度研究中国消费者对进口水果的反应，发现商标是维持、扩展市场份额的重要因素。[69]Baker、McCabe、Swithers 等（2014）从美国儿童的水果和蔬菜（FV）摄入量角度研究成人消费者的购买意愿，发现成人消费者认为儿童友好型样品（CF）比规则形状样品更具视觉吸引力，且对其蔬菜和水果样品的味道和质地评级也更高，更愿意选择 CF 形样品，也愿意对这些食物支付更高的价格。[70]Carpio、Wohlgenant 和 Safley（2007）采用消费商品和娱乐时间的结构计量模型分析消费者在北卡罗莱那州自选水果作业中购买自选或预收获草莓的决定。[71]Onwezen 和 Bartels（2011）使用跨文化消费者细分来研究水果选择动机，研究发现，自然意识消费者和以健康为导向的消费者在水果选择动机的重要性评级方面存在差异。[72]Kapoor 和 Kumar（2015）研究经济中等城市中水果和蔬菜消费者行为，以印度奥利萨邦为例，发现家庭收入和消费者的受教育水平对消费者支付分级和包装产品的意愿有重大影响。[73]

三、理论框架

目前，城市消费者对水果的购买方式基本上包括线上购买、线下购买以及线上线下购买等三种方式。为了便于进行对比分析，本书将城市消费者的水果购买方式主要分为线上购买和线下购买两类。线上和线下购买方式都有的消费者，根据消费者在线上和线下购买的次数对比，线上购买得多，则划为线上购买者，线下购买得多则划为线下购买者。基于已有的理论和实证研究，针对城市消费者水果购买的特点，将影响城市消费者水果购买方式选择的因素总结为四个类型，提出如下基本理论假说：

（1）个人特征对城市消费者水果购买方式选择有影响。就水果而言，消费者越年轻，学历越高，越愿意接受新事物，越有可能选择线上购买方式。同时，水果的线上价格相对线下偏高，因而高收入者选择线上购买的可能性更高。

（2）心理特征对城市消费水果购买方式选择有影响，主要体现为支付信任和质量信任。认为现金支付更安全、希望通过实际触摸判断水果质量的消费者，更容易选择线下购买方式；对于支付方式没有具体要求，或者愿意通过整体的感知来判断水果质量的消费者，更容易选择线上购买方式。

（3）行为特征对消费者水果购买方式选择有影响，主要体现为购买时机和购买动机。消费者如果更希望节省时间、方便快捷，则会倾向于线上购买方式；如果是在散步锻炼、购买其他东西时顺便购买水果，则会倾向于线下购买方式。同时，与商家沟通方面，消费者如果更希望与商家进行面对面的实体沟通，则会倾向于线下购买方式；消费者如果愿意与商家进行虚拟沟通，如微信、QQ 等，则会倾向于线上购买方式。

（4）环境特征对消费者水果购买方式选择有影响。消费者对于电脑使用比较了解，使用的是智能手机，则更有可能选择线上购买方式。此外，消费者周围的网购人群比较多，则消费者也会比较容易选择线上购买方式。

四、调查方案与数据分析

（一）调查方案

本书数据来源于 2016 年 7~9 月组织的针对长沙市、广州市、重庆市、北京市、上海市、深圳市等 6 个城市的消费者问卷调查，并结合购物网站进行线上问卷发放。调查共获取消费者调查问卷 1 100 份，其中有效问卷为 1 063 份，占全部回收问卷总数的 96.64%。

表 3–1　消费者对水果购买方式选择的类型分布

购买方式	线下方式购买者		线上方式购买者		合计	
	人数	比例	人数	比例	人数	比例
只在线下购买	401	80.36%	—	—	401	37.72%
只在线上购买	—	—	31	5.50%	31	2.92%
线下次数多于线上	85	17.03%	462	81.91%	547	51.46%
线上次数多于线下	13	2.61%	71	12.59%	84	7.90%
合计	499	100.00%	564	100.00%	1 063	100.00%

从表 3-1 可以看出，消费者对水果的购买，从线下购买逐步开始转为尝试线上购买。在被调查的 1 063 位水果消费者中，只在线下购买的消费者共计 401 人，占总数的 80.36%；只在线上购买的消费者共计 31 人，占总数的 2.92%；线下购买次数多于线上的消费者共计 547 人，占总数的 51.46%；线上购买次

数多于线下的消费者共计 84 人，占总数的 7.9%。整体来看，线上购买者共计 499 人，占总数的 46.94%；线下购买者共计 564 人，占总数的 53.06%。为了简便起见，本书中线下购买者包括只在线下购买的消费者和线下购买次数多于线上的消费者，线上购买者包括只在线上购买的消费者和线上购买次数多于线下的消费者。

（二）统计分析

1. 城市消费者的基本信息

从性别分布来看，女性消费者占 60.21%，男性消费者占 39.79%。从年龄来看，选择线上购买方式的消费者主要以 35 岁以下年龄段的人为主，占被调查者的 8.75%；选择线下购买方式的消费者按照人数配比来看，年龄段分布比较均匀，可见青年人对线上这种方式接受度高一点。与此同时，购买主体的受教育程度集中在大专及以上，占总消费者的 86.17%。

表 3-2　被调查者的基本信息

		线下购买方式		线上购买方式		合计	
		人数	比例	人数	比例	人数	比例
性别	男	362	38.19%	61	53.04%	423	39.79%
	女	586	61.81%	54	46.96%	640	60.21%
年龄	22 岁以下	413	43.57%	37	32.17%	450	42.33%
	23～35 岁	392	41.35%	56	48.70%	448	42.14%
	36～45 岁	92	9.70%	16	13.91%	108	10.16%
	46～55 岁	37	3.90%	6	5.22%	43	4.05%
	55 岁以上	14	1.48%	0	0.00%	14	1.32%
月收入	2 000 元以下	410	43.25%	23	20.00%	433	40.73%
	2 001～4 000 元	249	26.27%	28	24.35%	277	26.06%
	4 001～6 000 元	159	16.77%	29	25.22%	188	17.69%

续表

		线下购买方式		线上购买方式		合计	
		人数	比例	人数	比例	人数	比例
月收入	6 000 以上	130	13.71%	35	30.43%	165	15.52%
学历	高中以下	126	13.29%	21	18.26%	147	13.83%
	大专或中专	250	26.37%	28	24.35%	278	26.15%
	本科	516	54.43%	53	46.09%	569	53.53%
	硕士及以上	56	5.91%	13	11.30%	69	6.49%
职业	政府事业单位	52	5.49%	11	9.57%	63	5.93%
	企业单位员工	207	21.84%	27	23.48%	234	22.01%
	学生	415	43.78%	31	26.96%	446	41.96%
	个体经营者	106	11.18%	20	17.39%	126	11.85%
	自由职业	167	17.62%	25	21.74%	192	18.06%
	其他	1	0.11%	1	0.87%	2	0.19%

2．城市消费者水果购买方式选择的心理特征

如表3-3所示，在购买水果时，20.04%的消费者认为现金支付更安全，0.75%的消费者则对付款的具体支付方式不是特别在意。结果显示，支付信任的差异对消费者线上线下购买方式的选择影响不显著。对消费者线下购买水果在意的因素进行排序，依次是产品新鲜度、质量认证、价格、售后服务、包装和配送；而线上购买方式主要关注产品新鲜度、质量认证和价格。根据数据分析结果，关注价格、产品新鲜度的消费者更倾向于线下购买方式，而关注质量认证、配送、售后服务、包装的消费者更倾向于线上购买方式。就水果的质量信任角度而言，强调实际触摸的消费者更倾向于选择线下购买方式，强调形象感知的消费者更倾向于选择线上购买方式。

表 3–3　城市消费者水果购买方式选择的心理特征统计表

		线下购买方式		线上购买方式		合计	
		人数	比例	人数	比例	人数	比例
支付信任	现金支付	194	20.46%	19	16.52%	213	20.04%
	在线支付	746	78.69%	96	83.48%	842	79.21%
	都可以	8	0.84%	0	0.00%	8	0.75%
购买行为的关注度	价格	86	29.15%	433	22.18%	519	23.10%
	产品新鲜度	110	37.29%	808	41.39%	918	40.85%
	质量认证	64	21.69%	486	24.90%	550	24.48%
	包装	17	5.76%	80	4.10%	97	4.32%
	售后服务	15	5.08%	107	5.48%	122	5.43%
	配送（其他）	3	1.02%	38	1.95%	41	1.82%
质量信任	实际触摸	363	38.29%	43	37.39%	406	38.19%
	亲自品尝	208	21.94%	20	17.39%	228	21.45%
	形象感知	129	13.61%	24	20.87%	153	14.39%
	都可以	248	26.16%	28	24.35%	276	25.96%

3. **城市消费者水果购买方式选择的行为特征**

如表 3-4 所示，消费者购买水果，一般愿意花费的时间在 30 分钟以内，其中，网上购买方式主要花费时间在 15 分钟以内。调查数据显示，线下购买方式都是比较随意的，而消费者更倾向于产生需求时进行购买，如购买零食、碰到水果摊等，购买频率大多是每周 2 次。线上购买行为主要发生在闲暇时，且大多是为节省时间或遇到节日促销活动，也有部分消费者是出于好奇想体验而选择线上购买方式。在水果质量等方面有疑惑或者问题时，倾向于与商家进行面对面沟通的消费者以线下购买方式为主，而倾向于与商家进行虚拟沟通的消费者以线上购买方式为主，因为这样省时又高效。

表 3–4　城市消费者水果购买方式选择的行为特征统计表

		线下购买方式		线上购买方式		合计	
		人数	比例	人数	比例	人数	比例
购买时间	5 分钟以下	168	17.72%	20	17.39%	188	17.69%
	5~15 分钟	509	53.69%	43	37.39%	552	51.93%
	15~30 分钟	198	20.89%	20	17.39%	218	20.51%
	30~60 分钟	59	6.22%	29	25.22%	88	8.28%
	60 分钟以上	14	1.48%	3	2.61%	17	1.60%
购买时机	闲暇	164	17.30%	34	29.57%	198	18.63%
	购买生活用品	75	7.91%	25	21.74%	100	9.41%
	需求驱动	709	74.79%	56	48.70%	765	71.97%
购买动机	节省时间	325	34.28%	49	42.61%	374	35.18%
	节日促销	152	16.03%	22	19.13%	174	16.37%
	消费体验	244	25.74%	15	13.04%	259	24.37%
	他人推荐	154	16.24%	18	15.65%	172	16.18%
	其他	73	7.70%	11	9.57%	84	7.90%
沟通方式	面对面沟通	520	54.85%	48	41.74%	568	53.43%
	虚拟沟通	341	35.97%	59	51.30%	400	37.63%
	都可以	3	0.32%	2	1.74%	5	0.47%
购买频率	0.5 次 / 周	187	19.73%	12	10.43%	199	18.72%
	1~2 次 / 周	531	56.01%	46	40.00%	577	54.28%
	3~4 次 / 周	273	28.80%	42	36.52%	315	29.63%
	5~6 次 / 周	44	4.64%	9	7.83%	53	4.99%
	7 次 / 周	1	0.11%	1	0.87%	2	0.19%
	7 次以上 / 周	22	2.32%	5	4.35%	27	2.54%

4．城市消费者水果购买方式选择的环境特征

如表 3-5 所示，消费者水果线上线下购买方式的选择受支付工具的影响并不显著。从数据中可以看出，86.17% 的消费者经常使用的通信工具是智能手机，但选择线上购买方式的还是比较少。此外，和没有网购经历的消费者相比，有网购经历的消费者选择水果线上购买方式的概率更高。

表 3–5　城市消费者水果购买方式选择的环境特征统计表

		线下购买方式		线上购买方式		合计	
		人数	比例	人数	比例	人数	比例
目前经常使用的通信工具	座机	5	0.53%	7	6.09%	12	1.13%
	非智能手机（以打电话、发短信为主）	29	3.06%	106	92.17%	135	12.70%
	智能手机（可以微信、支付宝、QQ）	914	96.41%	2	1.74%	916	86.17%
网购经历	有	850	89.66%	103	89.57%	953	89.65%
	没有	98	10.34%	12	10.43%	110	10.35%

五、计量经济模型和估计结果

(一) 模型构建

本书的研究目的是探究城市消费者水果线上线下购买方式选择的影响因素，在各种估计模型中，二元 Logit 模型适合于本问题的研究。对因变量进行量化取值，当消费者选择线下购买方式时，取值 0，选择线上购买方式时，取值 1。可构建模型:

$$\mathrm{Logit}(P)=\ln(\frac{P}{1-P})=\alpha+\sum\beta_j X_j+\varepsilon$$

式中: P 表示消费者线上购买水果的概率; $P/(1-P)$ 是消费者线上购买与线下购买水果概率之比; α 为常数项; β_j 为自变量 X_j 的回归系数; ε 表示随机扰

动项。

根据前述理论，消费者在线下购买和线上购买水果两者之间进行选择，其概率由被调查者的个人特征、心理特征、行为特征和环境特征等因素决定。

模型中各变量的定义与取值范围如表 3-6 所示。

表 3-6 二元 Logit 模型的变量说明

变量	变量说明	备注
y	城市消费者水果的购买方式选择，0＝线下购买；1＝线上购买	选取“线下购买”作为对照组
X_1	年龄：1＝22 岁以下；2＝23～35 岁；3＝36～45 岁；4＝46～55 岁，5＝55 岁以上	反映城市消费者的个人特征
X_2	月收入：1＝2 000 元以下；2＝2 001～4 000 元；3＝4 001～6 000 元；4＝6 000 元以上	
X_3	学历：1＝高中以下；2＝大专或中专；3＝本科；4＝硕士及以上	
X_4	职业：1＝政府事业单位，2＝企业单位员工；3＝学生；4＝个体经营者；5＝其他	
X_5	支付信任：1＝现金支付，2＝在线支付，3＝都可以	反映城市消费者的心理特征
X_6	购买行为关注度，X_{61}＝价格，X_{62}＝产品新鲜度，X_{63}＝质量认证，X_{64}＝包装，X_{65}＝售后服务，X_{66}＝配送（其他）	
X_7	质量信任：1＝实际触摸，2＝亲自品尝，3＝形象感知，4＝都可以	
X_8	购买时间：1＝5 分钟以下，2＝5～15 分钟，3＝15～30 分钟，4＝30～60 分钟，5＝60 分钟以上	反映城市消费者的行为特征
X_9	每周购买频率（次）	
X_{10}	沟通方式：1＝面对面沟通，2＝虚拟沟通，3＝都可以	
X_{11}	购买时机：1＝闲暇，2＝购买生活用品，3＝需求驱动	
X_{12}	购买动机：1＝节省时间，2＝节日促销，3＝消费体验，4＝他人推荐，5＝其他	
X_{13}	经常使用的通信工具：1＝座机，2＝智能手机，3＝非智能手机	反映城市消费者的环境特征
X_{14}	是否有网购经历：1＝有，2＝没有	

（二）估计结果分析

本书运用 Eviews 6.0 软件，利用最大似然估计法，对调查数据进行回归。需要说明的是，采用最大似然估计法（MLE）估计得到的回归系数 β_j 并不直接可比，仅解释变量 X_j 增加一单位将引起“对数概率比”（log-odds ratio）的变化程度。为了反映某一解释变量对被解释变量的弹性，需要进一步计算变量的边际效应系数，估计结果如表 3-7 所示。

表 3–7　城市消费者水果的线上线下购买方式选择估计结果

变量		线上购买方式		
		系数估计值	渐进 T 值	边际效应系数
常数项		−0.992 0	0.204 3	0.370 8
X_1		0.061 3***	0.448 6	1.063 2
X_2		−0.208 4	0.000 5	0.811 9
X_3		0.020 2***	0.795 2	1.020 4
X_4		−0.018 8	0.704 4	0.981 3
X_5		0.132 7	0.037 9	1.141 9
X_6	X_{61}	0.300 2	0.016 4	1.350 1
	X_{62}	0.435 8	0.005 3	1.546 2
	X_{63}	0.193 5*	0.103 2	1.213 5
	X_{64}	−0.187 4*	0.312 2	0.829 1
	X_{65}	−0.127 6	0.446 1	0.880 2
	X_{66}	0.393 2*	0.289 7	1.481 8
X_7		0.002 5***	0.958 9	1.002 5
X_8		−0.155 1	0.009 6	0.856 3
X_9		−0.177 9**	0.001 8	0.837 0
X_{10}		−0.085 2	0.135 7	0.918 3
X_{11}		0.162 6	0.000 6	1.176 6

续表

	线上购买方式		
	系数估计值	渐进 T 值	边际效应系数
X_{12}	−0.020 1	0.636 9	0.980 1
X_{13}	1.145 9***	0.000 3	3.145 2
X_{14}	0.062 1	0.761 6	1.0640
Log Likelihood	−306.166 7		
McFadden R^2	0.154 387		
LR Statistic	111.796 4		
H-L Statistic	18.079 9		

注：***、**、* 分别表示系数的估计值在 1%、5% 和 10% 的显著性水平上显著；H-LStatistic 栏中括号内数值为拟合优度检验对应的概率值。

由表 3-7 的估计结果可以看出，消费者的年龄、受教育程度、购买关注因素中的质量认证、配送和包装、质量信任、每周购买频率、经常使用的通信工具等 6 个变量在统计上具有较高的显著性，表明这 6 个因素对消费者购买水果的选择有重要的影响。

（1）年龄和受教育程度对消费者选择行为有显著的影响。从估计结果来看，年轻的消费群体更有可能接受网上购买方式，相对来说，年纪大一点的消费人群，更愿意去实体店购买水果；另外，受教育程度高的消费者，选择在网上购买水果的可能性大一些。这与本书的假定是一致的。

（2）消费者的质量信任和购买关注因素中的质量认证、配送、包装对消费者选择行为有显著的影响。从估计结果来看，倾向于通过形象感知来评价产品质量的消费者更可能选择线上购买方式，而期望通过实际触摸或亲自品尝来评价产品质量的消费者更可能选择线下购买方式。另外，购买关注因素对线上和线下消费者都有重要影响，但是线上消费者更加关注质量认证、配送和包装。

这与本书的假定基本一致。

（3）消费者的每周购买频率对消费者选择行为有显著的影响。从估计结果来看，每周购买频率越少的，越倾向于选择线下购买方式；而每周购买频率越多的，越倾向于选择线上购买方式。实际上，越来越多的消费者正是因为线上购买的方便性、快捷性才会更乐意进行网购。这也与本书的假定是一致的。

（4）经常使用的通信工具对消费者选择行为有显著的影响。消费者若经常使用智能手机、电脑，大多都有过网购经验，这样很容易促使消费者在购买水果时采用线上购买方式。这也与本书的假定是一致的。

除此之外，其他如消费者月收入、职业、支付信任、购买关注因素中的包装、售后服务和配送、沟通方式、购买时机、购买动机、是否有网购经历等因素的估计结果皆不显著，这说明这些因素对消费者选择线下购买方式有一定的影响，但不明显。就支付信任这一因素而言，虚拟支付在线下购买方式中也在逐渐普及，所以付款方式的差异不会影响消费者的信任感。

六、研究结论与对策建议

（一）研究结论

调查发现，消费者对水果的购买方式已呈现多样化趋势，越来越多的消费者尝试通过网店、微店、QQ、微博或者 APP 等方式进行购买，但到目前为止，水果的主要销售渠道还是传统的实体店。研究结果显示，年龄、受教育程度、购买关注因素中的价格、产品新鲜度和质量认证、质量信任、每周购买频率、经常使用的通信工具等因素对消费者水果购买的选择方式具有显著的影响。年轻的消费群体，倾向于通过线上购买水果，而年纪大一些的消费群体，还是以线下购买为主要方式；受教育程度越高，越倾向于通过线上购买水果；消费者在交易过程中，更愿意通过形象感知来评价产品质量，倾向于选择线上交易方式，而必须通过触觉来评价产品质量的，则倾向于选择线下交易方式；在购买的关注因素中，非常注重价格、生鲜度等因素的消费者倾向于选择线下交易，而非常关注质量认证、配送、包装的消费者则倾向于选择线上交易；购买时间越长且较少使用智能手机和电脑的消费者倾向于线下交易，购买时间较短且经常使用智能手机和电脑的消费者倾向于线上交易。这与现有很多学者对消费者水果消费行为的因素研究结论基本一致。但是，研究还发现，其他诸如消费者月收入、职业、支付信任、购买关注因素中的包装、售后服务和配送、沟通方式、购买时机、购买动机、是否有网购经历的估计结果不显著，这与以往学者的研究结论有着明显差异，说明相对于传统的实体线下购买方式，线上购买行为不会因为这些因素的差异而表现出选择上的差异性。

（二）对策建议

根据以上研究结论，本书主要从以下三个方面给商家提出针对性的对策和建议：

1. 从线上线下两个方面打造 O2O 营销渠道模式

随着越来越多的消费者接受线上交易的方式，线上销售将与线下销售一样具有同等重要的地位。为此，水果商家在构建传统实体销售渠道的同时，应该注重开发网店、微信、微博、QQ 以及 APP 等多种线上交易渠道。尤其是着眼于未来的市场发展趋势，年轻消费群体在购买行为过程更加注重快捷、方便以及体验等要素，线上渠道体系构建刻不容缓。

2. 进一步加大对消费者线上消费的教育和引导

目前来看，线上消费还只是少部分消费者的行为；由于依靠触摸感知产品质量、关注因素的差异等，大部分消费者主要还是选择线下交易方式。从水果的流通成本节约和流通效率提高的角度来看，必须要引导消费者从线下交易转至线上交易。这就需要商家进一步加强对消费者的教育，通过互动沟通、广告宣传等方式逐步引导消费者的习惯和行为。

3. 实施品牌策略提高物流配送的水平和能力

从线上、线下的消费方式来看，产品质量、包装都是消费者关注的重点。尤其是线上的水果销售方式，产品的质量认证、包装等是直接影响购买的主要因素。实际上，要提高我国水果的附加值，必须通过品牌策略来提高市场的价值判断。而且，目前我国水果的损耗很大一部分来自物流环节，应该尽快建立较完善的水果冷链物流配送体系，提高配送水平和能力，从而促进行业整体发展。

第二节　转换成本、支出心理账户与线上购买行为关联性研究

农产品既是人们的日常生活必需品，也是中国人走亲访友的人情消费主要商品之一。而随着线上消费量的逐渐增多，农产品也逐渐成为网购商品的重要品类之一。此外，消费者在做出购买决策时并不仅仅遵循“理性人”的成本最小化原则，他们还会受到心理账户的影响，特别是在中国文化情境下。基于此，本节将水果作为研究实例，进一步探讨支出心理账户对广义转换成本与消费者购买行为的调节效应。

一、文献回顾与研究假设

（一）广义转换成本与消费者线上购买行为之间的关系假设

Czajkowski 和 Sobolewski（2016）借助离散选择实验来研究广义转换成本和本地网络效应对移动电话中消费者锁定的影响作用。[74]Shcherbakov（2016）设计了一个动态的消费者行为模型来探究消费者的广义转换成本是否会影响电视行业中公司的最优策略制定。[75]Pick 和 Eisend（2014）在测试集中调节效应和因果元分析模型的基础上，发现消费者对产品的质量感知会降低企业活动

对广义转换成本的影响。[76]Dub 等（2009）从心理广义转换成本角度提出了一个动态价格竞争模型，研究发现消费者在选择品牌时表现出的惰性就是一种心理广义转换成本。[77] 此外，Chang 等（2017）还采用推拉系泊模式（The push-pull-mooring model）探讨了消费者在实体商店和移动商店之间的转换意愿，结果显示购物自我效能、程序和关系广义转换成本对消费者的信息搜寻行为和感知价值具有不同程度的调节作用 [78]。Bell 等（2005）[79]、金立印（2008）[80]、Chadha 和 Kapoor(2009)[81]、Osborne(2011)[82]、Chebat 等 (2011)[83]、Yang(2012)[84]、Chun-Lin（2014）[85]、Leisen Pollack（2017）[86] 也从多个角度探究了不同环境下广义转换成本对顾客忠诚度、顾客满意度和顾客购买行为的影响。但现有成果大多集中于服务质量、服务价值方面的研究，很少从线上水果销售角度来探究广义转换成本对消费者购买行为的影响。

对于广义转换成本的分类，有很多学者进行过相关研究。Porter（1980）[87]、Klemperer（1987）[88]、Guiltinan（1989）[89]、Fornell（1996）[58]、Burnham 等（2003）[90] 基于成本学、顾客忠诚和顾客转换相关理论研究了顾客广义转换成本的具体分类：Blut 等（2015）将广义转换成本划分为程序性、财务性和关系性广义转换成本；[91]Jones 等（2007）以整体的服务业为样本，将其分为积极广义转换成本（社会广义转换成本、利益损失成本）和消极广义转换成本（程序广义转换成本）；[92] 王崇、吴价宝、王延青（2016）则将成本分为搜寻成本、评价成本、支付成本、风险成本。[93]

为了探究广义转换成本对消费者线上购买行为的影响，本书在有关研究基础上，结合消费者购买决策过程将广义转换成本分为学习成本、搜寻成本、支付成本、风险成本和评价成本五类，并做出如下假设：

H1：广义转换成本对消费者线上购买行为有显著的负向影响。

H1a：学习成本对消费者线上购买行为有显著的负向影响。

H1b：搜寻成本对消费者线上购买行为有显著的负向影响。

H1c：支付成本对消费者线上购买行为有显著的负向影响。

H1d：风险成本对消费者线上购买行为有显著的负向影响。

H1e：评价成本对消费者线上购买行为有显著的负向影响。

（二）支出心理账户对广义转换成本与消费者线上购买行为之间关系的调节性影响假设

在国外，Wu 等（2013）探讨了冲动购买对信任的影响，以及黏性和心理预算账户在团购情境中的中介效应。[31]Erat 和 Bhaskaran（2012）研究了心理账户对消费者在决定是否购买基础产品和附加产品时的影响作用。[94]Schweitzer（1999）重点研究不同类别的决策对心理账户的建设和划分差异。[30]Qing 等（2012）从民族中心主义和消费生活方式这两个角度来探究中国消费者的水果购买行为。[95] 在国内，魏世勇、沈利生（2014）将心理学中的心理账户概念引入习惯形成理论，通过构建理论模型揭示了收入上升对热点消费的启动作用。[96] 李爱梅等（2014）从双通道心理账户理论的新视角来分析消费者决策行为。[97] 钱明辉、李蔚菱（2014）梳理了国内外关于心理预算的主要研究成果。[98] 张蓓、林家宝（2014）基于心理反应综合视角，通过构建可追溯水果消费者购买行为理论模型，分析了可追溯水果消费者购买行为的影响因素。[63] 王宁等（2014）从心理账户视角出发研究顾客满意度，结果发现销售价格对顾客满意度的影响并不是传统的“价格越低、满意度越高”，当顾客的购后体验价格低于购前期望价格时，顾客满意度随着销售价格的增加先增加后减小。[32] 李爱梅、李斌等（2014）研究心理账户的认知标签与情绪标签对消费决策行为的影响时，发现认知标签中的常规收入和意外之财认知、情绪标签中的积极和消极认知会引导消费者进行实用性消费或者享乐性消费。[97] 从心理账户的现有研究成果来看，大多只是单一的研究心理账户对消费者购买行为、消费者满意度的影响，而将心理账户引入广义转换成本和线上水果方面的研究几乎没有。

对于心理账户的分类，李爱梅、凌文辁（2007）发现中国人的心理账户系统有一个相对稳定的“3-4-2”分类结构，即收入账户有“工作相关的常规收入”“非常规的额外收入”和“经营收入”三个账户；开支账户有“生活必需开支”“家庭建设与个人发展开支”“情感维系开支”和“享乐休闲开支”四个账户；存储账户有“安全型保障账户”和“风险型存储账户”两个账户。[99] 刘泽文、孔亮（2014）在研究大学生心理账户结构及其对经济行为的影响时发现，中国大学生受到心理账户的影响，并存在一个“4-6-2”的内隐结构。大学生收入账户包括 4 个分账户，即“劳务性收入”“非劳务性常规收入”“借贷收入”和“无偿给予性收入”；大学生支出账户包括 6 个分账户，即“基本生活开支”，“一般生活支出”，“精神生活开支”，“人际交往支出”，“享受支出”和“意外支出”；大学生储存账户包括 2 个分账户，即“投资增值性储存”和“安全保障性储存”。[100]

基于此，本书做出如下假设：

H2：支出心理账户对广义转换成本与消费者线上购买行为之间的关系具有显著的调节效应。

H2a：支出心理账户的生活必需支出对广义转换成本与消费者线上购买行为之间的关系具有显著的调节效应。

H2b：支出心理账户的情感维系支出对广义转换成本与消费者线上购买行为之间的关系具有显著的调节效应。

本研究的基本概念框架如图 3-1 所示。

图 3–1　研究的基本概念框架

二、研究设计及分析

（一）样本数据

本书的调查对象为购买水果的消费者，包括无网购行为和有网购行为的消费者。样本来源于全国各地区的代表性地区，如广州、重庆、河南、黑龙江等，并结合年龄段和性别平衡考虑，进行问卷的针对性发放，以提高样本数据的代表性。问卷一共发放 1 200 份，回收 1 100 份，剔除无效问卷和重要信息缺失的调查问卷后，最终一共获得了 1 062 份有效的调查问卷。

人口统计特征显示，男性 424 人，占 39.92%，女性 638 人，占 60.08%。从有网购行为的消费者角度进行深入分析，我们发现：从年龄构成来看，23～35 岁之间的人最多，占 47.03%，人群结构年轻化；从学历上来看，本科及以上占 53.48%，这类消费者普遍受教育程度较高；从收入来看，月收入在 2 001～4 000 元之间的占 26.27%，在 4 000 元以上的占 33.34%，可见这类消费人群平均收入中等偏上。

（二）信度和效度分析

为进一步了解问卷的信度和效度，需要对量表进行验证。通过 Croncbach α 值来度量量表中变量信度值的大小，并采用验证性因子分析方法进行适配度检验，检验是否具有区分和收敛效度，结果见表 3-8。

表 3-8　变量测度指标

变量	测度指标
广义转换成本（α=0.683 2, RMSEA=0.086, GFI=0.095, NFI=0.089 5, CFI=0.090 9）α	
学习成本	LC1：您目前经常使用的通信工具（α=0.665 3）
	LC2：您是否知道用电脑进行网购（α=0.634 2）
搜寻成本	SC1：您购买水果愿意花费的时间（α=0.710 9）
	SC2：同城配送，您可以接受的到货最长时间（α=0.702 6）
	SC3：跨省市配送，您可以接受的到货最长时间（α=0.703 5）

续表

变量	测度指标
支付成本	PC1：关于水果质量方面的疑问，您更愿意与商家沟通的方式（α=0.771 2）
	PC2：对于网购水果的价格，您能接受的最高价格（含运费）（α=0.709 8）
	PC3：关于水果质量方面的疑问，您更愿意与商家沟通的方式（α=0.704 5）
风险成本	RC：您能接受的水果最高损坏率（α=0.720 8）
评价成本	EC：下面哪种情况，可能会让您更愿意在网上购买（α=0.716 9）
支出心理账户（α=0.710 5, RMSEA=0.082, GFI=0.086, NFI=0.090 17, CFI=0.093 5）$^{\alpha}$	
生活必需支出	LE：在生活必需支出中，购买水果所占比大小是？（α=0.721 9）
情感维系支出	EME1：请问您在哪种情况下即使生鲜果蔬价格较高也愿意进行购买？（α=0.710 0）
	EME2：当水果主要买来吃时，您能接受的最高价格范围是？（α =0.710 9）
	EME3：当水果用来送人时，您能接受的最高价格范围是？（α=0.720 5）

注：α 表示验证性因子分析，RMSEA 为近似误差均方根，GFI 为拟合优度指数，NFI 为标准适配指数，CFI 为比较适配指数。

（三）假设检验

1．广义转换成本与消费者线上购买行为之间的关系

本研究选择基于最小二乘法原理的结构方程模型软件 PLS-Graph 对理论模型进行验证。研究结果表明，学习成本、搜寻成本、支付成本、风险成本、评价成本各变量均对消费者线上购买行为产生负向影响。从显著性水平看，学习成本、搜寻成本对消费者线上购买行为的影响不显著，但支付成本、风险成本、评价成本对消费者线上购买行为具有显著的负向影响。从影响程度

看，支付成本和评价成本的路径系数是 −0.24、−0.36，风险成本的路径系数是 −0.52，如图 3-2 所示。这些数据表明，广义转换成本中的风险成本对消费者线上购买行为的影响最大。

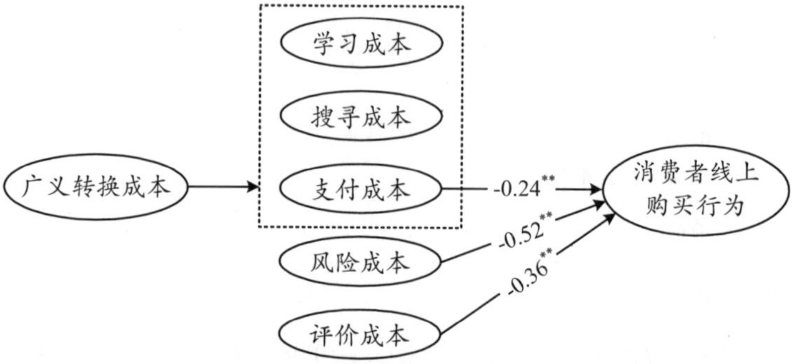

图 3–2　广义转换成本与消费者线上购买行为的关系假设模型

在前期文献梳理过程中，我们发现风险成本在汪旭辉（2008）、林志扬（2013）、张初兵（2013）等的研究结果中都是最显著的影响因素，这与本书结论一致。汪旭辉（2008）认为学习成本与搜寻成本对网上顾客忠诚度的影响是显著的。而本书在实证过程中，发现学习成本和搜寻成本对消费者线上购买行为是有影响的，但并不显著。这一结论的差异可以看出，消费者在首次购买和重复购买时，广义转换成本各个因素的影响显著性大小是有区别的。

2．心理账户及其对广义转换成本与消费者线上购买行为之间关系的调节性影响

考虑到广义转换成本和支出心理账户的测量指标共有 14 个，为便于进行层级回归分析，本书通过 AHP 法，将测量指标整理为 7 个，即学习成本、搜寻成本、支付成本、风险成本、评价成本、生活必需支出账户、情感维系支出账户。根据各层次的判断矩阵、影响因素权重，结果显示 CR＝0.059<0.1，满足一致性检验。

在此基础上，本书针对需要验证的假设，利用 SPSS 22.0 对变量间关系做层级回归分析，结果见表 3-9。模型一只用背景资料来估计消费者线上购买行为，模型的 R^2 是 0.354 8。模型二用了“背景资料”加广义转换成本的“学习成本、搜寻成本、支付成本、风险成本和评价成本”，模型的 R^2 是 0.397 1。模型三引入了“支出心理账户”这一调节变量，模型的 R^2 是 0.415 9。

表 3–9　层级回归结果

	模型一	模型二	模型三
控制变量			
年龄	0.060 9	0.057 6	0.052 8
月收入	−0.210 2	−0.236 0	−0.233 5
学历	0.021 9	0.021 3	0.020 9
职业	−0.019 1	−0.016 8	−0.013 1
自变量			
学习成本		−0.105 9	−0.119 5
搜寻成本		−0.829 8	−0.882 0*
支付成本		−0.122 6**	−0.149 4**
风险成本		−0.225 4***	−0.267 0***
评价成本		−0.176 2**	−0.187 3*
调节变量			
生活必需支出			0.167 0**
情感维系支出			0.189 2**
P-value	0.000 0	0.000 0	0.000 0
R^2	0.354 8	0.397 1	0.415 9
Adjusted R^2	0.350 9	0.382 9	0.410 5
F-value	119.401 7***	99.065 3***	98.635 7***

注：*p<0.1，**p<0.05，***p<0.01。

表 3-9 显示，当模型二加入广义转换成本的 5 个因素后，支付成本、风险成本和评价成本对消费者线上水果购买行为的影响显著，且均为负向影响，其中贡献最大的是风险成本。接着，我们又引入支出心理账户这一调节变量，包

括生活必需支出和情感维系支出。结果发现，广义转换成本的这5个因素对消费者线上购买行为的解释能力进一步加强，同时新增了搜寻成本对两者之间关系的影响，但风险成本依旧影响最大。可见，支出心理账户这一调节变量对广义转换成本与消费者线上购买行为关系的影响是显著的。这也进一步验证了心理账户对消费者决策行为存在显著的影响（李爱梅等，2014），因此消费者会根据不同因素灵活地调整心理账户进行消费（江林等，2016）。

三、研究结论及建议

（一）主要结论

本书尝试将支出心理账户纳入分析框架内，以水果为例研究广义转换成本对消费者线上购买行为的影响，并以全国各代表性地区的水果购买者为样本进行实证分析，假设基本上都得到了证实。研究结果显示，广义转换成本的风险成本、评价成本和支付成本对消费者线上购买行为具有显著的负向影响，而支出心理账户则是从“生活必需支出”和“情感维系支出”两个方面调节广义转换成本与消费者线上购买行为之间的关系影响。具体结论如下：

（1）风险成本对消费者线上购买行为影响最大。消费者在做出线上购买决策时，会从理性角度考虑决策的得失大小。风险成本越高，消费者发生线上购买行为的概率就越小。对于首次进行线上购买的消费者而言，影响更加显著。

（2）评价成本对消费者线上购买行为存在一定的负向影响。从目前的情况来看，消费者在线上购买产品已经是大势所趋，但是，对于水果这一块的消费相对较少。有部分消费者根本不知道水果有线上销售，有的对线上销售的水果的质量存在怀疑，还有的则因为线上缺少有力的优惠活动以及较高的价格而回归线下购买。因此，在做出线上购买行为评价时，所需要付出的成本越高，消费者线上购买行为发生的概率就越小。

（3）支付成本对消费者线上购买行为存在一定的负向影响。和服饰、书籍不同，消费者对水果的支付方式的安全感知度是不一样的，而且经营水果的电商企业大多以个体或者小企业为主，知名度以及质量信赖度尚未完全建立，因此也会影响消费者线上购买行为的发生。

（4）支出心理账户对广义转换成本与消费者线上购买行为之间的关系具有显著的调节效应。当水果购买支出在消费者的生活必需支出账户中占比较大时，消费者会为了平衡其他支出而放弃线上购买行为，或者说不会在线上购买优质高价的水果。但是，若购买水果是为了走亲访友、孝敬父母或是维系人际关系时，消费者可能会在使用生活必需支出账户的同时，借用其他账户来购买优质高价的水果。

（二）对策建议

1. 基于风险成本角度的建议

优化物流配送效率，提高消费者的购买满意度。水果线上线下销售方式的最大区别，就在于物流配送是否一定发生。消费者在线上购买水果后，物流配送这一环节的发生必不可少。目前，物流配送的质量和效率成为大多数消费者在线上购买水果时的重要考虑因素。因此，在流通环节，水果电商企业应尽快建立较完善的冷链物流配送体系，提高配送水平和能力。

2. 基于评价成本角度的建议

努力打造品牌形象，提高消费者的心理参考价。消费者的日常消费支出相对比较固定，因此需要引导消费者进行线上购买，努力提高消费者的交易效用感知，同时也要借助良好的品牌形象修正消费者对水果线上销售的心理参考价格。水果电商企业可以在生产环节，提高产品的质量认证、美化产品包装，关注产品附加值的提高。此外，还应努力构建自身品牌建设，不断提高水果的线上品牌价值，从质量、服务、健康等各个方面引导消费者进行线上购买，并将线上与线下的水果价格有效地区分开，从而提高消费者的购买意愿。

适时应用营销推广，刺激消费者的购买意愿。水果电商企业应加强线上促销和宣传活动，同时，又要有别于线下的促销和宣传，让消费者耳目一新，刺激他们进行消费，让他们愿意尝试、愿意购买，更愿意主动为企业进行宣传。

3. 基于支付成本角度的建议

灵活选择付款方式，为消费者的购买行为提供便利。随着支付方式的多样化，消费者的购买率也大大提高了。因此，水果电商企业应该根据企业的实际情况，提供多样化的支付方式，以提高消费者的购买率，降低购买支付难度。

4. 基于支出心理账户角度的建议

精准把握消费心理，提高消费者的购买动力。从生活必需支出、情感维系支出两个角度研究支出心理账户的调节效应时，我们发现消费者的情感投资常高于日常生活中的其他开支。一年中，人们在很多节日需要与不同人群进行情感维系，如父亲节、教师节、中秋节、情人节等，水果电商企业可以在这些节日中巧妙地进行营销以获得更大的销售额，如推出精致的礼物包装、购物折扣券、亲情产品系列等。

第四章　外部环境对农产品流通渠道选择影响分析

第一节　市场信用对农产品流通渠道选择的影响

经过改革开放40年发展，我国农产品（包括原形农产品和经加工后的农产品，以下均同此义）市场正步入一个关键性的历史时期。在农产品供给总量相对过剩且竞争日趋国际化，以及消费者渐趋成熟和需求多样化的背景下，我国农产品不仅整体品质提升明显落后于国内消费的演进要求，已使国产农产品销售进入日渐艰难的窘境，而且频繁爆发的农产品安全事件又给此情势雪上加霜，令本已趋凉的国产农产品产销前景更加暗淡。食品供给源于农业而交换于市场，尽管导致食品安全事件的原因错综复杂，但其根本在于农产品市场信用缺失导致的市场混乱。因此，要构建政府有效参与的信用机制，推动农产品市场的信用制度建设，建立和完善食品安全体系。

一、农产品市场信用缺失的动因

导致我国农产品市场信用缺失的原因错综复杂，从农业生产领域考察，主要是由农产品质量评价的特殊性，农产品质量信息不规范、不对称以及农产品生产的外部性，农业生产的分散化与过度竞争等因素导致。

（一）农产品质量评价的特殊性

对于非专家的一般消费者而言，往往很难对农产品的质量做出准确的评价。根据消费者掌握质量信息的难度不同，可将对农产品质量的把握状况分为三类：一为观察型特征。消费者根据自己所掌握的常识以及农产品外观、标签、价格、生产企业等公开信息，可得出对农产品质量的评价。二为经验型特征。消费者通过一定的消费体验，尤其是相关比较性体验后，才能把握农产品的质量水准。三为信任型特征。消费者即使在一定的消费体验后仍无法对农产品做出准确的质量判断，消费者的购买决策只能建立在对特定的产地、生产企业或品牌的信任基础之上。经验型特征和信任型特征是形成农产品质量信息不对称的关键。经验型特征和信任型特征并非不可了解，但针对每一批次的农产品进行调查，在经济上是消费者乃至政府难以承受的。这意味着生产者降低质量的行为在短期内不会反映到农产品的市场绩效上来，因此，生产者在具有经验型和信任型质量特征的产品上，总具有降低质量水平以牟取短期利益的动机。[101] 由于生产高质量的农产品往往要以提高成本为代价，且成本提高对生产者的负面利益影响是即期的，而质量提高所带来的产品价格加成却可能是滞后的，甚至在较长时期内都无法获得市场承认，故在缺乏有效的质量信息监管机制的情况下，农产品市场上的信用问题便会凸显出来。

（二）农产品质量信息不规范、不对称

造成农产品质量信息不规范、不对称的原因是提高质量与降低成本之间的矛盾，以及某些质量特征本身所具有的隐蔽性特点。

（1）农产品生产者、消费者、管理者的知识局限。环境污染与新型生产技术的高速发展对农产品质量产生了许多前所未有的影响。农产品生产者、消费者、管理者在知识和信息上不能及时跟上这种变化，是造成农产品质量信息不

对称的重要原因。如高度集约的工厂化养殖原来被当作现代农业的象征，被视为提高养殖业生产效率的不二法门，但正是这种集中化生产引致了疯牛病的产生和传播，转基因产品对人类长期健康的影响至今也尚无科学结论等，都可以由此说明。

（2）生产过程缺乏质量规范和有效监督。我国农业生产主体分散、分布地域广阔、品种众多而产量巨大，且普遍缺乏产品标识，质量问题的可追溯性差，加上农产品加工行业资金、技术要求低、进入壁垒低，存在大量作坊式生产，这些都在客观上给政府对生产过程的质量监管带来了困难。此外，长期以来，政府在短缺经济的阴影下，热衷于追求农产品数量而忽视质量，没有形成有效的农产品质量监管的制度与手段。生产环节缺乏质量标准和有效监督，使得农产品在源头上可能产生隐蔽的然而又是现实的质量问题。

（3）农业生产资料生产者与农产品生产者之间信息不对称。不合格的农药、化肥、饲料、各种添加剂、动物药品等亦是造成农产品质量问题的重要物质来源。生产者仅凭简单的技术手段难以辨别这些生产资料的优劣，往往出于降低成本的动机，采用价低质次的生产资料，这就会造成农产品农药残留或有害元素含量过高，危害到消费者的安全。

（4）农产品质量特征的隐蔽性，客观上造成消费者无法掌握其全部质量信息。[102] 农产品的成本与质量之间，以及显性质量（如外观）与隐性质量（如安全性）之间往往存在矛盾，成本降低与可观察到的显性质量对生产者的利益影响是当期的、直接的，而隐蔽程度较高的经验型质量特征和信任型质量特征对农产品市场绩效的影响则具有滞后性、间接性。生产者自然存在追逐即期利益与直接利益的动机。在此情势下，如果社会缺乏有效的信息公开与质量保障机制，生产者就可能有意隐瞒真实的质量状况，或者故意强调其产品较好的显性品质，甚而采取质量欺诈行为，加剧市场信息不对称的程度，从而达到蒙骗消费者的目的。

（三）农产品生产的外部性

高质量农产品是在优良的生态环境中生产出来的，没有“绿色”的环境就不可能生产出绿色的产品，而大气、水、土壤等环境因子具有流动性，使得农业生产往往具有较强的外部性。如果一个农户在生产过程中严格按照要求施肥和使用农药，即使他本人在生产中没有形成污染，但同样要承担由其他生产者污染环境所带来的成本，即不能生产出优质农产品。反过来，如果他在生产过程中不考虑环境问题，滥用化肥和农药，不科学使用激素和生长调节剂，追求高产量所能带来的高收入，其所造成的环境污染成本，并不是由他个人来承担，而是由社会来共同承担。环境负外部性的结果使生产者在从事生产时考虑的是眼前利益和个人利益，而不是长远利益和社会利益。被污染的环境中生产出的农产品，在产品外观基本一致的情况下，就可能以鱼目混珠的方式与优质品同价销售，从而破坏社会对该类产品质量的信任。进一步设想，即使在信息透明的情况下只能以较低的价格销售，生产者便可能寄希望于生产更多产品来获取收入，投入更多的化肥和农药，甚或违规使用催熟剂、膨大剂等，势将导致全社会农产品质量水平下降。

（四）农业生产的分散化与过度竞争

我国农产品主要由分散的、小规模的农户生产，即使在加工领域，也存在较普遍的过度竞争。农产品生产的这些特点放大了信用缺失的后果。在市场经济中，提高生产者的组织化程度和维持适度竞争是有利于提高交易的信用程度的。组织是将有限次数的博弈转化为重复博弈的机制，是信誉的载体，有了企业，欺骗就容易被察觉，而且企业规模越大，越注重自己的市场信誉。将分散的生产者组织起来，如果个人的利益取决于组织的价值，而组织的价值又依赖于它的声誉，个人就会注重声誉，否则他就会被组织清除，通过组织治理是发挥规模经济的捷径，生产者的信用信度一般与规模相关。由于缺乏组织，加之生产和营销规模小，农产品生产者与经销者之间、经销者与消费者之间很难形成稳定的供销关系。由于缺乏组织，个别生产者独立开发和经营品牌的成本高、收益低。适宜的组织可以增加农民的福利，世界农业合作组织的发展史充分地证实了这一点。可见，提高农民的组织化程度，约束其市场机会主义行为，有利于推动合格农产品的生产。

二、农产品市场信用缺失的弊端

随着市场经济体系的逐步建立，我国经济发展取得了举世瞩目的成就。然而，在市场化改革打破计划经济体制原有信用秩序的同时，却一直没能建立起符合现代市场经济运行规范的信用秩序，信用缺失成为一种相当普遍的现象，且已经导致了严重的社会后果。

（一）履约率低下影响社会生产与流通效率

据统计，全国每年约有 3 000 亿元至 4 000 亿元金额的契约没有得到履行，履约率尚不及 50%。农产品市场更为严重，交易主体间普遍存在着不信任感，流行一手钱一手货的传统交易，现代市场经济通行的商业信用发展不起来，交易链条被人为缩短，社会的流通效率极为低下。据农业部调查，我国农产品订单履约率目前不到 20%，行情稍有变化，契约便成为一纸空文。农户销售产品卖高不卖低，加工企业则收低不收高，双方均无信用可言。极低的履约率不仅加大了交易成本，使双方预定的交易变得不可能，极低的履约率也阻碍着农业产业化的推行，加工企业难以通过契约建立稳定的原料基地，不得不通过更大规模的投资搞所谓的一体化经营，以保证加工需要。从农户的角度看，失败的教训和众多的案例，也使其对订单交易失去信任，只能独自承担农业经营的双重风险。

（二）假冒伪劣商品充斥市场危害消费者健康与安全

有专家认为，我国每年因农产品质量低劣或制假售假造成的各种损失达

2 000 亿元。从假米假货到有毒米粉、“大头娃娃”和“结石宝宝”，使人对农产品的安全心存疑虑。食品安全不仅没有随着一轮又一轮的打假得到有效遏制，反而愈演愈烈，其性质也由单纯造成经济损失发展到危及人们的生命安全。一度泛滥安徽阜阳农村市场的劣质婴儿奶粉使 229 名婴儿营养不良，13 名婴儿死亡；1998 年春节期间，山西省朔州市连续发生饮用假酒中毒事件，后有 700 余人中毒，27 人死亡；更为严重的是 2008 年的三鹿奶粉系列案，添加三聚氰胺的恶劣行径几乎遍及整个中国的乳品行业，即使是国家免检产品、名牌产品和著名企业也同样存在欺骗问题。

（三）信用缺失危及民族产业的生存与发展

农产品市场信用缺失严重影响民族产业的生存发展。以三聚氰胺事件为例，有专家就将其称之为压垮国产乳制品行业的最后一根稻草[①]。近年中国乳业迅猛发展，在液态奶领域，民族品牌依托模式创新和基地优势，没用几年就彻底占领了国内市场。然而，在奶粉特别是高利润高成长的婴幼儿奶粉领域，外资品牌却居高临下地垄断了中高端市场，只给本土品牌留下了鸡肋的低端市场。虽说伊利、蒙牛、三鹿、光明等企业一直竭力拓展婴幼儿奶粉的市场空间，也投入了大量的前期资本，然而三聚氰胺事件却给这些领先企业带来沉重打击，有的甚至已经破产。连最起码的安全性都无法保证，谁还敢继续消费你的产品呢？此事件一出，也使本土品牌最擅长的价格优势在竞争中也失去了用武之地。民族品牌的信用缺失，导致本土企业的竞争弱势进一步固化，危及民族乳制品产业的生存与长远发展。

（四）引发严重的经济损失和政治后果

农产品市场信用缺失的直接后果是经济损失严重。英国自 1986 年发生疯牛病以来，仅禁止牛肉出口一项，每年就损失 52 亿美元，为杜绝疯牛病而采

① http://www.szonline.net/Channel/content/2008/200809/20080917/99563_2.html。

取宰杀行动导致的损失达300亿美元。比利时发生的二噁英污染事件，造成的直接损失达3.55亿欧元，加上与此关联的食品工业，其经济损失达13亿欧元。[103] 在经济损失的同时，还要承担一定的政治后果。比利时政府因二噁英事件造成内阁倒台。2001年，德国因疯牛病导致卫生和农业部长辞职。从国际教训看，食品安全问题不仅使所在国在经济上受到严重损害，还影响到消费者对政府的信任，乃至破坏社会稳定和国际关系。我国的“三鹿奶粉”事件，不仅导致大量产品销毁、众多品牌受损、个别企业破产等严重经济损失，为平息消费者的怨气和愤怒，政府也处理了一批企业和政府机构负责人。

三、基于政府干预的农产品市场信用博弈分析

农产品市场存在着信用缺失问题，使得政府干预成为必要。政府干预的目的在于通过税收、补贴、罚款乃至吊销执照等手段，推进信用制度建设和平时的市场信用维护。[104] 在政府干预的农产品市场上，参与主体有三个：农户、企业和政府。我们的分析分两个阶段进行，第一阶段是政府缺位的情况下，分析农产品市场的运行状况；第二阶段是政府参与的情况下，考察农产品市场的运行。

（一）政府缺位情况

1. 农户与企业的关系

假设企业的收益为 U；农户的收益为 R；诚信运行成本为 C；企业的交易成本为 C_0；农户的农产品如果卖不出去，他将面临 C_1 的存储风险成本，因为农产品生产周期一般为一年，如果存储过久就会面临被淘汰的风险。当然，如果存在着欺诈现象，企业和农户中市场势力较强的一方将获得超额利润 π。农户与农产品企业之间的博弈矩阵如表4-1所示。

表 4–1 农户与企业的博弈矩阵

		企业	
		诚信	欺诈
农户	卖出	R，$U-C$	$R-\pi$，$U+\pi$
	储存	$R-C_1$，$U-C_0$	$R-C_1-\pi$，$U+\pi-C_0$

从表 4-1 可以看出，不论农户做何种选择，企业将始终采取欺诈行为，此时，农户没有选择，只能是卖出。这是比较符合现实的，中国的农户多是小生产者，势单力薄，没有储存设备，加上农产品生产的周期性，使得农户在市场中作为弱势群体，单靠市场运行其权益是得不到保证的。当然，市场上一般来讲不是只有一个农产品加工企业，企业与企业之间也存在着一定的竞争，我们引入企业竞争情况作进一步分析。

2. 企业与企业之间的竞争关系

假定市场上只有两家企业，其效应为 $U_i=(P_1, P_2)$，P 为企业的支付，由于每个企业的机会是均等的，则企业的效应函数满足：

$$U_i = NP_iU / \sum P_i - P_i$$

$$U_1 = [2P_1U / (P_1 + P_2)] - P_1$$

$$U_2 = [2P_2U / (P_1 + P_2)] - P_2$$

求解企业的反应函数，可以得到纳什均衡点 $P_1 = P_2 = U/2$，则两个企业的博弈矩阵如表 4-2 所示。

表 4–2 企业之间的博弈矩阵

		企业	
		诚信	欺诈
企业	诚信	$U/2-C$，$U/2-C$	$U/2-C$，$(U+\pi)/2$
	欺诈	$(U+\pi)/2$，$U/2-C$	$(U+\pi)/2$，$(U+\pi)/2$

表4-2显示，企业与企业之间平分市场，其均衡策略都是采取欺诈行为以追求自己的利益最大化。“三聚氰胺”奶粉事件中，之所以最终形成众多奶粉企业涉足的行业性群体事件，根源就在于，在存在竞争关系的企业博弈中，“理性企业”最终都将采取相同的欺诈策略以避免自己直接的利益损失。由于大家都能从市场欺诈中获益，也就很难有哪家企业会主动站出来揭发这种欺诈行为。

（二）政府参与情况

1. 政府与企业之间的关系

假定 R 为政府参与的收益，政府可以采取税收或者行政处罚等措施调整企业的行为；C 为市场诚信机制的维护费用；C_0 为政府监管农产品市场的成本；C_1 是对欺诈行为的处罚费用；β 为农产品商贩或企业的市场份额（$0<\beta<1$），则政府与企业之间的行为策略如表4-3。

表4-3　政府与企业之间的博弈矩阵

		政府	
		监督	不监督
企业	诚信	$U-C-R$，$R-C_0$	$U-C$，0
	欺诈	$\beta U-C_1$，$(1-\beta)R-C_0+C_1$	$U+\pi$，0

不论企业采取什么策略，只要 $R-C_0>0$，且 $(1-\beta)R-C_0+C_1>0$，则政府均会采取监管策略。我们假定政府监管的概率为 x，企业的诚信概率为 y，则政府的期望收益为 $y(R-C_0)+(1-y)[(1-\beta)R-C_0+C_1]>0$，企业的期望收益为：$x(U-R-C)+(1-x)(\beta U-C_1)>x(U-C)+(1-x)(U+\pi)$，则可以得出：

$$y>[(1-\beta)R-C_0+C_1]/(C_1-\beta R)$$

$$x>(\beta U-C_1-U-\pi)/(R+\beta U-C_1-U-\pi)$$

也就是说，在上述两个不等式成立的情况下，企业只能采取诚信的均衡策略，因为如果发生欺诈现象，企业不仅会受到政府的处罚，还会丢失市场。

2. 政府监管下的企业与企业的行为关系

假设条件与上面的相同，作为一个行为主体，政府虽然不是一个利益主体，但是为了使策略的可行性得到进一步的确定，假定 $C_1>C$。则企业与企业之间的关系见表 4-4。

表 4-4　政府监管下的企业与企业之间的博弈矩阵

		企业	
		诚信	欺诈
企业	诚信	$U/2-C$，$U/2-C$	$(2-\beta)U/2-C$，$U/2-C_1$
	欺诈	$\beta U/2-C_1$，$(2-\beta)U/2-C$	$\beta U/2-C_1$，$U/2-C_1$

从上述矩阵可以看出，企业均选择诚信是最优策略。

3. 政府监管下农户与企业的行为关系

仍然假定企业的收益为 U；农户的收益为 R；诚信运行成本为 C；企业的交易成本为 C_0；农户的存储风险为 C_1。则农户与农产品企业之间的博弈矩阵如表 4-5 所示。

表 4-5　政府监管下的农户与企业的博弈矩阵

		企业	
		诚信	欺诈
农户	卖出	R，$U-C$	$R-\pi$，$\beta U-C_1$
	储存	$R-C_1$，$U-C-C_0$	$R-C_1-\pi-(1-\beta)U$，$\beta U-C_1+C_0$

则容易看出，在政府监管下，企业与农户之间的纳什均衡策略为（诚信，卖出），这样双方才能获得最大收益。

综上所述，农产品市场自身的特征使得政府的干预是必需的，这是维护市场秩序的根本举措。在政府监管概率和企业诚信概率满足一定条件的情况下，企业会采取诚信策略。这说明在政府的参与下，通过建立有效的监管机制，可以使市场有效地运行，建立诚信契约，保证农民公正合法的收益，保证农产品市场的健康运营。[105]

四、农产品市场中的信用制度建设

农产品市场是国民经济的基础性市场，交易频率高，涉及面广，关联效应大，产品质量又直接关系到消费者的健康和安全，因而其信用问题尤为重要。因此，农产品市场唯有在政府的有效介入下，通过建立和完善农产品标识制度、完善农产品质量信息披露制度、建立农产品市场协调管理制度、推进自觉履行契约的信用机制建设等措施来改善农产品市场运行的基础条件，避免或减轻农产品市场的信用危机。

(一) 建立和完善农产品标识制度

首先是要建立和完善农产品标识制度。通过品牌、商标、包装和其他形式的产品标识，向消费者传递必要的和真实的产品信息，一方面，便于消费者识别和选购；另一方面，作为一种物化手段建立起生产者具有市场价值的商誉与品牌，使消费者对其产品的隐性质量特征产生信任感，从而以持续扩张的购买需求促进其发展。[106] 更重要的是，通过建立产品标识制度，在发生产品质量事故时，为政府主管部门和消费者追溯生产者责任提供物证与追溯路径，以切实追究生产者的赔偿责任。建立产品标识制度，可以在一定程度上约束企业的投机行为，履行其对社会的质量承诺。

(二) 完善农产品质量信息披露制度

由于农产品质量特征的隐蔽性，对其外观形态进行质量鉴别，仅能发现部分显性问题。由于消费者与生产者之间对产品质量信息了解的不对称，且交易又多为一次性博弈，使生产者的某些欺诈行为不易被及时察觉，为生产者提供了通过欺骗手法追求自利的机会。加之目前我国农产品质量的可靠性及责任追溯性均较差，消费者因个人能力所限，往往受骗上当后无法声张和维护自己的权益。因此，在农产品普遍存在信息不对称的情势下，政府应建立必要的产品信息披露制度，如商品包装上提供质量信息内容、定期性的专业机构质量抽查检验及信息披露制度、强制性质量认证制度等，用以约束生产者的市场欺诈行为。其中，对某些食品实施法定的质量抽检及其信息披露制度尤为必要。建立健全农产品质量信息披露制度，不仅有利于从源头上保护消费者权益，也有利于促进生产者健全质量管理体系，通过树立良好的企业信誉来谋取企业长期的市场利益。[107]

（三）建立农产品市场协调管理制度

从政府管制的角度看，要调整工作思路，改变过往主要依靠发动各种劳民伤财的所谓“专项治理”活动规范市场的传统做法，着手建立与现代市场经济运行相适应的统一协调的市场管理体制。在深入调查和先行试点的基础上，完善各种相应的法律法规和行政司法体系，理顺政府部门之间和各级政府之间的体制关系；同时积极支持各种民间打假机制的建立和完善，共同形成市场经济的综合性治理结构。对因地方保护造成的市场失灵的矫正，有赖于建立超越地方利益的行政体制，如美国的 FDA（食品与药品管理局）、CPSC（消费者安全委员会），这是发挥现有市场管制体制功能的重要措施。

（四）推进自觉履行契约的信用机制建设

现实中由于交易双方的有限理性和机会主义行为倾向，在契约履行过程中出现争议便难以避免：一方对另一方“敲竹杠”，导致契约难以履行。这就需要完善政府制度规定，通过把有关惩罚条款加入毁约行为责任追求中，构建促进契约自觉实施的内在机理，以保证市场交易在信守契约的基础上有序运行。对违约当事人的惩罚机制主要通过以下几方面来实现：第一，建立交易双方相互实施的私人惩罚。如果一方违约，另一方就能以契约事先规定的方式进行报复或要求赔偿，“以牙还牙”对违约者是一种必要的惩罚。第二，由第三方监督实施的私人处罚。一旦交易者失信，另一方可在第三方的监督与保证下要求相应的经济补偿，如果失信方不愿履行或无力履行赔偿责任，则应由第三方承担连带责任。第三，由政府市场监管部门建立相应的企业信用违约纪录，并提供相应的企业资信咨询服务，即建立所谓的“黑名单”纪录。在此机制下，如某企业违约失信，失去的已不仅仅是某一特定交易的收益，而是在同行中或相关利益团体中留下了不体面的印记，从而使得在未来的交易中也很难找到交易伙伴，或是使进行交易的费用大大提高（要预付更多的定金，提供给对方更优惠的条件等）。应该说，违约失信者最大的损失莫过于其在市场上的声誉损失。“治乱世当用重典”，在暂时还无条件建立起完善的社会信用资讯体系以前，政府对此涉及的程度应该更深入些，对失信者，尤其是造成严重社会后果失信者的处罚也应更严厉些。

同时，政府部门还要采取合理的激励性政策，对诚信守法按信用原则行事的经营者给予税收和信贷等方面的优惠政策，通过人员培训、安全投入品补贴、农产品生产类项目优先、技术改造支持等方式给予财政补贴或奖励，促进农产品交易的信用水平逐步提高，保证农产品质量与安全，为农产品市场信用机制的建立提供良好的制度环境。

第二节　安全网络关注度对农产品流通渠道选择的影响

一、引言

互联网作为一种便捷生活工具，日渐被广大人民所接受和喜爱，成为人们生产、生活中不可或缺的一部分。我国第41次《中国互联网发展状况统计报告》表明：截至2017年12月，我国网民规模达7.72亿，普及率达到55.8%，超过全球平均水平（51.7%）4.1个百分点，超过亚洲平均水平（46.7%）9.1个百分点。中国互联网行业整体向规范化、价值化方向发展的同时，移动互联网进一步推动消费模式共享化、设备智能化和场景多元化。互联网具有传递信息快、传播范围广、不受时间地点限制等特点，因而成为人们搜索、传递各种信息的重要手段。人们通过互联网搜索关注农产品安全的相关知识，实现了“不出家门便知天下事”，因此互联网搜索量也就反映了社会大众对农产品安全的关注与需求。

国内外有关农产品安全等方面的具体研究比较多，但是主要集中于农产品安全的影响因素和管理机制[108]、农产品生产者的行为选择[109]以及消费者农产品安全的认知程度和购买行为之间的关系[110-112]等方面，而且多采用问卷调查的形式展开，研究对象比较有限。再者有关农产品安全关注度的研究也较少，这种情况的出现与以前信息收集成本太高有很大的关系。过去想要了解消费者对农产品安全的关注主要采用的是问卷调查和访谈，但是这种研究方式由于具有耗时长、不全面等问题，操作性比较难，现在互联网的普及有效地解决了这个问题。Ratchford等（2001）[113]指出消费者对信息渠道的选择取决于获取信息的代价和成本的大小，而互联网能够便捷地提供信息，兼具多样化和成本低的双重特性[114]，因此越来越多的人通过互联网来搜集自己感兴趣的信息，而网络信息检索的记录可以很好地反映大众关注的焦点。在这一方面，Google Trend和百度指数都是很好地反映了网络关注度的互联网平台。Ginaberg等（2009）通过对互联网用户有关流行病检测网络行为的数据流的整理与分析，构建了基于谷歌数据的流行病监测模型，并验证了搜索数据对于流感疫情有一定的监测能力。[115]Jörg Rech（2007）通过对Google Trend提供的数据的分析，说明了怎么将Google数据用于分析所要研究的主题，怎么用其来反映大众的关注度、搜索行为与现实行为的关系。[116]周小又（2008）也提出了Google Trend

提供了广泛的网络信息资源，为研究大众舆论焦点提供了海量数据。[117] 网络关注度也在旅游行业有了很大的应用，主要有以下两个方面：一是网络关注度和现实旅游流之间的关系，主要表现在网络关注度对现实旅游流有很好的预告作用；[118-121] 二是研究旅游地网络关注度的时空特征及其影响因素。[122-125] 以互联网搜索平台为基础的网络关注度在研究社会行为中发挥了巨大的作用，以直接的搜索数据直观地反映了其研究主题的社会影响力，因而利用网络信息流的方法被广泛地应用于各类社会行为的预测研究。

截至目前，尽管对农产品安全网络关注度比较高，但鲜有对农产品安全网络关注度的梳理和系统的研究。因此，本书借鉴上述有关网络关注度的重要应用，通过百度指数提供的海量检索数据来研究我国农产品安全网络关注度的时空分布特征，探讨农产品安全问题的社会影响力及发展趋势，为解决农产品安全问题提供新的思路与对策。

二、数据来源和研究方法

(一) 数据来源

百度搜索作为占中国互联网搜索引擎市场最大份额的国内搜索引擎，也是全球最大的中文搜索引擎，其使用量每天可以达到上亿次。据有关统计显示，截至 2016 年 12 月底，百度在中国搜索引擎市场上占有的份额为 79.07%，并且有继续上升的趋势①。“百度指数”是百度中文搜索引擎所推出的基于互联网数据搜索分析的在线应用软件，该软件提供了百度搜索网页和新闻搜索为基础的海量数据服务，根据这些数据可以算出每个关键字的“用户关注度”和“媒体关注度”的数值，同时还可以反映出每个关键词在过去时间里的“用户关注度”和“媒体关注度”的变化趋势，通过该软件所得的数据反映社会关注热点信息

① 数据来源于 StatCounter Google Stats-Search Engine Market Share。

和网民的兴趣和需求①。其中百度指数中的“用户关注度”是以网民在百度中有关农产品安全的搜索量为基础，以关键词为统计对象，并对各个关键词搜索频次进行加权求和得到搜索指数。该搜索指数可以形象地反映出关键词每天的变化趋势，并且在一定的时间维度中反映公众的关注焦点以及某一问题的社会热度。本书研究中用“搜索指数”来反映农产品安全“网络关注度”，虽然百度指数根据检测到的广大网民搜索农产品安全相关信息的数据会因为检索采样问题、近似算法问题而无法达到非常精确，但可以肯定的是百度指数得出的趋向性结果还是具有一定科学性的，[126]而且因为收集的数据具有样本量较大的特点，具有广泛代表性，因而其提供的基础数据，对我们了解农产品安全网络关注度时空分布差异，具有一定的借鉴价值。

近年来食品安全事件频频曝光，不仅反映了我国食品安全监管疲弱，也直接反映了我国人民生活水平的提高，实现了由基本温饱到小康社会的转变。农产品安全是食品安全的关键环节，与人们的生活生产息息相关，因此广大人民群众也越来越关注农产品安全。但是由于各地区经济发展水平、互联网普及率、对农产品安全关注度等的不同，为了对不同时间、不同地区的消费者通过互联网了解搜索农产品安全的信息的情况进行清晰的了解，本书用百度指数平台检索出来的“搜索指数”来表示检索对象的网络关注度指数，选择“农产品质量安全 + 绿色农产品 + 无公害农产品”为关键词在百度指数中进行叠加检索，出于数据的完整性考虑，本书选取我国自 2011 年 1 月至 2015 年 12 月对农产品安全的网络关注度数据。通过将检索的每日数据按月相加，同时对我国各省、自治区和直辖市的数据分别按月、年进行计算，得到全国 31 个地区的农产品安全网络关注度数据，基于此通过计算得到相关衡量指标，为进一步分析我国农产品安全网络关注度的时空分布提供基本的数据支撑。

① https://index.baidu.com/Helper/?tpl = brand&word = 。

（二）研究方法

本书以我国31个省、自治区、直辖市的农产品安全网络关注度为研究对象，选取的数据是2011年1月至2015年12月的31个省、自治区和直辖市的农产品安全网络关注度数据（各省、自治区、直辖市的农产品安全网络关注度是来源于IP地址的互联网所在省、自治区、直辖市的用户对农产品安全的关注情况），借鉴区域空间差异的研究法，选择季节集中度指数（S）、地理集中指数（G）、变差系数（CV）、赫芬达尔系数（H）、首位度（P）5个指标来衡量农产品安全网络关注度空间和时间的分布情况。

（1）网络关注度的季节集中指数（seasonal concentration index），在本次研究中用来反映农产品网路关注度在时间上的分布情况。其公式为：

$$H=\sqrt{\sum_{i=1}^{12}(y_i-8.33)^2/12}$$

式中：y_i表示每个月农产品安全网络关注度占全年农产品安全网络关注度总数的比重。H越大，表示农产品网络安全关注度时间差异越大，一定时间维度内分布越不均衡；H值越接近0，农产品安全网络关注度时间差异越小，一定时间维度内分布越均衡。

（2）网络关注度的地理集中指数（geographic concentrationindex）。本书为了研究农产品安全网络关注度的地区集中情况，采用地理集中指数这一指标，其计算公式为：

$$G=\sqrt{\sum_{i=1}^{n}(p_i/p)^2}$$

式中：G代表的是某区域农产品安全关注度集中度；p_i代表了i省的网络关注度；p代表了我国31个省、自治区、直辖市的网络关注度总数。一般而言，G在0~100之间变化，当G的值越接近100，网络关注度分布越集中分布在某些地区，分布越集中，区域差异越明显；当G越小，表明网络关注度越分散，区域内分布越不均衡。

(3) 变差系数 (coefficient of variation)，或者也可称为标准差率或离散系数，该指标等于样本标准差和样本平均值的比值，是用来衡量两个或多个区域经济规模样本指标之间的差异程度的 [127]。CV 值越大，表示农产品安全网络关注度在不同区域之间的差异越明显。其计算公式为：

$$CV = \sqrt{\frac{\sum_{i=1}^{n}(x_i - \bar{x})^2}{n}} \Big/ \bar{x}$$

在本书的研究中此系数用来反映不同地区之间农产品安全网络关注度的相对均衡度或差异程度，其中 x_i 表示的是某地区的指标。

(4) 赫芬达尔系数 (Herfindahl index)，反映区域经济规模指标的集中程度，其值越接近 1，表示区域经济集中程度越高；越接近 0，表示区域经济集中程度越高，分布越为分散 [128]。其计算公式为：

$$H = \sum_{i=1}^{n} p_i^2$$

式中：p_i 表示的是某地区或某月指标占总数的比重，在本书研究中用来反映农产品安全网络关注度的地区或时间集中程度。H 越趋近 1，说明农产品安全网络关注度的时间或空间集中程度越高；反之，H 越趋近 0，说明农产品安全网络关注度的时间或空间分散程度越高。

(5) 首位度 (Primacy index)，是衡量区域经济规模分布情况的常用指标，反映区域某个地区经济的集中程度，通常使用区域最大地区和第二大地区经济规模之比进行判断 [129]。其计算公式为：

$$P = p_1 / p_2$$

式中：p_1、p_2 分别表示第一大和第二大地区的农产品安全的网络关注度。此指数用来反映农产品安全网络关注度的集中程度，P 值越大，农产品安全网络关注度分布越集中；反之，P 值越小，农产品安全网络关注度分布越分散、越均衡。

三、农产品安全网络关注度时空特征分析

（一）农产品安全网络关注度时间变化特征

1. 农产品安全网络关注度年度变化特征

在百度指数中输入关键词“农产品质量安全＋绿色农产品＋无公害农产品”，可以获得2011—2017年这7年我国居民对农产品的安全关注度指数。对关注度指数年度数据进行分析（见图4-1），可以发现2011—2017年7年内广大网民对农产品安全的关注度虽然每年都在变化，但是总体趋势是呈逐年上升的，并且在2012年达到了局部小高峰。众所周知，只有当基本的温饱问题得到解决，人们才会考虑饮食的安全和健康。近年来我国经济水平和个人可支配收入逐渐提高，人们的生活在基本实现了小康的同时，对农产品安全问题产生了更多的兴趣和关注。但是在2012年，镉大米、地沟油、瘦肉精等食品安全事件的出现，让食品安全阵地不断报警；严打、入刑等词汇频频现身于食品领域，人们对农产品日益焦虑且更加关注；饮食安全成了人们梦寐以求的福利，很多公司四处择地种菜，一大批农家乐兴起，农产品安全也成为新时期全民关注的热点。这表明，随着生活水平的不断提升，人民群众在满足温饱的基础上

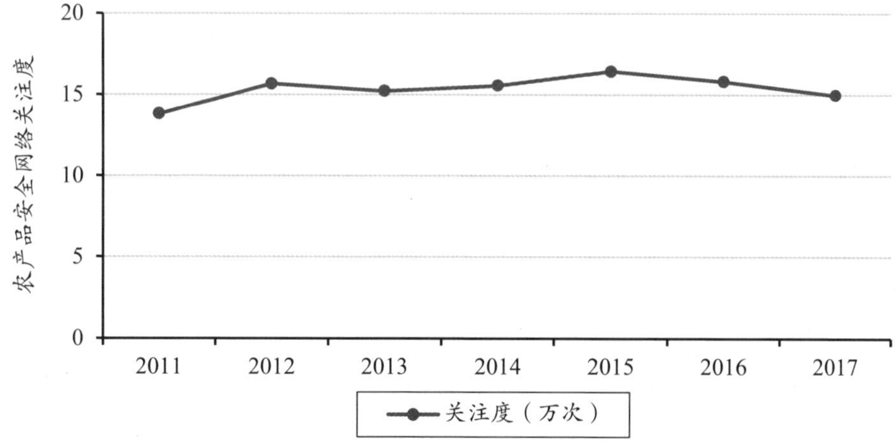

图4-1　2011—2017年农产品安全网络关注度变化趋势图

越来越关注饮食健康，绿色，对农产品安全表达了愈来愈强烈的关注。

2. 农产品安全网络关注度季节集中度指数分布特征

本书计算2011—2015年我国31个省、自治区、直辖市农产品安全网络关注度的季节集中度指数，其结果见表4-6。从中可以发现，2011—2015年，每年的农产品安全网络关注度指数基本稳定，均围绕7.3上下波动，且变动幅度较小。这说明5年来我国农产品安全网络关注度分布情况没有很大的变化，但是存在着较大的季节性差异。

表4-6 2011—2015年农产品安全网络关注度季节集中度指数

时间（年）	2011	2012	2013	2014	2015
季节集中度指数	7.336	7.332	7.333	7.331	7.332

3. 农产品安全网络关注度月度变化特征

本书整理百度指数中2011—2017年农产品安全网络关注度月度指数，并绘制其趋势变化图，如图4-2所示。通过对图中不同年份、月份农产品安全网络关注度指数变化曲线的比较可以发现，除了2011年农产品安全网络关注度指数变化起伏较大以外，其余四年网络关注度指数月度变化趋势整体较为一致，都表现出上半年起伏较大，下半年变化平稳的发展趋势。观察图4-2还可以发现，在一年12个月内，3月份农产品安全网络关注度会达到一个高峰，究其原因可能是每年"3·15"晚会的召开。每年的"3·15"晚会都会对欺骗消费者的商家和企业进行曝光，其中不乏有关食品安全的问题。随着媒体报道的增多，大众对农产品安全的关注也有了极大的提升，此后每月农产品安全网络关注度指数都有很大的提升，并且这种趋势会持续到6月份。这说明农产品安全事件的网络曝光有助于激发人们对其的关注度，这种影响力可以持续一段时间。

农产品安全网络关注度的年际分布情况表明了我国民众对农产品安全越来越关注的趋势，但是不论是月度分布情况还是季节集中度指数，都显示出我

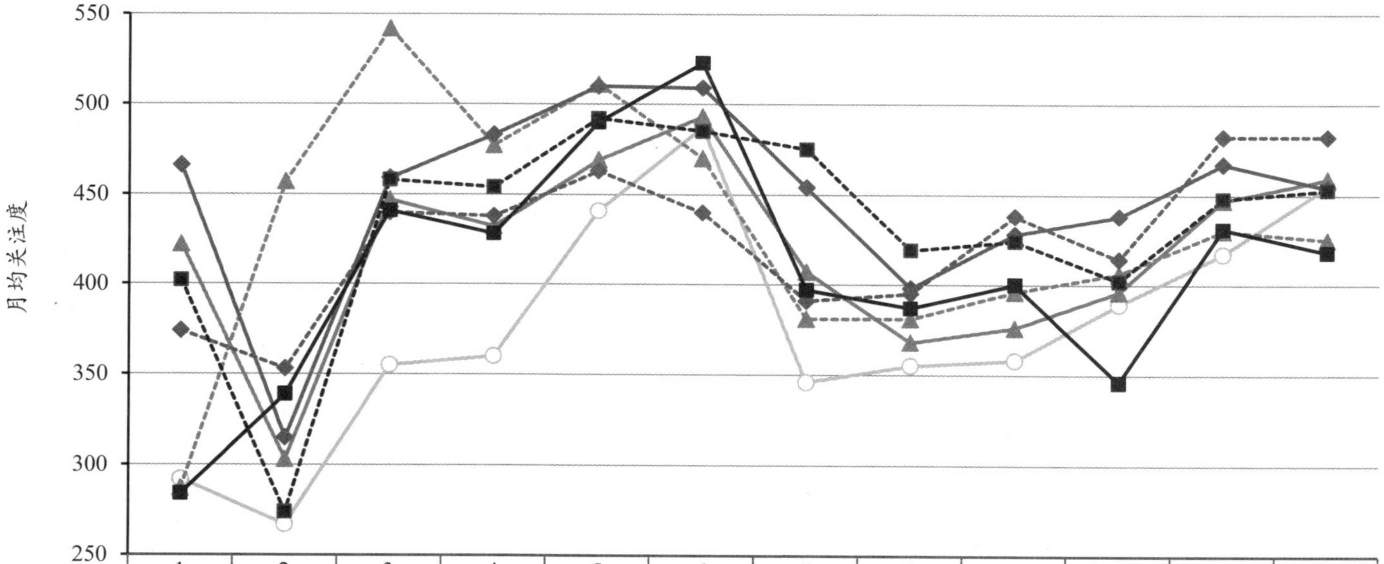

	1	2	3	4	5	6	7	8	9	10	11	12
2011	292	267	355	360	441	487	346	355	358	389	417	455
2012	287	457	542	477	511	470	381	381	396	406	430	425
2013	422	303	447	432	469	493	407	368	376	396	447	459
2014	374	353	440	438	463	440	391	395	438	414	482	482
2015	466	315	459	483	510	509	454	398	428	438	467	454
2016	402	274	458	454	492	485	475	419	424	402	448	453
2017	284	339	441	428	490	523	397	387	400	346	431	418

图 4-2 农产品安全网络关注度月度比重变化趋势

国农产品安全网络关注度的分布在时间上是不均匀的，存在明显的时间差异。这有可能是由于食品安全事件的发生和媒体的报道，往往极大地提高了人们对农产品安全的恐慌，从而提升了人们对其的关注度，并且这种影响力还会持续一定的时间，但随着时间的流逝，人们对食品安全的关注也渐渐减少了。因此要全面地提高人们对农产品安全的关注就要从媒体对关注度影响的角度入手，加强媒体对农产品安全事件的监督与报道。

（二）农产品安全网络关注度空间变化特征

1. 农产品安全关注度地区差异

本书在百度指数中分地区检索 2011—2017 年我国 31 省区市农产品安全关注度数据，并绘制折线图，并将各省区市按照东、中、西三大区域 [139-140] 进行排列，进行空间特征分析，如图 4-3 所示。总的来说，2011—2017 我国 31 个省区市农产品安全网络关注度指数整体呈波动变化，且 7 年内变动趋势相一致，均在北京、江苏、浙江、四川、山东、广东六省达到波峰。另外，将我国东、中、西三大区域的网络关注度进行比较，也可以发现存在明显的区域差异，东部 12 省农产品安全网络关注度总体比中部 9 省、西部 10 省地区高。这与三大地区经济发展水平和互联网普及率基本是一致的，东部地区除了天津和海南以外，其他省区市的关注度都较高，究其原因可能是天津、海南人口较少，尽管经济水平比较高，但是由于人少因而总体搜索量小；中部地区从折线图来看，各省区市农产品安全网络关注度分布比较均衡，可能原因是中部各省区市经济发展水平及互联网普及率差别不大；西部地区总体来说较其他两个地区来说经济不发达，互联网普及率较低，而且有些省区市的人口在全国排名也比较靠后，因此其网络关注度在三大地区来说是最低的。从图 4-3、图 4-4、图 4-5 可以看出，我国农产品安全网络关注度地区差异较大，但基本与经济发展水平和互联网普及率相一致。

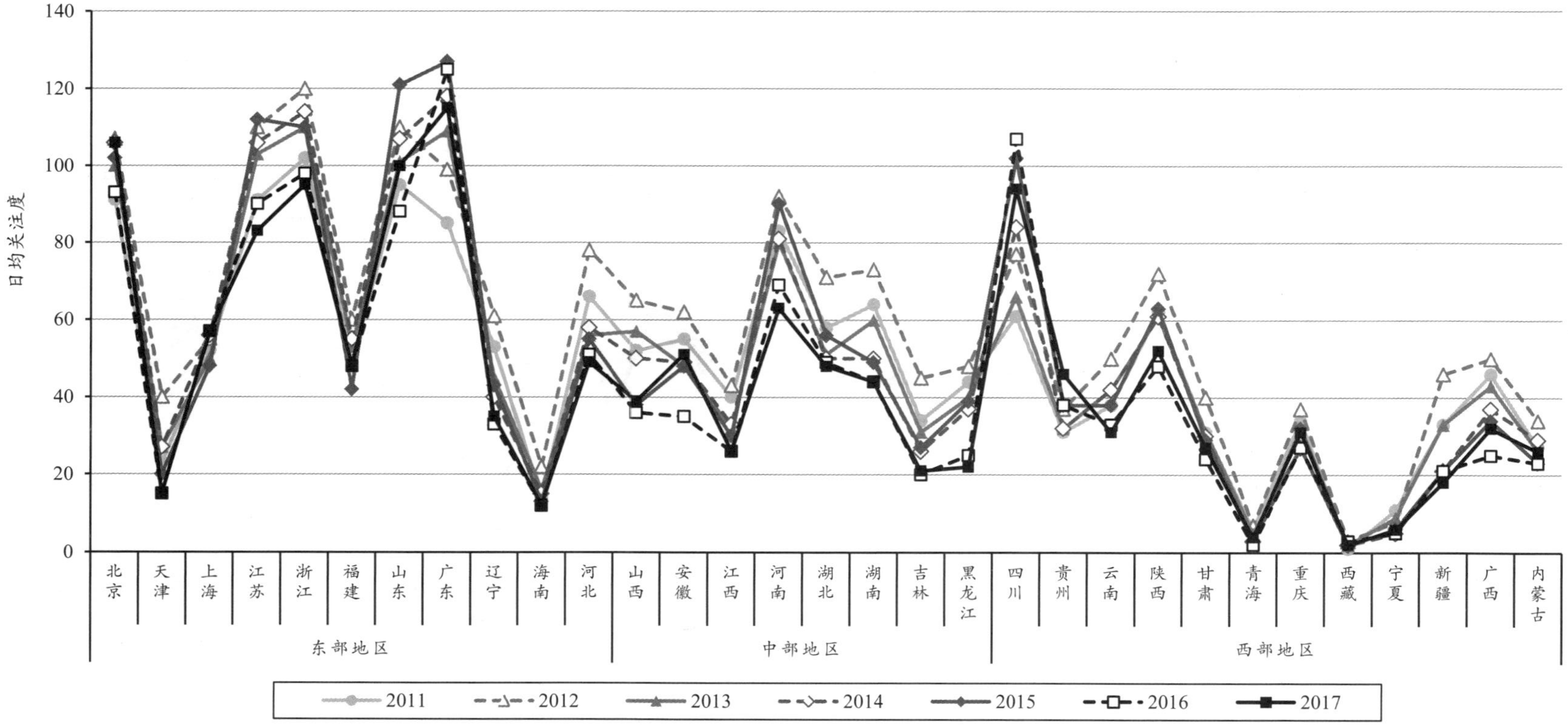

图 4-3　31 个省区市 2011—2017 年农产品安全网络日均关注度折线图

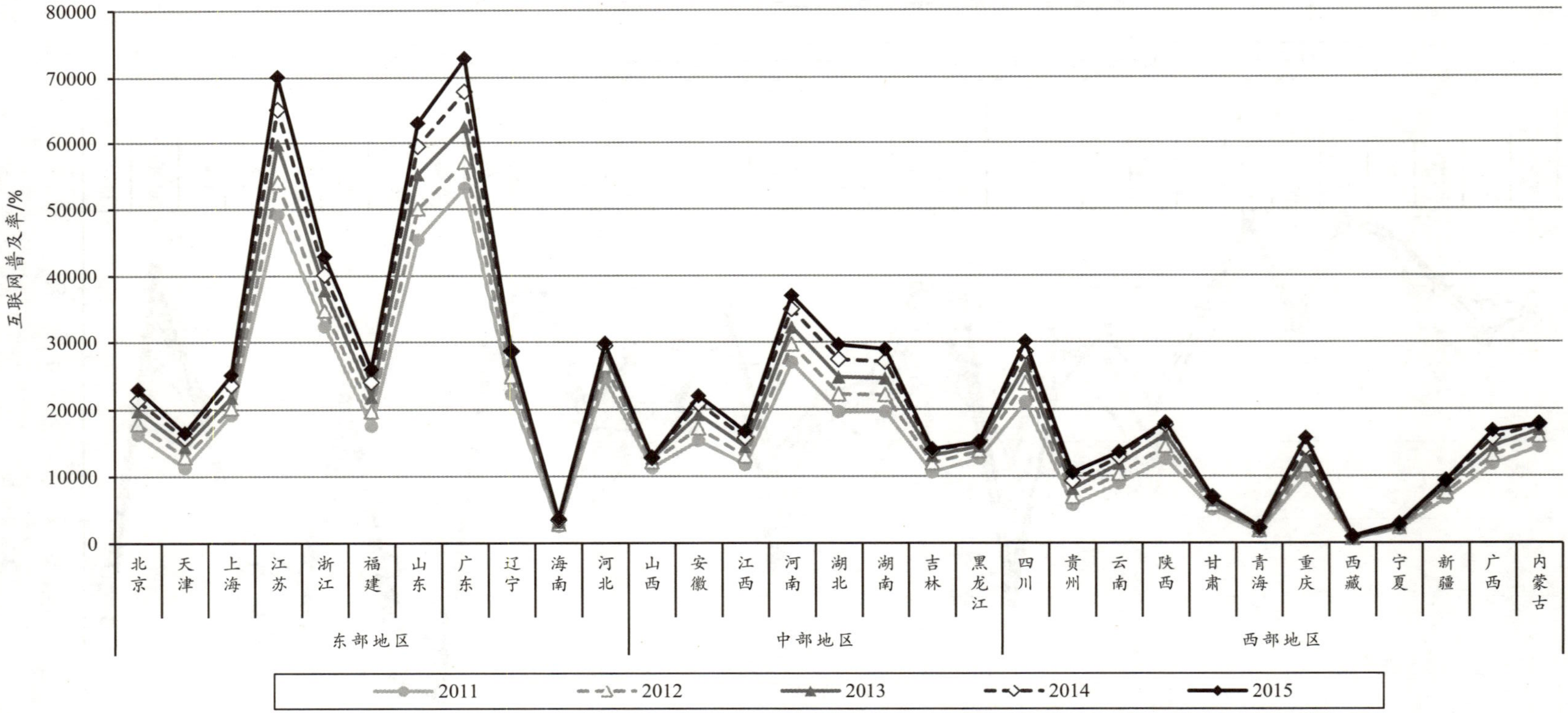

图 4-4 31 个省区市 2011—2015 年 GDP 折线图

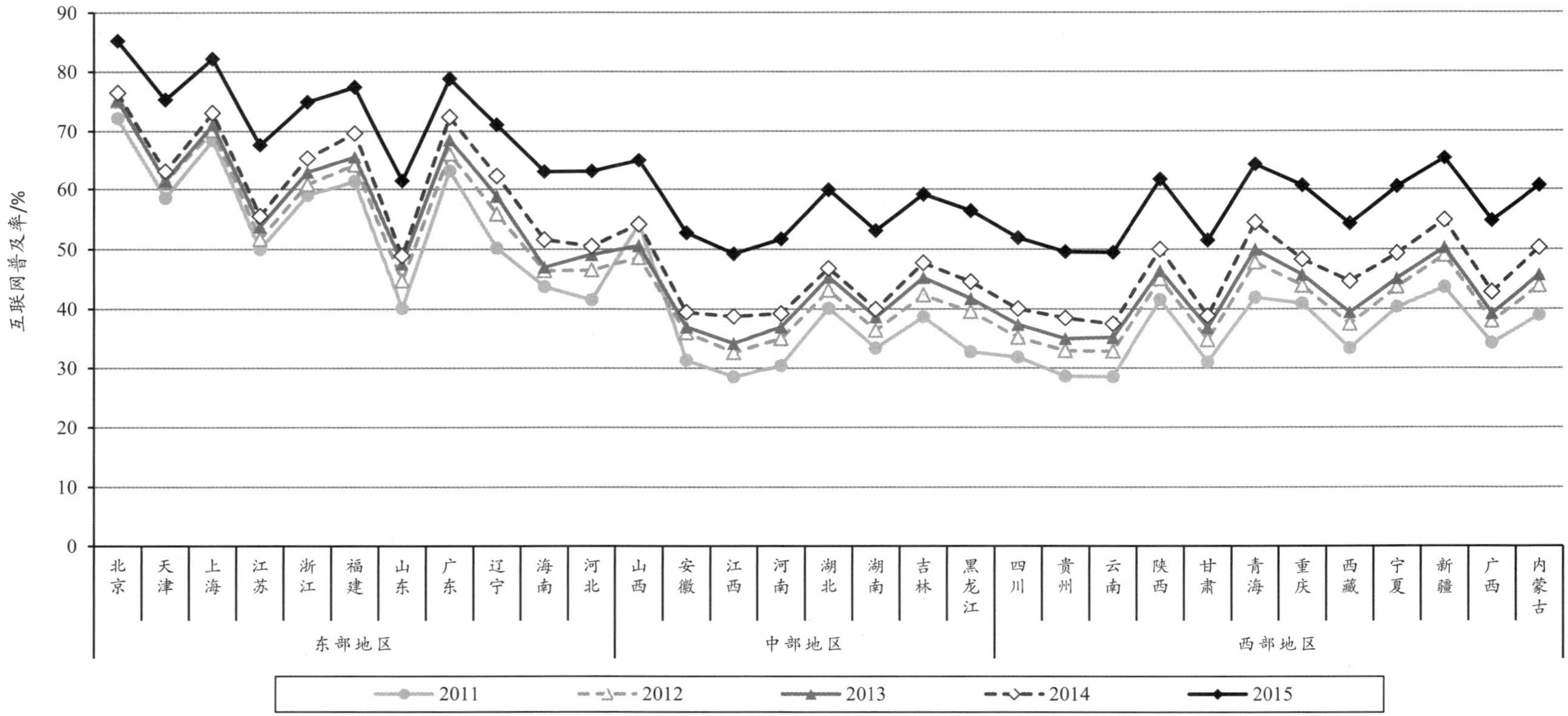

图 4-5　31 个省区市 2011—2015 年互联网普及率折线图

将检索到的我国31个省区市的2011年1月至2015年12月农产品安全的网络关注度数据进行整理，计算地理集中度指数，结果见表4-7。可以看出，我国网民对农产品安全的网络关注度的地理集中指数在21左右，且呈逐渐增大的趋势。这说明我国农产品安全的网络关注度地理分布比较均衡，并且有集中分布的趋势。农产品安全与人们生活息息相关，已成为关注的焦点，也间接地反映出我国的农产品安全形势严峻。

表4-7　2011—2015年全国农产品安全网络关注度的地理集中指数

时间（年）	2011	2012	2013	2014	2015
地理集中度指数（G）	20.346	20.188	20.886	21.422	21.928

为了更好地对我国农产品安全网络关注度地区差异进行对比，本研究使用各省区市农产品安全网络关注度的规模位序表进行分析，如图4-7所示 。通过图4-7可见，除了天津和海南，东部地区的农产品安全的网络关注度指数一直比较高，中部地区次之，西部地区最低。2011年农产品安全网络关注度规模位序排在前十名的省区市中，除了河南、湖南、陕西、四川以外，浙江、山东、北京、江苏、广东、河北均属于东部地区。2012年除了湖南、河南、四川，东部地区占了7个；2013年除河南、四川、陕西外，其余地区均属于东部地区；2014年除了四川和河南，东部地区占了8个；2015年，中部地区的河南、湖北和西部地区的四川进入前十名，其他的均属于东部地区，这说明了东部地区对农产品安全更为关注。同时还可以发现，2011—2015年，浙江、山东、江苏、北京、广东的农产品安全网络关注度指数虽在具体排名上有差别，但是总体来说一直居于前五位，这说明了这5个省市的居民对农产品安全更加关注。

2. 农产品安全网络关注度区域间差异

根据已有的数据计算我国31个省、自治区、直辖市的农产品安全网络关注度的变差系数（*CV*）、赫芬达尔系数（*H*）、首位度（*P*）、地理集中度指数（*G*）

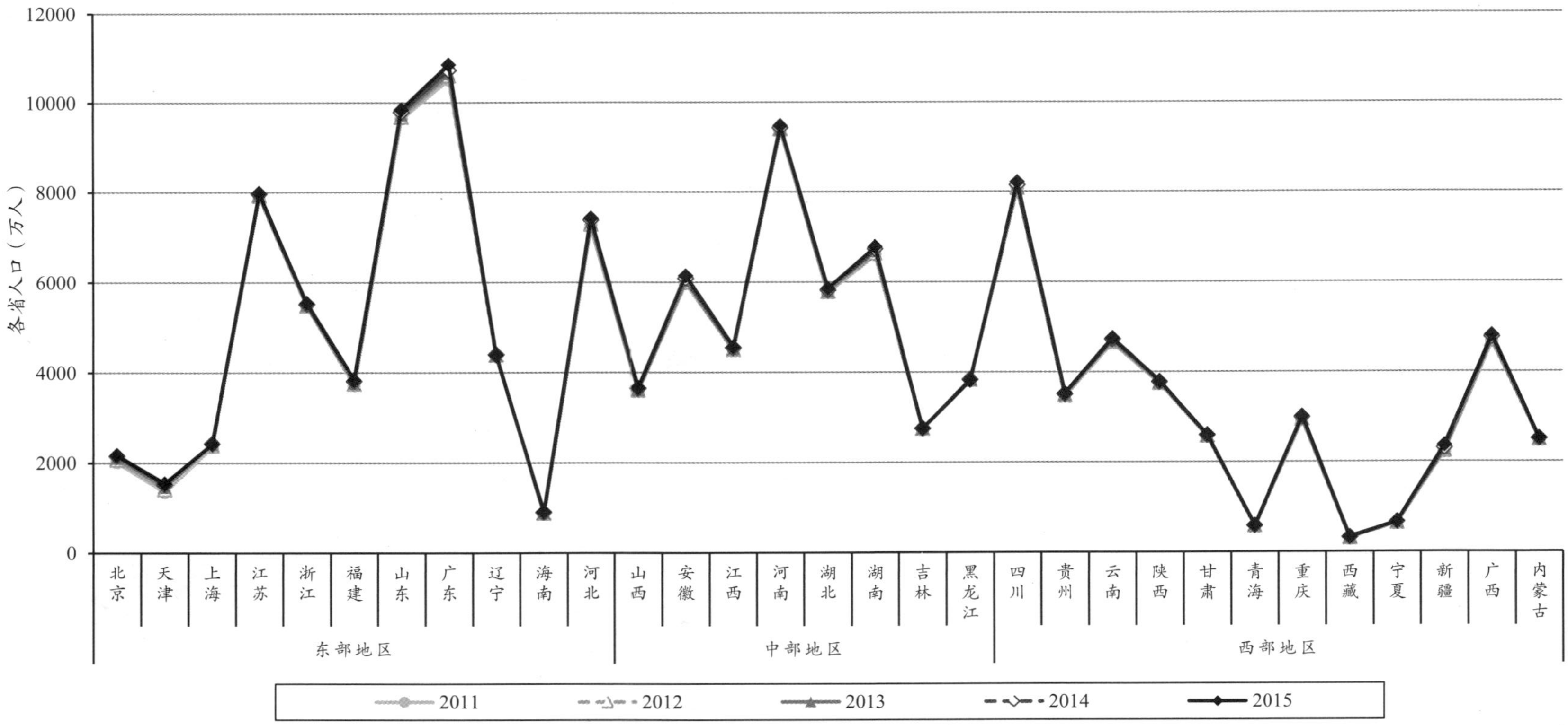

图 4-6　31 个省区市 2011—2015 年人口分布折线图

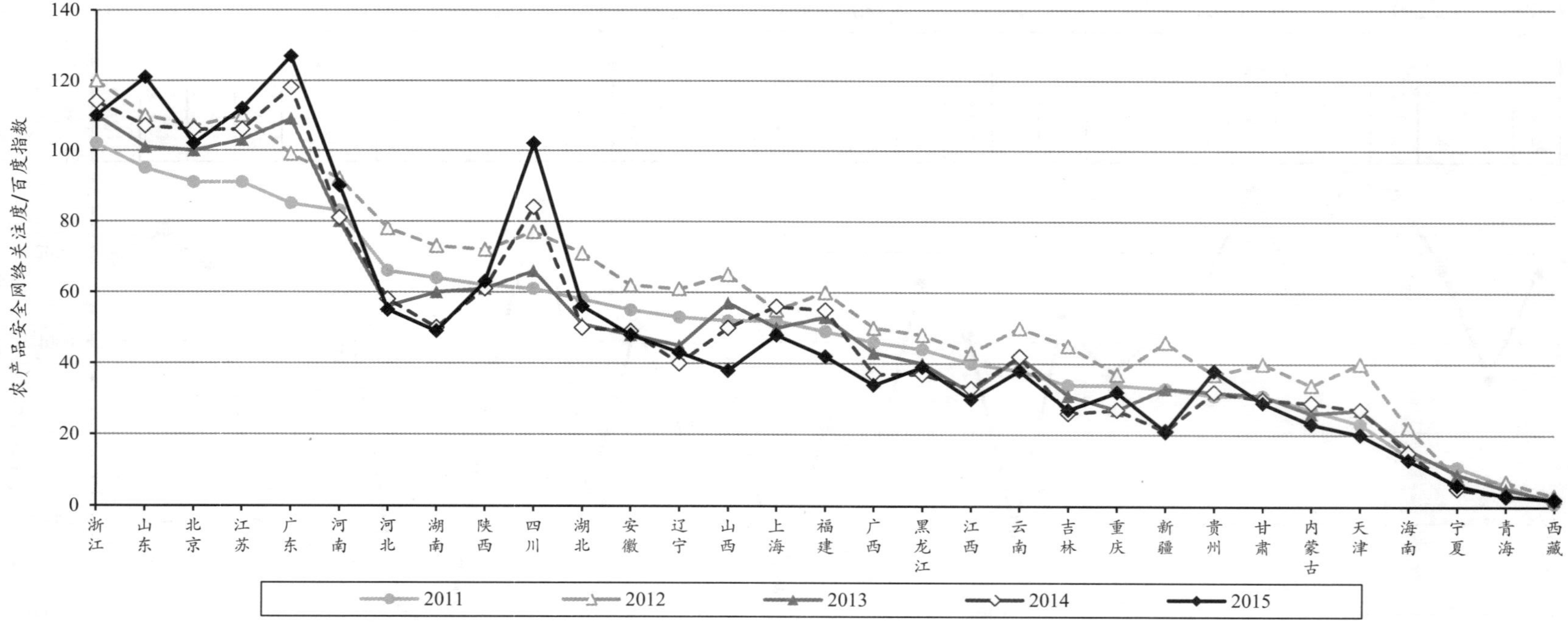

图 4-7　2011—2015 年农产品安全网络关注度的规模位序变化

这4个指标，仔细分析后可以发现农产品安全网络关注度地区分布的特点：2011—2015年各地农产品安全网络分布差异较小，其中变差系数在0.5~0.7之间，虽有波动但是总体呈上升趋势。赫芬达尔系数均接近于0，并且总体呈现出越来越大的趋势，说明各地农产品安全网络关注度有越来越集中分布的趋势。围绕1分布的首位度、较高的地理集中度指数都说明了我国各地农产品安全网络关注度分布较为集中，相对不均衡，这也和地区规模位序排列相一致。

2．农产品安全网络关注度区域间差异

根据已有的数据计算我国31个省、自治区、直辖市的农产品安全网络关注度的变差系数（*CV*）、赫芬达尔系数（*H*）、首位度（*P*）、地理集中度指数（*G*）这4个指标，仔细分析后可以发现农产品安全网络关注度地区分布的特点：2011—2015年各地农产品安全网络分布差异较小，其中变差系数在0.5~0.7之间，虽有波动但是总体呈上升趋势。赫芬达尔系数均接近于0，并且总体呈现出越来越大的趋势，说明各地农产品安全网络关注度有越来越集中分布的趋势。围绕1分布的首位度、较高的地理集中度指数都说明了我国各地农产品安全网络关注度分布较为集中，相对不均衡，这也和地区规模位序排列相一致。

利用变差系数（*CV*）、赫芬达尔系数（*H*）、首位度（*P*）、地理集中度指数（*G*）对我国东、中、西三大地区之间的农产品安全网络关注度分布差异进行度量，可以发现东、中、西三大地区之间存在着较大的差异：变差系数较大且围绕9.8上下波动，而且有逐年增大的趋势，由2011年的9.815上涨到2015年的10.089。赫芬达尔系数趋近于1，说明我国三大地区间农产品安全网络关注度的集聚程度较高，地区间关注分布不均衡。首位度呈现逐年上涨的趋势，表明地区之间的农产品安全网络关注度分布也是不均匀的，越来越集中于某些地区。地理集中度指数在近五年内均大于60，并且越来越大，也就意味着三大地区间的网络关注度越来越集中于某一区域。以上4个指标都说明了我国三大地区的农产品安全网络关注度存在极大的差别，越来越集中分布于某一地区。

表 4-8 2011—2015 年全国农产品安全网络关注度的地区内差异与三大地区间差异

年份	地区内差异				三大地区间差异			
	CV	*H*	*P*	*G*	*CV*	*H*	*P*	*G*
2011	0.532 6	0.041 2	1.073 7	20.346	9.815	0.362	1.678	60.176
2012	0.513 2	0.040 8	1.090 9	20.188	9.827	0.363	1.727	60.237
2013	0.593 6	0.013 6	1.009 2	20.886	10.009	0.374	1.929	61.167
2014	0.650 1	0.045 9	1.035 0	21.422	10.165	0.384	2.133	61.966
2015	0.700 4	0.048 1	1.049 6	21.928	10.089	0.379	2.028	61.574

3. 农产品安全网络关注度地区内差异

分析我国东、中、西三大地区内部的变差系数（*CV*）、赫芬达尔系数（*H*）、首位度（*P*）、地理集中度指数（*G*）这四个指标，发现其具有如下规律：2011—2015 年我国东、中、西三大地区内，变差系数波动较大，西部地区最大，其变差系数都在 0.5 以上；东部地区排在第二，其变差系数除了 2011 年为 0.028，其余 4 年都在 0.4～0.57 的范围内逐年增加；中部地区的变差系数是最小的，趋近于 0。这说明了西部地区内的农产品安全网络关注度差异较大，分布最不均衡，趋向集中于四川和陕西；中部地区内分布最均匀；东部地区介于两者之间。观察三大地区的赫芬达尔系数，可以发现三大地区的系数都比较小，但是还是有差别的：中部地区最大，这说明中部地区的农产品安全网络关注度趋向集中于某些地区；中部地区的首位度和地理集中度指数都比较大，都说明了中部地区的农产品网络关注分布比较集中。综合上述四个测度指标，总体来说东部地区的农产品网络关注度地区差异最大，趋向集中于分布在如山东、江苏等经济水平和互联网普及率比较高的地区；东部地区和西部地区农产品安全网络关注度差异相对较大，究其原因可能是因为东部各省区市经济水平和互联网普及率差异较大。

表 4-9　2011—2015 年全国农产品安全网络关注度的三大地区内差异

年份	CV			H			P			G		
	东部	中部	西部	东部	中部	西部	东部	中部	西部	东部	中部	西部
2011	0.435	0.314	0.597	0.108	0.122	0.123	1.074	1.297	1.016	32.88	34.94	35.11
2012	0.400	0.291	0.607	0.105	0.121	0.124	1.091	1.260	1.069	32.48	34.93	35.28
2013	0.479	0.342	0.627	0.112	0.124	0.126	1.009	1.333	1.082	33.43	35.16	35.59
2014	0.497	0.348	0.764	0.113	0.123	0.144	1.035	1.62	1.377	33.67	35.14	37.95
2015	0.564	0.429	0.829	0.120	0.131	0.153	1.049	1.607	1.619	34.61	35.18	39.16

四、农产品安全网络关注度的影响因素

本书在对我国 31 个省区市和东、中、西三大地区农产品安全网络关注度的时间及空间分布特征进行深入研究之后发现，各地区经济发展水平、互联网普及率、农产品安全事件的发生和社会人口统计特征等都会对农产品安全网络关注度产生不同程度的影响。基于以上的思考，本书对各地区的农产品安全网络关注度与各地区经济发展水平、网络普及率、农产品安全事件发展率以及社会人口统计特征等利用 stata 进行相关性分析，得到如表 4-10 所示的结果。

(一) 经济发展水平

根据马斯洛需求原理可知，只有当基本生存需求得到满足之后，人才有可能追求更高一级的需求。因此只有一个地区的经济水平发展到一定程度，人均 GDP 达到某一标准，基本满足温饱，逐渐走上小康之后，该地区的民众才会对农产品安全和食品质量产生关注，并且经济水平越高，对农产品安全的关注度会越高。本书对农产品安全网络关注度指数和地区 GDP、人均 GDP 进行相关性度测算，测算结果显示农产品安全网络关注度与当地经济发展水平表现出了较高的相关性，这也正好对农产品安全关注度区域分布表现出与区域经济发展水平相一致的变化趋势进行了解释，即经济水平高的东部地区农产品安全关

注度高于经济水平较低的西部地区、东部地区，地区内经济较为发达的省区市的网络关注度要高于其他省区市，比如四川、陕西。这主要是因为经济发展水平越高，人们越不用担心温饱的问题，因而会将更多的精力放在饮食的绿色与健康上，因此对农产品安全表现出更高的关注与兴趣。再者，一般情况下，经济发展水平较高的家庭其成员受教育程度也较高，对农产品安全会有更高的意识。基于以上两点，我们可以得出经济发展水平是影响农产品安全网络关注度地区差异的重要因素。

表 4–10　农产品安全网络关注度影响因素相关性分析

<table>
<tr><th colspan="3" rowspan="2">影响因素</th><th colspan="2">农产品安全网络关注度</th></tr>
<tr><th>相关性</th><th>显著性</th></tr>
<tr><td rowspan="2">经济发展水平</td><td colspan="2">GDP</td><td>0.846 4</td><td>0.000</td></tr>
<tr><td colspan="2">人均 GDP</td><td>0.371 5</td><td>0.000</td></tr>
<tr><td>网络发展程度</td><td colspan="2">互联网普及率</td><td>0.305 7</td><td>0.000</td></tr>
<tr><td>人口规模</td><td colspan="2">人口数</td><td>0.770 8</td><td>0.000</td></tr>
<tr><td rowspan="6">社会人口统计特征</td><td rowspan="3">文化程度</td><td>初中</td><td>0.632 8</td><td>0.000</td></tr>
<tr><td>高中</td><td>0.659 3</td><td>0.000</td></tr>
<tr><td>大专以上</td><td>0.825 9</td><td>0.000</td></tr>
<tr><td rowspan="3">年龄特征</td><td><14 岁</td><td>0.168 6</td><td>0.036</td></tr>
<tr><td>15～64 岁</td><td>0.194 9</td><td>0.015</td></tr>
<tr><td>>65 岁</td><td>0.195 9</td><td>0.014</td></tr>
</table>

（二）网络普及率

信息时代的到来、互联网的普及带来了信息传播革命性的变革。互联网具有传播速度快和获取代价小的优势，因此成为信息传播的重要途径。随着智能手机等移动终端的流行，越来越多的人通过互联网来获取自己所关注的信息。从全国东、中、西三大地区经济发展程度和互联网普及率的高低来看，中部和西部地区的经济较为落后，虽然互联网普及率在提高，但整体落后于东部地区，所以农产品安全网络关注度相对比较低。东部11个省区市的农产品安全网络关注度规模位序总体靠前，而中部9个省区市次之，西部11个省区市排在最后。互联网移动终端的快速发展和流行，大大地改变了现代社会信息传递和获取的手段，人们对农产品安全也表现出了越来越高的关注度。因此改变人类信息传递手段的互联网的普及也是造成不同地区农产品安全网络关注度差异的重要因素。

（三）农产品安全事件发生率

惰性使然，只有当危害自身安全的事件发生了以后民众才知道去关注。这也正好可以解释为什么农产品安全网络关注度会在每年3月份和发生食品安全事件的月份内暴涨的现象，3月15日是每年的消费者权益日，每年的“3·15晚会”都会报道很多不安全的产品。这些危害人们人身安全的事件的被揭露，会极大地引起消费者对农产品安全的重视。而且我们正处于信息化和网络化的时代，农产品安全事件一旦发生，其影响便会马上传播开来，关注度就会快速上升。但是喧嚣过后，一切又归于平静，人们对农产品安全的网络关注度又急速下降，这反映出了农产品安全事件的发生和媒体的关注会对消费者对农产品安全的关注产生极大的影响，因此加强农产品安全事件的曝光会极大地提高消费者的食品安全意识。

（四）社会人口统计特征

同年龄阶段的人口和不同文化水平的人口对农产品安全认知存在一定差异的，因而网络用户的社会人口统计特征也是影响居民农产品网络关注度的重要因素。本次研究选择全国各地初中、高中、大专以上文化程度的人和14岁以下、15~64岁、65岁以上年龄的人与农产品安全网络关注度进行相关性分析，可以发现：不同的受教育水平与农产品安全的网络关注度指数具有不同程度的相关性，且相关性都非常显著，不同的受教育水平与农产品安全网络关注度指数的相关系数为0.632 8、0.659 3、0.825 9；另外，年龄也是影响不同人对农产品安全关注度不同的因素，不同年龄段与农产品安全网络关注度指数的相关系数不同，分别为0.168 6、0.194 9、0.195 9，相比受教育水平而言其相关性较弱。居民受教育水平和居民年龄结构也是影响农产品安全网络关注度的重要因素。

五、结论与政策启示

（一）结论

利用百度指数搜索平台检索我国31个省、自治区、直辖市2011—2015年农产品安全网络关注度指数，经整理，进一步分析其时空分布特征，得出以下结论：

（1）2011—2015年，农产品安全网络关注度指数呈逐年上涨趋势并且在2012年达到了一个小高峰；农产品安全网络关注度指数的季节集中度指数均在7左右波动，说明了农产品安全网络关注度存在着较大的季节性差异；同时还通过对农产品安全网络关注度月度数据进行分析，发现3~4月份是该指数的一个高峰期，表现出了与舆论关注一致的趋向，农产品安全事件的发生和“3·15晚会”等媒体的报道，大大地提高了民众对农产品安全的关注。

（2）全国各地区农产品安全网络关注度指数具有显著差异，除了个别省区市，总体上呈自东向西依次减少的趋势；并且2011—2012年季节集中度指数均位于20~23之间，说明对农产品安全的关注集中分布在某几个省区市，比较集中；通过对我国31个省区市农产品安全网络关注度指数规模位序的研究分析，可以得知东部地区的各省区市总体排名靠前，中部地区次之，西部地区各省区市总体排名靠后，虽然具体排名略有变化，但是排名前十的省区市都是浙江、山东、北京、江苏、广东、湖南、河南、河北、陕西、四川。

（3）东部、中部、西部三大地区之间农产品安全网络关注度指数存在着差异，2011 年的差异最小，并且总体上这种差异越来越大。变差系数、赫芬达尔系数也在缓慢增大，农产品安全网络关注度的集聚程度在增加，对农产品安全关注的网民越来越集中于某个地区。围绕 60 波动且逐年增加的地理集中度指数，越来越大的首位度也说明了地区间的农产品网络关注度越来越在某个区域集中。

（4）东、中、西三大地区内，2011—2015 年变差系数都在逐年增加，西部地区最高，东部地区次之，西部地区最小。赫芬达尔系数也是西部的最大，说明西部地区的居民对农产品安全的关注分布较为集中。首位度的基本差别也较大，西部地区内部变化较为明显，分布很不均匀。地理集中度指数分布于 32～40 之间，关注度相对集中。

（5）通过相关性分析发现，地区经济发展水平、互联网普及率、人口数、社会人口统计特征等是影响农产品安全网络关注度差异的主要因素，并且地区经济水平越高、互联网普及越高、人口基数越大、农产品安全认知能力越高，农产品安全网络关注度指数越高，人民对农产品安全越看重。

（二）政策启示

基于以上结论，可以发现影响农产品安全网络关注度的因素分为两类：一类是经济发展水平、互联网普及率、媒体报道等客观因素；另一类是消费者的受教育程度，因此可以从这几个方面提升大众对农产品安全的关注。

1. 提高经济发展水平，加大监管力度

为了提高我国人民对农产品安全的关注，国家可以从以下几个方面来进行：一是加快提高我国经济发展水平，提升广大人民群众的可支配收入，不断实现我国向更高水平的小康迈进，不断提高人民对高质量、安全、绿色农产品的需求，以需求引导生产；二是加大监管力度，政府应该发挥主导作用。建立

健全一系列与农产品安全有关的法律法规，根据农产品发展需求的实际情况采取适当的安全管理措施。政府部门要严格履行对农产品发展的监管职责，建立高效、执行力强的执法管理队伍，对农产品管理要严格要求，并有效地实施奖惩并行，可适当加大处罚力度，确保农产品质量安全。

2. 消费者要强化食品安全意识

消费者作为农产品消费的主体，其行为对农产品安全和农产品市场的健康发展具有十分重大的影响。因此消费者应该尽快树立农产品安全的消费观，关注农产品安全，以舆论的力量促使农产品市场不断完善，这是保障农产品安全的基本要点。第一，消费者要树立正确的农产品消费观。广大人民群众作为农产品的消费者，其需求会对农产品生产者形成正向激励。第二，消费者要不断提高自身的农产品安全意识。消费者农产品安全意识的提高会不断地促进政府提高监管水平，间接促使农产品各相关主体不断改善农产品质量。再者，消费者对农产品的鉴别能力决定了安全农产品市场的大小，从而对非安全农产品的市场形成挤压。

第三节　极端气候事件对农产品流通渠道选择的影响

近年来，我国极端气候事件的频频发生，农产品“逢灾必涨”已成为难以解决的顽疾。极端气候事件不仅影响农产品市场的供求关系，对农产品流通也产生了重要影响，由此引发了农产品价格的异常波动。可是现有的调控手段既加剧了农产品市场的供求矛盾，又难以协调流通领域的利益矛盾。因此要深入了解和分析极端气候事件对农产品流通渠道的影响路径及程度，为降低极端气候事件的负效应提供有益的方法和对策。

一、文献综述

近年来，随着全国各地极端气候事件的频繁出现，关于极端气候的研究成果较多，研究文献达到200多篇（根据中国期刊网的“篇名”检索），但是关于极端气候对农产品市场影响的专题性研究相对较少。综合来看，上述研究主要集中在以下方面：

（一）极端气候事件对农业经济的影响

尽管目前国际上对极端气候事件的界定尚未达成一致，但是我国是受极端气候事件影响严重的国家之一，一些主要的极端气候如干旱、暴雨洪涝、低温冷害、台风、雷暴以及沙尘暴等，每年都会给我国部分地区造成一定程度的经济损失和人员伤亡，这些影响主要集中在脆弱性较强的农业领域和农村地区，农业作为自然灾害系统中灾害比重最大的部门，农业灾害大面积的发生对我国农业生产构成了严重的威胁。为此，极端气候事件对我国农业经济的影响成为学者们研究的重点。冯相昭等（2007）ws 采用生产效应法对由极端气候事件产生的灾害（干旱、水涝和热带气旋）的直接经济损失进行评估，采用社会调查法对人员和房屋损失进行估算，简单分析了目前的农业灾害风险救助体系，并预测了2020年稻谷、小麦和玉米3种主要农作物因气候变化而遭受的经济损失。[130] 周京平、王卫丹（2009）通过文献分析法，对1949—2007年以来气象灾害对我国农业经济损失的统计资料加以收集、整理，分析了农业因极端天气受灾和成灾特点、气象灾害对农业粮食产量的影响以及农业受气象灾害的成因，经回归方程统计分析指出，极端气候情况造成的我国农业经济损失量有加大的趋势，须做出积极的应对措施。[131] 顾连宏（2007）研究指出，即使把科技进步考虑在内，在全球气候变化的背景下，中国的人均粮食产量在2020年之后也将会急剧下降。[132] 蔡波（2013）提出，极端气候变化愈演愈烈，对粮食生产的影响也日益显著。[133] 甘甜（2014）认为，在全球气候变暖的背景下，极端气候事件出现的强度与次数发生了很大的变化，极端气候事件出现的气象灾害不仅影响了生态环境，对社会可持续发展也造成了很大的影响。[134]

（二）气候等外部因素与农产品价格波动

一直以来，农产品价格的波动不仅牵动亿万中国人的心，而且成为学者们重点研究的领域之一。从现有大量的研究成果来看，学者们主要围绕农产品价格的波动特征、波动成因、波动的影响以及平抑政策等内容展开，其中，对于气候与农产品价格波动之间关系的研究散见于各类文献之中。童万民和潘焕学（2014）探讨了农产品价格预期与其自身价格波动之间的关系，并提出极端天气的出现，往往极大提高了人们对未来农产品价格的上涨预期，进一步推高了农产品价格。[135] 张潇潇等（2013）将自然灾害的影响作为我国农产品价格波动的主要因素，并认为，近年来我国的自然灾害周期短、分布广泛、季节性明显，对农产品的产量和价格产生了巨大的冲击，在农业科技发展趋缓和种植面积难以增加的情况下，自然灾害将成为我国农产品产量的最大风险因素。[136] 宋洪远（2012）从需求、供给、技术、气候、产业组织形式、市场状况等方面分析农产品价格形成的因素变化，通过建立计量模型定量模拟农产品价格形成的框架体系，并认为气候异常变化扰乱了农业生产的自然规律，导致了品种结构和区域结构的异常变化，影响了农产品的长期持续稳定供给，对农产品市场和价格的波动产生了较大影响。[137]

总之，学者们大多认为农产品价格波动是多种因素综合作用的结果，气候条件变化是其中重要的因素之一，但是气候变化影响农产品价格波动的因素有哪些、这些因素具有哪些特征、对政府调控的手段有哪些启示等问题尚没有专题性的研究。

二、极端气候事件对农产品市场的影响分析

极端气候事件对农产品市场的影响主要有两个方面：其一，极端气候事件

直接影响了农业生产，减少了农产品的产量，从而改变了农产品市场的供求关系，引发了市场和价格波动。这是我们通常关注和分析的。由于减产是可以计算和预测的，因此供求矛盾也是可以测算的，可以称之为可控因素。其二，极端气候事件对农产品物流、仓储、损耗及销售的影响，不仅会增加流通成本，而且在信息不对称下，容易引发市场恐慌，从而导致价格异常波动。这方面被我们忽视了。由于成本及信息不对称是不可预测的，可以称之为不可控因素。

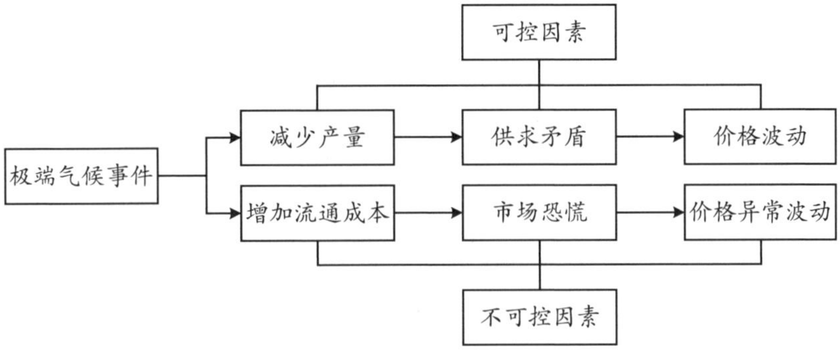

图 4-8　极端气候事件对农产品市场的影响因素

(一) 极端气候事件对农产品市场供求的影响分析

极端气候事件导致的经济损失通常可分为直接经济损失和间接经济损失两部分。农村方面的直接经济损失主要包括农产品市场价值损失、农民的人员伤亡和房屋毁损的经济损失以及农村社会福利方面的灾害救援投入和保险损失等；间接经济损失主要是指气候事件对本地和未受灾地区的相关产业部门在投入和产出方面的损失。

当前，一方面，我国农产品需求增长和需求结构变化的不确定性都在显著增加；另一方面，农产品供给增长的难度和不确定性也在显著增加。尤其是出现极端气候事件时，农产品供需之间的矛盾凸显，农产品价格的波动幅度会较以前有明显放大。从总体来看，我国鲜活农产品的产量一直在持续增加，2012年蔬菜、水果、水产品、茶叶及猪牛羊肉等几类鲜活农产品的产量达到了

102 089.8 万吨，比 2000 年增长了 92%。但极端气候事件对农产品产量的影响也是明显的。据 1950—2003 年的资料显示，我国受洪涝灾害的农田面积平均每年为 956 万公顷，其中严重水涝年份，农田受灾面积可达 1 500 万公顷以上。1993—1998 年我国粮食损失估计为总产量的 10%，1991 年以来都保持在 10% 以上，1994 年更达到了 14%，也就是说，平均每年大约有 400 亿千克粮食被灾害所吞噬，2000 年粮食减产最高值达 5 996 万吨。

黄秀海（2007）运用向量自回归理论建立相应的冲击反应模型，在实证的基础上定量分析了农产品产量波动对价格冲击的效果，同时利用方差分解技术，分析了各因素对价格影响的大小，并通过实证结果证明了农产品产量对 CPI 冲击效果明显，持续时间也长。[138] 魏瑞江等（2007）以河北省 2001 年 1 月份的低温寡照对农业的影响为实例说明，在天气的影响下，当年越冬茬的一些果菜类蔬菜如黄瓜、茄子等被冻死，约有 60%～70% 的蔬菜被迫提前拉秧，芹菜、菠菜、香菜、油菜等耐寒性蔬菜虽然没有被冻死，但生长慢、病害严重、产量降低，从而致使蔬菜价格上涨，春节前黄瓜价格上涨到 6～8 元 / 千克。[139]

（二）极端气候事件对农产品流通的影响分析

除了上述影响，极端气候事件对农产品市场的影响还表现在农产品流通领域。比如暴雨、雪灾等极端气候事件出现后，往往会直接影响区域范围内的交通情况，使道路通行受阻。比如 2008 年的冰灾，不仅受灾地区的农产品产量减少，而且导致大量鲜活农产品遭遇物流配送瓶颈，这样既大大增加了物流配送成本，而且增加了流通环节中的损耗成本。

尤其是当极端气候事件出现后，我国现有的鲜活农产品流通主体在追逐利益的驱动下，极易放大短期内的供求矛盾，从而产生价格异常波动现象。目前，我国已基本形成了龙头企业、经纪人、批发市场及零售终端等为主体的农产品批发与零售体系。据不完全统计，目前全国有农产品批发市场 4 300 多家，其中 80% 以上是民营企业。作为鲜活农产品流通主体的民营企业以及个体商户多以利益最大化为目的，当极端气候事件出现时，一方面，会面临经营成本的增加，比如人力成本、区域内配送成本等的增加，另一方面，可能会尽可能地放大货源不足的矛盾，进行恶意囤积、疯狂炒作，出现“蒜你狠”“豆你玩”“姜你军”等乱象，着实让这些平日里极为普通的鲜活农产品变得炙手可热，市场价格一路飙升。比如冰灾期间的2008年2月1日，据湖南省商务厅监测的18个蔬菜品种的周报显示，当时全省蔬菜价格上涨36.3%；又如2010年前7个月，我国大部分地区极端天气频发，南方洪涝灾害严重，北方则连晴高温，据当时商务部市场统计数据显示，有完整记录的77种蔬菜中，62.3%的蔬菜出现不同程度涨价，19.5%的蔬菜价格上涨幅度在100%以上，特别是绿豆、大蒜等农产品价格更是出现异常上涨。

而作为市场调控主体的政府相关部门，为了保障本地农产品的供应，在现有储备不够的情况下，往往会通过政策鼓励这些流通主体前往外地抢购货源，这无形中又进一步加剧了市场供求的紧张关系，促使价格持续波动。

三、市场调控的困境及对策建议

（一）市场调控的困境

从上述极端气候事件对农产品市场两个方面的影响来看，前者是可控的，理论上是可以通过调控手段实现市场稳定的；后者是不可控的，但当流通主体的利益得到保障时，市场波动是可以平抑的。近年来，虽然我国政府各级职能部门针对农产品市场波动现象先后出台了一系列措施，但实际效果并不理想，究其原因，可能是以下两个方面：

1．“顺周期”调控加剧了市场供需的矛盾

按照市场供求理论，当极端气候事件出现时，由此带来的农产品供给量的减少是可以预测的，在市场的自我调节下，通过政府的宏观调控手段，价格及供需变化发生在一定范围内的，而且是可控的。但由于目前我国政府的宏观调

控的方式主要以“涨什么、控什么”为主，价格稳定后就撤出。这种方式不仅没有缓解农产品市场的供求矛盾，而且容易引发供给的盲目性，造成“短缺时更短缺、过剩时更过剩”，致使市场供需矛盾进一步恶化。

2. 调控手段难以协调流通领域的利益矛盾

随着我国市场经济体制改革的不断深化，农产品流通领域中市场主体的经济性质呈现多元化趋势，涵盖了国有、民营、集体、外资等多种形式，基本上形成了以民营经济为主体的流通渠道体系。此外，农产品流通领域包含了多个经营环节，既有批发、零售，又有仓储、配送及加工等，还包括其他的一些服务主体。市场经济的经营者往往是以企业或个人利益为最大化目标，因此，由极端气候事件带来的市场短期的供需矛盾，正是市场商机的一种表现，如果能够进一步激化矛盾，商家就能够获得更高的收益。随着市场经营比例的降低，传统的“蓄水池”功能基本缺失，政府调控部门往往只能依靠政策手段进行调控，因此难以协调流通领域中的利益矛盾。

(二) 对策建议

1. 明确农产品市场的公益性，增加政府投入

农产品市场是一项民生工程，不仅对社会经济发展具有重要的意义，而且直接关乎居民的日常生活。从经营现状来看，农产品流通领域中大多数属于微利行业，行业利润远远低于正常的商业企业。当极端气候事件等外因引发市场供求波动时，农产品流通领域往往又能起着保障居民生活稳定的作用，可见，农产品流通领域具有显著的公益性特征。所以，政府应从社会责任角度加大对该领域的投入，让政府成为更有力的流通主体，尽快恢复政府的“蓄水池”功能，从而能够有效协调流通领域的利益矛盾。

首先，要明确农产品流通领域的公益性地位，从政策文件以及社会舆论上认定农产品批发市场、农贸市场、农产品物流、生鲜超市等农产品流通主体的公益性特点。其次，积极转变农业领域“重生产、轻流通”的思想，坚持“生

产”“流通”两手抓，加大政府对农产品流通领域尤其是流通基础设施的直接投入，鼓励政府回购、政府股权投资、建立基金等全面进入农产品流通领域，同时由政府投资建设和管理公开性的农产品流通信息平台、农产品质量检测中心。再次，在土地利用总体规划和城乡规划中统筹安排农产品流通领域用地规模、布局，优化保障符合农产品市场发展规划的市场用地供应，并参照公益事业用地标准给予相应的国有划拨用地。最后，在农产品流通企业的日常经营管理之中，坚决落实用水、用电、用气价格与工业同价以及鲜活农产品运输绿色通道政策。

2. 转变调控方式，创新政策支持手段

（1）实施反周期调控。首先，对农产品市场要实行反周期调控，在市场价格低谷、即将供不应求时进行调控。市场价格信号引导供给最弱的时刻，正是政府发出强烈信号的最佳时机。其次，对农产品实施反周期调控，要把主要的注意力放在提前数月对农产品生产、流通的先行指标的监测上。此外，还要强化政府前瞻性的综合服务能力。要联手构建信息共享的多部门联席会议机制，以农产品生产、流通的先行指标为基础，以信息化为主导，广泛建立商贸信息共享的平台，通过主流媒体分品种适时发布权威性的供求动向信息，提供蔬菜食品供求、成本、价格走势等预测信息的指导和服务，降低中间商过高的交易成本和生活成本，为批发商和“农超对接”减负。

（2）创新政策支持手段。其一，创新政策性投融资机制。有效发挥中央财政资金的引导作用，鼓励地方政府设立农产品流通产业发展基金，建立国有资本投资运营公司，推广公私合营等多种模式，带动社会资本投入，增强公益性功能，同时保证市场效率。其二，创新土地支持政策。支持利用工业企业旧厂房、仓库和存量土地资源兴办农产品市场。在符合规划和用途管制的前提下，鼓励农村集体经济组织依法以集体经营性建设用地使用权入股、联营等形式与其他单位、个人共同兴办农产品市场。

第五章　农产品流通线下渠道升级与改造研究

第一节　农产品批发市场转型升级研究

改革开放40年以来，我国农产品批发市场的数量不断增加、功能不断完善、交易额不断攀升、运行模式不断演进，基本形成了一个以综合市场、果蔬市场、水产市场、肉禽蛋市场、花卉市场、药材市场等经营类别为骨干的农产品批发市场体系，农产品批发市场建设取得了显著成效，对我国社会经济的发展尤其是农产品流通体系建设起着举足轻重的作用。但是，由于农产品批发市场的发展历程还比较短，各地经济发展水平参差不齐，农产品批发市场还存在基础设施建设落后、管理方式粗放、功能不健全、规划不合理、存在恶性竞争等一系列突出问题。近年来，随着我国农业、农村经济的发展，农产品市场体系建设已经由过去单纯的数量扩张阶段进入稳定数量、提升质量、创新功能的新阶段。此外，各种形势的发展也对我国农产品批发市场建设提出了现实而紧迫的要求：一是农产品市场化和国际化的竞争，要求加快推进我国农产品批发市场的升级改造。2017年仅上海口岸就进口水果达100.88万吨，年增长率达

30%。二是农产品流通方式发展变革的要求。伴随着互联网等新技术的广泛应用，农产品交易方式不断创新，包括农产品电子商务、农产品移动电子商务等新型业态不断涌现，这就要求农产品批发市场积极应对，以实现与新型流通方式的有效对接。三是提高农产品质量安全水平的需要。目前有不少农产品批发市场的基础设施建设不够，交易环境有待改善，尤其对农产品的质量安全管理存在漏洞。比如缺乏农产品质量安全检测的必要条件，大多数农产品未经质量检测便上市交易，致使农产品食用安全存在重大隐患。批发市场作为我国农产品流通的主渠道，是保障农产品质量安全的关键环节。这也迫切要求加强批发市场的建设，增强农产品质量管理能力。

为此，本节主要从理论和现实两个层面分别探讨农产品批发市场转型升级的必要性、可行性以及对策建议。一是通过对农产品批发市场的内涵、类型、特征等分析，以相关理论为基础，在回顾和梳理国内外研究现状的基础上，从理论上分析了农产品批发市场转型升级的可行性；二是通过对农产品批发市场的现状、存在的问题以及农产品批发市场的价值分析，研究了农产品批发市场转型升级的可行性，提出了促进农产品批发市场转型升级的对策建议。

一、农产品批发市场转型升级的理论分析

(一) 农产品批发市场的含义及类型

1. 农产品批发市场的含义

(1) 农产品批发市场应遵循市场的基本原则和要求。从本质上讲，农产品批发市场作为市场，是以商品交换为内容的经济联系形式，是社会分工和商品生产的产物，应该遵循市场的原则和要求：第一，市场是商品交换的场所。市场既可以是现实场所，也可以是虚拟空间。从空间范围来看，市场的交易范围越来越广。第二，市场是某种商品或某类商品的需求量。从这个意义来看，市场是需求量的集合体，对社会经济的发展具有重要的引导作用。第三，市场是

卖方与买方的结合，是商品供求双方相互作用的总和。因此，商品供求关系是市场运行的基本法则。第四，市场是商品流通领域反映商品交换关系的总和，是社会再生产过程中不可或缺的一个环节，也直接影响社会再生产的正常运行。

（2）农产品批发市场应体现批发的价值和功能。批发市场是随着商品流通规模的扩大而发展起来的，批发市场出现后，批发商与零售商开始分离。随后，由于商品规模的进一步扩大，许多批发商为了沟通信息、扩大交易，开始自发地集聚在商品产地、销地或集散地进行集中交易，就这样产生了自发的原始的批发市场。随着自发性批发市场的形成、流通规模的再扩大和批发市场中交易个人与组织的增多，就产生了规范批发市场的交易行为和交易秩序、创造公平竞争与公平交易的市场环境的要求，由此，批发市场的组织化程度得到提高，由行业自律发展到政府规制，批发市场由自发性批发市场发展成为由一系列规则与制度来规范的现代批发市场。从发展过程来看，批发市场主要发生了两个转变：一是由自发形成到自觉建设的转变；二是由单一功能到多功能集聚的转变。

（3）农产品批发市场应符合农产品交易的特性。农产品批发市场是指专门为农产品批发交易提供交易的场所和条件，并为商品流通提供服务的组织机构。首先，农产品批发市场提供的服务主要是提供农产品交易的场所和条件，这些条件包括运输、仓储、加工、包装、信息、结算、交易方式、监督机制、风险控制等。农产品批发市场并不参与交易过程。其次，农产品批发市场不是批发商品流通的主体，不从事商品买卖，而是为批发商品流通的买卖双方提供服务。最后，农产品批发市场具有公益性的特点。一般来说，农产品批发市场的流通效率和流通效益关乎农业、农村和农民的收益，同时也是城市居民的“菜篮子”，直接影响生活成本和质量，对农产品流通既有稳定作用，又有价格平抑功能。为此，农产品批发市场的收益率不高，公共服务功能突出。

2．农产品批发市场的类型

(1) 根据经营范围可以分为：

① 综合性市场。多类农副产品都进入同一市场，其中以蔬菜、水果、肉、禽、蛋、鱼居多，也有少量的粮油，有的还有农业生产资料、日用工业用品等，如北京市新发地农产品批发市场。

② 专业性市场。进入市场的只有一种或一类商品，如湖南长沙马王堆海鲜批发市场等。

(2) 根据地域特点可以分为：

① 产地市场。位于某些产品的集中产区，主要起着外向分解、扩散的作用，进入市场的主要是农户、专业大户、合作经济组织、长途贩运者、批发商等，如山东寿光的蔬菜批发市场。

② 中转地市场。多处于交通枢纽地或传统的集散中心，起着连接产地和销地的中转站作用，进入市场的主要是长途贩运者和产地、销地的批发商，如湖南长沙马王堆蔬菜批发大市场。

③ 销地市场。与消费者最接近的市场，进入市场的主要是长途贩运者、批发商、零售商、消费者等。这类农副产品批发市场部分是在城市农贸市场基础上发展起来，先由工商部门主管，后来划归商务部门主管，也有国营商业供销社的经营单位举办的。

(3) 根据市场主体的职能可以分为：

① 服务型市场。市场主持者的活动主要是提供交易场所，进行业务咨询、提供信息、提供生活安排、行政监督等项服务，不搞自营业务。

② 经营服务型批发市场。这类市场除了具有上述服务型市场所具有的功能之外，还从事议购、议销代购、代销、代储、代运等代营业务。目前这类市场自营业务在缩小，而代营业务在不断扩大。

（二）农产品批发市场的功能价值

1. 农产品批发市场的流通功能

从商品流通层面来看，农产品批发市场具有以下几个方面的功能：

（1）商品集散功能。批发市场可以吸引和汇集各地的农产品，在较短的时间内完成其交易过程，然后再把农产品发散到各地。农产品的大进大出，增加了流通量，加速了商品周转，节约了交易费用。

（2）价格形成功能。农产品批发市场建立之后，由于它具有在较大范围内集聚农产品的功能，所反映的是大范围内的生产力水平和供求关系，因而形成的价格具有权威性。同时，大量的农产品的集聚，便于比较，有利于同种农产品的平等竞争和按质论价。

（3）供求调节功能。农产品批发市场能够促进农产品供求的时空平衡功能，而且相比集贸市场，具有较高的稳定性。这主要体现为流通主体的稳定性，价格的相对稳定性，信息的规范性与稳定性，农产品批发市场与生产、消费的联系的稳定性。农产品批发市场成了供需均衡的纽带和流通的“蓄水池”。

（4）信息中心功能。信息对于农产品生产者和经营者极为重要，如果信息使用者收集到的信息是错误的，将会对生产、经营活动产生不良影响，而农产品批发市场的信息具有公开、完整、真实和及时的特点，可起到信息中心的作用。

（5）交易结算功能。农产品批发市场交易结算功能，是指批发的商品成交后，用货币形式结清交易主体之间的销货款项。交易结算的功能在于保证成交商品的价值最终的实现。而通过银行介入农产品批发市场的交易则提高了交易结算的安全性和高效性。

（6）综合服务功能。农产品批发市场通过自身的运营能够为交易者提供各种方便交易的服务的功能。比如，市场开办者为交易者提供摊位、邮电、通讯、结算、运输、仓储、保鲜、保安、仲裁及吃、住、行等服务。

(7) 价值增值功能。农产品批发市场是农产品直接生产过程的延续和加强。与初级集贸市场相比，农产品批发市场更重视产品分级挑选、晒晾、加工、包装，经过这些后续处理，产品既保鲜保质，又可改善品质，增加农产品的增值能力。

2. 农产品批发市场的经济功能

根据马克思的商品流通理论，农产品批发市场作为流通主渠道，是社会再生产过程中重要的环节之一。农产品批发市场对社会再生产的作用主要体现为:

(1) 农产品批发市场的发展可以促进农副产品生产。生产和流通的关系是辩证的，生产决定流通，流通对生产又有反作用，有时甚至起决定性的作用。具体到农产品流通形式，表现在商品性农副产品生产的发展使农产品批发市场得以形成和发展，而农产品批发市场的发展又反过来进一步促进了农副产品生产。由于农产品批发市场辐射面大、价格透明度高，能反映较大范围乃至全国农副产品的市场信息，因此，它可以指导农业生产，利于农产品生产基地的形成。

(2) 农产品批发市场的发展可以改善城乡人民生活。由于农产品批发市场上的经营具有开放性和竞争性，价值规律能充分发挥作用，农产品价格能基本反映其价值，有助于缩小由历史造成的工农产品“剪刀差”，增加农民收入。农产品批发市场的建立，同时也满足了城镇居民的消费需求。在过去，城市蔬菜常年供应品种只有十多种，而现在已超百种。

(3) 农产品批发市场的发展有利于推动流通体制改革和流通组织的创新。我国改革开放前一直实行的是高度集中的计划体制，农产品要由农村集体按国家计划生产，收购由国企商业垄断，价格由国家计划规定，甚至消费都是按户计划分配。改革开放后，我国农产品产销体制和运行机制发生了很大变化，国家调控市场、市场引导企业的新机制已基本形成。农产品批发市场的建立和发展，对旧的流通体制冲击最大，因为农产品批发市场各项功能的充分发挥使它逐步成为我国农产品流通中心。此外，农产品批发市场中各种经济成分的经营者共同从事农副产品的流通，因而具有开放性，开放有利于竞争，竞争的结果是减少了流通费用，提高了流通效益。多成分的公平竞争，使国企农产品流通企业面对的不再是政府的计划，而是市场，这就迫使其转换经营机制，参与非计划的农产品购销活动，推动流通体制的改革和流通组织创新。

(4) 农产品批发市场有利于提高农民的组织化程度。由于代表农民整体利益的流通组织还没有发育起来，农产品生产者进入批发市场的组织化程度太低、竞争力弱，大量利润流入中间商手中。只有创新农民流通组织，并让这类代表农民整体利益的组织进入市场、参与竞争，才能从根本上保护农民的利益。

(三) 农产品批发市场转型升级理论基础

1. 完全竞争市场理论

完全竞争市场是一个纯粹的理论模型，它需要满足一系列严格条件：

(1) 市场上参与经济活动的厂商生产同质的产品，这保证了厂商和消费者的无差异性。

(2) 市场上有众多的消费者和厂商，每个买者或卖者购买和出卖商品的数量只占市场很少的份额，因此，其需求与供给对市场需求或供给不产生显著的影响。

(3) 参与市场活动的经济单位具有完全信息，保证了消费者不可能以较低的价格购买，生产者也不可能以高于现行价格的价格出卖，因此，市场上只能有一个价格，即现行价格。

(4) 厂商可以无成本地自由进入或退出该市场，保证了资源可以自由流动。在一系列假设之后，厂商将按此现行价格等于边际成本的条件追求利润最大化。虽然有的经济学家评价完全竞争市场结构是最有效率的，但是有的经济学家认为完全竞争市场存在缺陷：第一，完全竞争市场上生产规模都很小，不利于技术发展；第二，实际中完全竞争的情况很少，而且一般来说，竞争必然引起垄断。我国的农产品市场是一种类似完全竞争的市场结构，农户的经营规模较小，农业技术进步比较缓慢，农民获取信息的能力较弱，农民进入市场的搜寻费用很高，急需一种既能指导农业生产、扩大经营规模，又能节省搜寻费用的组织，那就是农产品批发市场。

2. 信息不对称理论

信息不对称理论是指在市场经济活动中，各类人员对有关信息的了解是有差异的；掌握信息比较充分的人员，往往处于比较有利的地位，而信息贫乏的人员，则处于比较不利的地位。该理论认为：市场中卖方比买方更了解有关商品的各种信息；掌握更多信息的一方可以通过向信息贫乏的一方传递可靠信息而在市场中获益；买卖双方中拥有信息较少的一方会努力从另一方获取信息；市场信号显示在一定程度上可以弥补信息不对称的问题。信息不对称这一现象早在20世纪70年代便受到三位美国经济学家（G. Akerlof、M. Spence和J. E. Stigliz）的关注和研究，它为市场经济提供了一个新的视角。信息不对称在市场上的分布是有规律的，在产品市场和劳动市场上，一般来说，信息偏在于卖方，而在资本市场上，信息则偏在于买方。在产品市场上，信息不对称导致了逆向选择的产生，就是高质量的产品退出市场，而留下来的是低质量的生产者，不利于社会效益提高。就产品市场而言，由于信息偏在于生产者一方，使一些生产者不是通过提高生产效率、降低成本来进行竞争，而是利用消费者无法将其产品与其他企业的高质量产品区分开来这一有利于自己的市场形势，通过降低产品质量来进行竞争。因为农产品批发市场上供求集中，是信息中心，能给农户提供公开、完整、真实和及时的信息，能大量节省农户的信息搜寻成本。但是，由于现阶段我国农业标准的制定还不完善，在农产品市场上，生产者、加工企业和消费者之间存在严重的信息不对称，信息偏在于生产者和加工企业，导致农产品批发市场上农产品质量普遍偏低。因此，需要借助此理论来改变信息不对称和市场失灵状况，提高农产品品质。

3．交易费用理论

科斯将交易费用解释为运用价格机制的成本，它包括两个主要内容：发现相对价格，获得精确的市场信息的成本；在市场交易中，交易人之间谈判、订约履行合同的成本。威廉姆森将交易费用分为事前的交易成本和事后的交易成本。由于事前的交易成本对未来产生不确定性的影响，因此，需要事先规定双方的权利、义务、责任。这种事前的谈判行为所花费的成本称为事前交易成本。事后的交易成本是交易发生之后的成本，包括由于交易协约安排或调整不当花费的成本，实施和监督协约而发生的成本。农产品批发市场产生和发展的深层次原因是批发市场能降低交易费用。农产品市场流通中，由于农民的组织化程度较低、竞争秩序混乱，流通中的交易费用较高，表现为交易中经常出现违约、欺诈、债务拖欠现象，农产品的生产者和购买者为交易而用于搜寻信息、资信调查、谈判、签订合同、承担风险的费用大幅上升。而在现阶段经济一体化趋势下，国际竞争加剧，而竞争必然要求企业降低费用，这种尖锐的矛盾导致了批发市场的产生。因为批发市场信息集中，购买者在批发市场渐渐减少信息搜寻成本，批发市场便能以最便捷、最迅速的流通方式沟通生产者与消费者，减少交易的环节，降低交易风险，节约交易费用。减少流通环节、降低交易风险、节约交易费用是市场经济条件下农产品流通对农产品批发市场的要求，也决定了其是否能够生存与发展。

4．市场价格形成理论

价格是直接表明单位商品交换价值的实际货币量。市场价格的形成理论主要说明市场价格的形成基础及其形成的制约因素，具体包括：

（1）市场价格的形成存在着特殊与一般两种情况。市场价格形成的一般情况，是指在社会主义市场经济条件下市场价格以价值的转化形态——生产价格为其形成基础。市场经济条件下，价格形成的特殊情况则包括两个方面的内涵：一是指在市场经济下绝大多数产品的价格是在市场交易中形成的，但还有一部分商品的价格不是在市场交换中形成，而是由政府制定；二是指在市场经济中绝大多数商品价格的形成基础的价值的转化形态，但还有一部分商品的价格是以价值为形成基础，有的商品由于其本身并不具有价值，因而其价格形成既不是以价值也不是以生产价格作为形成的基础。

（2）在社会主义市场经济中，价格形成的主体根据价格形成的方式不同而分为商品的生产者和政府两个部分，前者是价格形成主体的主要组成部分，而后者则既是一部分商品价格形成的主体，又在市场经济中担任价格管理者的角色。

（3）在市场经济体制下，政府定价时，既要考虑价值规律的客观要求和市场供求状况，同时，对政府的价格行为也要根据市场经济运行的要求用法律法规进行必要的规范和约束。现阶段，我国农产品批发市场定价主体应是作为农产品生产者的农民，合作经济组织与龙头企业，以及作为农产品消费者的中间商、批发商与居民消费者。但是，由于农民组织化程度较低，中间商与农民在场外直接进行交易，从而导致农民没有成为农产品批发市场上的定价主体，批发市场价格由中间商决定，政府的价格行为存在不规范的地方。这些问题都需要用价格形成的理论解决。

（四）农产品批发市场转型升级研究现状

随着我国农产品批发市场建设的兴起和发展，自 20 世纪 80 年代开始，国内学者从不同层面对农产品批发市场进行了深入研究。近年来，围绕农产品批发市场的转型升级，学者们主要从转型升级的必要性、路径、方法以及措施等方面进行了专题研究，主要包括以下几个方面：

（1）农产品批发市场转型升级的必要性以及对策建议。马龙龙（2014）认为，我国农产品批发市场的发展速度放缓、疲态渐显，但转型与升级的步伐却迟迟没有推进，这其中有两个重要原因：一是目前我国农产品批发市场的主体定位存在问题，只有解决主体问题，才能顺利完成转型与升级；二是农产品批发市场的准公益性问题，由企业型经营向准公益性转变也是农产品批发市场转型与升级的重要前提。进而，他提出农产品批发市场的主体必须组织化、规模化，只有具有一定实力的大机构进入批发市场，承担买卖角色，首先实现批发市场主体的升级，才能支撑整个批发市场的转型与升级。[140] 依绍华（2014）在实地调研的基础上，对我国农产品批发市场现状进行了分析，指出其当前面临的主要问题有缺乏统一规划，农产品质量安全检测负担较重，以及农产品缺乏生产品牌和标准分级等；进而提出政府应科学规划布局，完善公益性农产品批发市场建设与管理，公平对待不同属性的批发市场，强化农产品流通安全中的政府介入，推进农产品品牌化和标准化发展，提高信息化水平，构建信息反馈机制等对策建议。[141] 余娟等（2016）基于模糊理论、灰色系统理论和改进逼近理想解法（RTOPSIS），提出了农产品批发市场升级改造评估决策方法。该方法以三角模糊语言评判等级为基础进一步考虑专家评价思维跨等级的情况，引入改进TOP-SIS的群决策思想，将距离与灰色关联度相结合构造相对贴近度，对已有批发市场及待投建批发市场进行评估，通过实例验证所提出的方法，信息捕捉能力强，具有比较好的适用性。[142]

（2）农产品批发市场转型升级的实例研究。张红程、王双进（2015）分析了河北农产品批发市场发展建设中存在的基础设施落后、物流功能缺失、检验检测落后、信息网络建设滞后等问题，进而提出进一步加大河北省农产品批发市场升级改造力度，加快完善信息系统、追溯系统、检验检测系统、冷链系统等对策建议。[143] 温卫娟、唐秀丽（2015）分析了北京市农产品批发市场的发展现状，指出其存在的问题，并对北京农产品批发市场升级改造的必要性进行了论述，最后有针对性地提出了升级改造的措施，包括：促进商物分离，建立卫星市场；加快设施升级改造，优化内部布局；改变单一的经营模式，提升管理服务水平；规范交易方式，提升利润；进行规模化发展和品牌建设等。[144] 杨军（2016）以广州市为例，在分析农产品批发市场发展现状和存在问题的基础上，提出农产品批发市场转型升级的目标，包括突出农产品批发市场的公益性、提高农产品批发市场的信息化程度、稳定农产品批发市场的产品价格。为实现这些目标，需在硬件设施、信息化平台、交易方式、交易主体、市场管理制度等方面加强建设，促进农产品批发市场转型升级。[145] 姜秀永（2017）对徐州农副产品批发市场中心进行深入调查分析，对当前市场的发展困境及趋势进行梳理，浅析传统批发市场的发展路径，以及传统批发市场该如何迎接挑战抓住发展的机遇。[146]

（3）电子商务环境下农产品批发市场转型升级研究。周逸嫚（2015）通过分析农产品批发市场的存在基础及已成熟的电子商务交易模型的利弊，结合农产品行业的交易特性，重塑农产品批发市场定位，为传统农产品自身构建一个以网络技术为核心，融合信息流、资金流、物流的农产品流通商业模式，打破农产品流通行业的发展瓶颈，平衡农产品供需矛盾，带动全产业高效发展，使之成为未来农业产业发展的新趋势。[147] 毛艳琼、邢玉凤（2015）提出了构建农产品流通的电子商务平台的思路，并针对当前实施农产品电子商务平台可能会出现的问题，提出了一些改进措施。[148] 踪锋（2018）分析了电商平台不能取代传统批发市场的原因，研究了美国和日本的农产品批发市场与流通模式，分别从改变传统批发市场属性、发展互联网业务、强化源头的初级产品质量管理、发展 O2O 模式等方面对我国农产品批发市场升级提出相关建议。[149]

（4）公益性视角下农产品批发市场转型升级研究。梁键（2013）认为批发市场的公益性功能与其以社会资本为主的营利性经营模式之间的冲突是导致批发市场功能缺失的根源所在，提出加强公益性建设是未来批发市场发展的方向，而通过政府支持农产品批发市场适当发展衍生产业，以弥补主营业务营利性低的不足，是实现我国农产品批发市场公益性功能的一条重要途径。[150] 李志博等（2014）提出应充分认识建设公益性农产品批发市场的必然性，深入分析我国农产品批发市场公益性缺失的原因，并在此基础之上寻找农产品批发市场公益性实现的有效路径。[151] 张闯等（2015）以北京新发地农产品批发市场为例，对北京市政府围绕农产品批发市场公益性目标的实现所制定的一系列制度安排进行了深入研究，发现相对于直接介入农产品批发市场的建设与运行而言，政府可以市场机制为基础，通过与企业的合约及相关制度安排实现农产品批发市场的公益性目标；在农产品批发市场处于较为充分、有序的竞争环境中时，企业化农产品批发市场的营利性目标与政府倡导的公益性目标之间并非水火不容，企业为追求利润而做出的一系列经营决策甚至有利于公益性目标的实现。[152] 纪良纲、米新丽（2016）在分析农产品批发市场公益性建设必然性的基础上，探析公益性建设中存在的问题，最后寻找农产品批发市场公益性实现的有效路径。[153] 李志博、米新丽（2017）从农产品批发市场角度经济分析公益性职能发挥条件、农产品批发市场向公益性市场转变的条件，认为农产品批发市场不履行公益性职能的收益和不被发现的概率越大，逐利行为越明显；风险积累系数越小，越会持续地逃避公益性职责。他们通过建立模型着重分析了批发市场转向公益性批发市场时，折现率、收益、成本以及惩罚大小对转型的影响。[154] 刘川锋等（2018）针对我国传统农产品流通模式的困境，围绕国家先后提出的“公益性农产品批发市场”“互联网 +”以及“供给侧结构性改革”等概念，提出从根本上解决农产品流通环节过多、质量安全等问题的新模式——构建公益性农产品电子商务批发市场的观点，并对公益性农产品电子商务批发市场的特征、流通模式、定位和市场运营等核心内容进行阐述和分析，提出建立公益性农产品电子商务批发市场的相关建议。[155]

二、农产品批发市场转型升级的必要性

（一）农产品批发市场发展现状及特点

自 20 世纪 80 年代以来，伴随商品经济的发展和农产品流通体制改革的不断深入，我国农产品批发市场逐步发展壮大起来，至今已成为农产品市场体系

的重要组成部分。据《中国农产品批发市场发展研究报告（2014）》：截至2013年年底，全国共有农产品批发市场4 469家，过去10年间市场数量稳定在4 100~4 500家左右，其中年交易额亿元以上的有1 790家；批发市场年成交总额约37 000亿元，年成交量约7.8亿吨；市场总摊位数约246万个，其中固定摊位约171万个，非固定摊位约75万个；总交易面积约15 200万平方米，其中交易厅棚面积约9 600万平方米，露天交易面积约5 600万平方米；经销商约214万个，涉及从业人员约646万人。另外据商务部网站消息：2014年以来，商务部会同有关部门积极推动公益性农产品市场体系建设。截至2017年年初，全国累计建设了253个公益性农产品批发市场和5 291个零售市场，初步形成了覆盖全国主要大中城市的公益性农产品市场体系①。从整体来看，我国农产品批发市场呈现以下基本特点：

（1）农产品批发市场数量不断增加，条件逐步改善，市场覆盖面不断扩大。全国农产品批发市场已基本形成覆盖全国，业态多样，品种齐全，产地、销地、集散地市场并举的市场网络体系。综合市场、果蔬市场、水产品市场、肉禽蛋市场等均得到不同程度的发展，并且结构越来越趋于合理。农产品批发市场网点覆盖全国所有省（区、市），形成了东、中、西部地区并行发展且地区之间交易频繁的局面。中国东部地区农产品批发市场较之中西部地区具有数量多、规模大的特点。东部地区人口密度大，农业和交通运输业基础好，商品经济较为发达地区的农产品批发市场数量占全国总数量的43.6%，最大经营面积为121万平方米。全国城市农贸中心联合会2013年公布的百强市场中，名列前五的分别为广东（13家）、北京（12家）、江苏（9家）、山东（8家）、辽宁（7家），均分布在中国东部及沿海地区；中部地区农产品批发市场数量占全国总数的30.3%，素有“中国农产品和食品工业重要生产基地”之称的河南以拥有6家百

① http://news.chinabaogao.com/chyjj/201702/02102D4G2017.html。

强市场的实力位居第六；西部地区占比26.1%，作为西部综合交通枢纽与经济发展高地的四川省有4家市场进入百强。

（2）农产品批发市场结构日渐优化，龙头批发市场的辐射带动作用日益凸显。2013年亿元以上综合市场有689个，年成交额8 077亿元；综合市场占比由2000年的72%下降到2013年的40.3%。2013年亿元以上专业市场有1 101个，占61.5%；年成交额16 608亿元，年交易总额占67.3%。专业批发市场数量14年间增长2.16倍，肉禽蛋、水产品、蔬菜市场个数增长较快，占农产品批发市场的比重由28%迅速上升到59.7%。近年来，中央和地方政府开始重视产地市场建设。在农业部的支持下，通过省部共建模式，已先后启动陕西洛川苹果、浙江舟山水产、甘肃定西马铃薯、江西赣南脐橙、黑龙江牡丹江木耳、湖北荆州淡水产品、云南斗南花卉、陕西眉县猕猴桃、重庆（荣昌）生猪、河南信阳茶叶、辽宁大连水产市场等国家级农产品专业市场。其中部分市场已经建成并投入使用，在一定程度上优化了批发市场的结构。《农业部关于切实做好2014年农业农村经济工作的意见》强调进一步推进农产品产地市场体系建设，要求制定实施《全国农产品产地市场发展纲要》，构建国家级、区域性和农村田头市场相互补充、相互衔接的现代农产品产地市场体系，减少农产品流通损失，提高产地市场集散和辐射带动能力。

（3）市场主体呈现多元化趋势，市场服务进一步加强。近年来，包括房地产商、上市公司、外资以及其他非农资本在内的各类资本开始进入农产品批发市场建设领域。同时，由于我国农产品批发市场投资主体鼓励多元化，实施的是“谁投资，谁受益”的企业化运作模式，国际资本也开始涉足农产品批发市场领域。据不完全统计，目前我国外资控股、参股的农产品批发市场有近20家。尽管目前外资进入农产品批发商业还受到各方面限制，控股参股的市场数量还不是很多，但是外资扩张的趋势比较明显。此外，农产品经纪人队伍不断壮大，在流通中更加活跃。在当前中国以批发市场为枢纽的农产品流通体系中，最重要的经营主体就是高度依赖于批发市场的农产品专业经纪人。通过以地缘、亲缘、业缘为基础的关系网络和互联网平台，土生土长、根植于农村的农产品经纪人及其非正式合作组织，实际上已经成为中国很多地区鲜活农产品流通的中坚和主体。

（二）农产品批发市场转型升级的意义

目前，农产品批发市场在农产品交易集散、价格形成、信息集成和质量监督等方面发挥了重要作用，对提高我国农产品流通的有效性，促进农业供给侧结构性改革，提升农产品市场竞争力，推进一、二、三产业融合发展以及保障农产品质量等方面具有重要的意义和价值。

（1）发展农产品批发市场是推进我国实施乡村振兴战略的必然要求。农产品批发市场集聚千家万户农民生产的产品，将这些产品扩散到农贸市场、超市和其他零售网点，方便城镇居民消费，实现产品向商品转换，是农产品流通的核心环节之一。在现代市场经济条件下，加强农产品批发市场网络建设，可以帮助农民把农产品及时卖出去，实现增产增收；可以指导广大农民准确、及时地了解、把握市场流通信息，根据国内国际市场需求变化适时调整农业产业结构，从而赢得市场，取得更好的收益回报；可以保证城乡居民及时购买到所需农产品，以不断满足城乡居民对安全、优质农产品的消费需求，保障有效供给；可以吸收农村劳动力就业，扩大农民在农产品储藏、保险、加工、运销等行业的就业率，通过延长产业链、提高附加值实现农民增收。因此，必须从落实统筹城乡发展方略、为社会主义新农村建设提供重要基础性保障的角度，切实加强农产品批发市场网络建设。

（2）发展农产品批发市场是推动农业供给侧结构性改革的重要内容。农产品批发市场是农民了解农产品需求、价格、质量等因素变化的主要场地，可引导农业生产要素向资源优势地区集中，优化农业生产结构。搞活农产品流通、强化农产品质量安全管理、推进农业科技进步、分析预测农业形势从而指导农业结构调整是发展现代农业的重要内容。农产品批发市场是农产品跨区域大流通的源头，政府借此可以更好地控制上市流通农产品的质量，提高质量监管水平；可以搞活农产品流通，扩大市场销路；可以及时掌握市场动态，预测市场前景，正确指导农民调整优化生产结构；可以广泛传播先进实用的农业新技术、新品种，推进农业科技进步。因此，必须加快推进现代农业发展，加强农产品批发市场网络建设。

(3) 发展农产品批发市场是促进一、二、三产业融合发展的要求。促进农村一、二、三产业融合发展，是新时代做好“三农”工作的重要任务，不仅事关农村产业发展和农民增收，而且会在更深层次上对整个国民经济发展中的要素流动、产业集聚、市场形态乃至城乡格局产生积极影响，为经济社会健康发展注入新动能。农产品批发市场的发展繁荣了周边的农村经济和社会文化生活，不仅容纳了大量的就业，而且还带动加工、包装、电讯、农资供应、技术服务等相关产业也随之跟进并兴旺起来，促进了农村小城镇建设。

(4) 发展农产品批发市场体现了社会公益性的价值。美、日、韩等国均把农产品批发市场作为公益性事业来举办，通过对公益性批发市场的开设和管理，实现降低流通成本、抵制价格上涨和保证食品安全的政策目标。以日本为例，日本的《批发市场法》对批发市场的规划、开设、监管及财政支持均有详细规定。从市场的投资建设到市场管理，政府部门发挥着绝对主导作用。在市场的场地和设施的收费上，也充分体现了不以营利为目的的公益性。收取的费用仅占营业额很小的比例，用以弥补市场管理费用开支。市场的交易制度，如拍卖、禁止歧视性交易的原则及无正当理由不得拒绝委托、公告预定批发数量及价格信息等原则，很好地保护了生产者的利益，形成了相对公开、公平的价格。

（三）农产品批发市场转型升级的困境

经过近40年的发展，农产品批发市场虽然已经是我国农产品流通体系中的核心主体，但是仍然存在着一系列问题制约着市场的转型升级，具体表现为以下几个方面：

（1）法律保障体系建设相对滞后。我国农产品批发市场的兴起、发展已走过40年的历程，但至今仍没有一部国家统一的法律进行规范制约，行业的规范发展缺乏法律保障，市场交易行为缺乏监管和法律约束，农产品批发市场行业缺乏可长期依据、可有效指导其发展的制度基础。

（2）供需双侧矛盾日益凸显。一方面，由于农产品流通体系还不够完整畅通，加上冷链物流建设不够，农产品流通水平较低，信息化建设比较滞后，主要业务随机性比重过高，订单化、合同化、集约化水平较低，物流成本较高，压缩了利润空间，导致竞争能力不强，农产品流通网络不够畅通。另一方面，农业结构性矛盾越来越突出，保障和满足有效供给的难度大。随着工业化、城镇化的快速推进和城乡居民生活水平不断提高，农产品需求结构日趋多元性，消费档次升级。农业生产结构、品种结构调整滞后，安全优质农产品调入和进口的依存度居高不下，亟待推进农业供给侧结构性改革，适应市场需求的变化，提高农产品供给的质量和效率。

（3）市场流通效率有待提高。我国三次产业融合的程度低、层次浅，农业产业链条不完善。农业生产仍以千家万户分散经营为主，生产专业化、服务社会化、经营一体化程度较低，难以形成适度规模经营效益。农产品加工业整体水平偏低，精深加工少，产品附加值低。农产品流通业态尚未有效形成，休闲农业的档次较低。迫切需要加快农业转型升级步伐，延伸农业产业链，提高农业发展的质量和效益。

（4）基础设施建设有待加强。物流一直以来都是我国农产品批发市场的短板，尤其是生鲜农产品物流的冷链短板，造成生鲜农产品的损耗率极高，农产品便宜又优质地走进城市十分困难。尽管近年来全国生鲜电商迅猛发展，但整个生鲜农产品流通 90% 还是通过批发市场，而后者的冷链处理水平制约了生鲜农产品进入市场。我国综合冷链流通率是 20% 左右，而美国、日本则分别达到了 90% 和 98%。我国物流损腐率达 10%，国际水平则在 5%。由于第三方物流在“最后一公里”服务不够好，时效也不好控制，所以多个生鲜电商平台自建冷链物流，导致冷链市场重复建设严重。冷链市场生态的恶化使生鲜电商盈利仅为 1% 左右。

（5）准入退出机制尚未建立。由于缺少农产品批发市场的准入机制，一些批发市场利用当地政府的招商引资，低成本获取土地，为快速收回投资，不少新建市场变相搞房地产，偏离主业。此外，市场的盲目、重复建设使优质批发商成为稀缺资源，由于缺少退出机制，出现了一些新建市场打恶性竞争的擦边球，花巨资或采取不正当手段从其他批发市场拉拢经销商的现象，严重扰乱了市场秩序，不仅给竞争双方造成较大的经济损失，而且对农产品的稳定供应产生不利影响，波及上下游农产品经销商、消费者、生产者等多个环节。此外，临时批发商的流动性大，不利于政府、市场进行监管，食品安全隐患大、难以追溯等问题，也亟须通过建立准入退出机制加以解决。

（6）从业者素质参差不齐。全国城市农贸中心联合会对全国农产品批发市场人力资源状况的调查显示：副总经理级以上的管理者普遍学历偏低，专科以下学历者比例高达 80%；批发商 99% 是农民出身，高中以下文化程度的居多。另外，人才短缺、缺少职业资格准入和强制性上岗培训，成为制约行业发展的瓶颈。农产品批发市场从业人员中，严重缺少市场规划、食品安全管理、电子商务运营、冷库管理等方面的人才。专业批发市场在培育市场自己的大型批发商等方面也亟待改善。从业者专业素质较低，对提升市场的专业性、打造市场的专业品牌、占据本地区的市场份额等产生了严重制约，亟待加强教育培训。[①]

三、农产品批发市场转型升级的模式及内容

(一) 农产品批发市场转型升级模式选择

农产品批发市场的升级改造要符合新时代下我国农产品流通体系创新和改革的方向以及要求。首先，批发市场在农产品流通中的地位和作用是决定市场未来发展方向的根本因素。农产品批发市场仍将在我国长期存在，而且依然为我国农产品流通的主渠道之一，承担着我国农产品分销、物流、配送等主要功能，而且随着资源的集约化和市场的网络化，农产品批发市场将会进一步延伸出会展、金融、策划、包装等多种服务性功能。其次，批发市场的基础设施和经营管理水平是市场升级改造的现实基础。基础设施是否完善和先进直接影响市场交易行为，决定市场所采取的交易方式、结算方式、信息传递和农产品安全水平；规章制度是否健全、市场管理是否有序反映了市场软件水平的高低。这些决定了市场升级改造的目标模式和重点内容。最后，政府的政策对农产品批发市场的转型升级目标具有宏观导向作用。农产品批发市场是具有一定社会公益性的行业，需要政府提供支持。如果政府采取的政策措施对批发市场的发展有利，则升级改造的目标就容易实现。由于各地经济水平和农产品批发市场发展水平的参差不齐，再加上我国农产品批发市场各自的角色和地位不同，从功能实现的角度上，我国农产品批发市场升级改造的目标模式可以有以下三种选择。[156]

1. 农产品批发综合体

农产品批发综合体就是指农产品批发市场作为大批量农产品集中交易的有形市场，通过协商、代理、拍卖等交易方式，实现农产品大量、快速成交，形成公开、合理的价格，并通过对市场交易信息、供求信息、价格信息等数据

① http://www.sohu.com/a/202021098_796374。

的收集、整理和发布，成为指导生产和调控市场的信息中心。农产品批发综合体至少应具有下列基本特征：全面实行批发交易，零售交易逐步退出市场，经由批发市场流通的农产品占当地流通的份额大；交易方式不只限于对手交易，交易方式和手段多样化；实行统一电子结算，现金结算逐渐退出市场；拥有先进的信息收集、处理和管理系统；具有先进的检验检测设备，能够确保入场交易农产品的质量安全。农产品批发综合体相对于现有的批发市场而言，从基本功能来看并无两样，但它具有更齐全的流通设施、更合理的交易流程和更强大的信息功能，这些都要通过对现有市场的升级改造才能实现。可以说农产品批发综合体是现有农产品批发市场发展的必然选择，将成为我国现阶段大多数产地批发市场升级改造的发展方向。

2. 农产品商贸物流中心

农产品商贸物流中心是指农产品批发市场由集中现货交易场所转变为以农产品物流配送为主营业务的物流企业，从而实现批发市场农产品流通模式的转型。在现代市场经济条件下，批发市场与现代物流进行有效整合是其生存和发展的需要。现代物流运用系统的理念，优化运输、仓储、包装、配送等环节的资源配置，从而达到降低成本、提高效益的目的。配送中心是集采购、储存、分拣、配送、运输于一身，集商流、物流、信息流为一体的多功能新型批发业态。批发市场可以利用现有的仓储、运输等物流设备和条件，根据市场容量和零售业态的发展变化，有计划、有步骤地将其改造成信息化程度较高的物流配送中心，为零售企业提供高效率、少批量、多品种、定时的商品配送服务，其业务经营范围可以包括自营配送（对自有网点的配送）、社会配送（对超市、便利店、餐饮企业、机关团体单位等的配送）以及第三方物流服务（满足国内外企业物流外包的需求）。作为商贸物流中心的农产品批发市场将实现商流与物流的分离，从而改变以往批发市场人车嘈杂、拥挤无序的交易状态，将以明确合理的功能分区和高效快捷的物流作业程序实现农产品快速分销。另外，农产品批发市场升级改造为农产品商贸物流中心，将一改以往摊位制的经营模式，更有利于批发市场企业通过收购、兼并、重组等资本运营手段，优化资源配置，实现规模化经营，形成以大型批发集团为核心的物流供应链，增强批发市场整体竞争力。从我国农产品市场结构看，大规模农产品批发市场的建立，局部实现了农产品不同地域及不同季节的调剂和互补，但还停留在初始原材料性农产品的集散和销售上，由于常温状态下的初级农产品保鲜困难，损耗量大。反之，又给季节性和区域性调配带来无效物流和诸多不便。因此，能满足农产品大流通需求的现代化大型农产品物流配送中心将成为目前许多销地批发市场升级改造的目标。

3. 线上农产品批发市场

线上农产品批发市场是通过引进预约交易和网络交易系统，将农产品批发市场转变为半虚拟乃至完全虚拟化的一个交易平台和中心，实现由有形市场向无形市场的升级。现有农产品批发市场的交易都是现货交易。现货交易实行即期交割，不利于农产品价格的稳定。线上农产品批发市场通过实行远期合同交易和远程交易，改变目前农产品批发市场以即期现货交易为主的局面，成为现货和期货交易并存的批发市场。通过在批发市场中全面推广应用信息技术，可以突破市场交易的时空限制，扩大农产品批发市场的活动区域，形成无形的大市场。发展远期合同交易和远程交易，还可以使农产品批发市场的价格成为大宗交易的价格和众多买卖者之间竞争出来的价格，从而能够形成较为合理的价格信号。当然，线上农产品批发市场的完全实现，还需要农业产业化的深入发展、农业标准化的推广和市场信用保障体系的建立等环境条件的具备，是我国农产品批发市场迈向现代化的一个更高的目标。

上述三种农产品批发市场升级改造的目标相互之间不是孤立的，实际上，农产品批发综合体也可能开展物流配送活动，线上农产品批发市场也必须要有物流配送体系的支撑。我们将其划分为三种目标模式，主要依据的是它们的经营模式或主导业务的不同，实际上，农产品批发市场转型升级后有可能具备多种目标模式的特征。

(二) 农产品批发市场转型升级的关键内容

目前，我国农产品批发市场转型升级应着重把握以下两个方面：一是硬件设施的升级；二是软件条件的升级。硬件设施是农产品批发市场转型升级的基础，是必要的物质条件；而软件条件的改进则是农产品批发市场转型升级的关键，二者相辅相成、相互影响。硬件设施的提高有助于批发市场从传统的经营管理方式向现代方式转变，软件条件的提升又有利于最大限度地发挥硬件设施的效用。[157] 因此，农产品批发市场转型升级应该围绕上述两个方面具体展开：

1. 市场硬件设施的升级改造

(1) 农产品批发市场的功能分区。功能分区是农产品批发市场规划设计的重要内容之一，也是农产品批发市场有效运行管理的基础。科学合理的功能分区和规划布局，依照设施的不同功能加以综合集成，形成批发市场内不同的功能分区，实现人流、车流和物流的有序流动，可以大大提高农产品批发市场的经营效率，减少由于交易秩序混乱、卫生环境脏乱、功能设置错乱等问题而导致的市场交易的低效率。因此，对批发市场的硬件设施进行升级改造时，首先要对农产品批发市场进行科学、合理的功能划分，并根据市场的地理条件、周边环境、原有布局、设施属性等来确定功能区的整体分布。从农产品经营的需求出发，一般来说，农产品批发市场应至少划分为以下几个各具特色的功能区：

① 交易区，主要为农产品买卖双方提供交易场地。这是市场最基本的功能区域。交易区应按不同的农产品种类、交易方式和交易属性再进行细分，如可依照经营品种的不同划分为蔬菜区、鲜果品区、肉类区、水产品区、调味品区等，在这些不同的产品分区内又可依照一次商品交易量的多少将批发交易区

和零售区分开。

② 管理区，就是市场日常工作机构和交易管理机构集中办公的区域。这是市场的核心区，关系着整个市场的运转。该区域承担的功能主要有市场管理、市场监控、商品检测、结算处理、信息处理等。

③ 物流配送区。农产品批发市场升级改造应重点拓展和建设的功能分区就是物流配送区。该分区主要集成的功能有农产品储存、冷藏、加工、包装、配送等。

④ 综合服务区，是为市场活动和交易主体提供商务办公以及生活服务的功能区。

(2) 硬件设施的升级改造。硬件设施既是一个农产品批发市场的承载能力的体现，也是一个农产品批发市场的品牌形象和市场定位的展示。从国内外农产品批发市场建设的经验来看，市场的硬件设施升级改造主要有以下几个方面：

① 场地设施升级改造。具体内容包括：

其一，地面硬化。批发市场是人流、物流高度集中的地方，每天都有大量交易商和运输农产品的载重车辆进出，地面硬化是最基本的要求。否则，既直接影响物流和交易效率，也不便于场内垃圾处理。地面硬化基本的要求包括：平整场地，压实路基，铺设水泥路面或沥青路面。

其二，水电系统改造。交易市场内的照明、农产品冷藏保鲜、分选机械、信息系统、安全监控系统、生活服务设施等均需要稳定的电源。因此，建设好配电系统，保证充足、稳定的电力供应，是市场交易所必需的。水电系统改造的内容包括：建立能够满足市场中长期发展需要的配电系统、场内电缆综合布线、场内公共照明系统。交易场内农产品清洗、活畜禽喂养、鱼虾存养、人员清洁卫生、生活服务、消防等需要充足的水源，下雨时还需要完善的排水系统。因此，市场必须根据交易产品的实际需要建立完整的上下水系统。其建设内容应包括：水管线路铺设、下水通道建设、消防水龙安装、抽水设备等。

其三，交易棚（厅）改扩建。交易棚（厅）的功能是为入场交易人员和待交易产品提供遮阳挡雨的保护。除此之外，在北方地区它还有保暖、防风的功能，是冬季交易所必需的。交易棚（厅）改扩建的内容包括：

①交易棚（厅）地基适当加高，钢架大棚搭建加固，交易厅土建工程等。

②检验检测设施升级改造。市场内应配备与经营品种、数量相适应的检测设施和设备。综合性市场应配备的设施主要有以下三大类：快速检测蔬菜、水果有机磷类和氨基甲酸酯类农药残留含量的检测仪器，快速检测肉类产品中水分含量及微生物含量的检测仪器，以及快速检测水产品甲醛含量的检测仪器。作为规范化的措施，农产品批发市场应建立专门的检测实验室。实验室应符合国家或当地的建设标准，确保能快速展开检测，并保证检测结果的准确性。随着国家对农产品卫生指标要求的提高和市场准入制度的加强，检验检测设施也要做相应的改进，以保证上市农产品的安全。

③物流设施升级改造。农产品批发市场物流设施是涉及农产品储存、冷藏、加工、分等分级、包装、配送等一系列环节的设施。物流设施的升级改造有利于提高物流效率，减少物流损失，促进农产品增值。现阶段的农产品常温物流使农产品损失巨大，因此要根据不同农产品的生理特征，加强相应的冷藏设施的升级改造：蔬菜水果储藏应配备高温保鲜冷库（依通行标准，库容应不小于年交易量的0.5%）；肉类水产品应配备低温冷库（依通行标准，库容应不小于年交易量的1%）。此外，冷库食品的运输还应配备冷藏车，实现农产品的冷链流通。农产品进行统一的质量分级，实行包装上市，是提高农产品竞争力、适应消费需求变化趋势的重要手段。作为农产品重要集散地，批发市场应根据交易产品的特点配备相应的农产品加工、分级、包装设施，主要内容包括：分选场建设、产品清洗设施、人工分选操作台、自动分选机、水果打蜡设施、包装设施等。

④信息系统升级改造，主要包括市场信息收集发布系统和市场管理信息化

系统的升级改造。市场是发现和形成价格，传递信息的重要场所。批发市场产生的价格与供求信息，对引导流通和生产具有重要作用，因此市场要建立市场信息收集发布系统，主要内容包括市场的信息网站、信息采集处理设备、信息发布与查询设备。适应农产品交易效率提高和市场秩序规范管理的需要，批发市场要强化管理手段，大力推进管理信息化，不断提高管理水平。市场管理信息化系统建设的主要内容包括：电子统一结算系统，市场交易安全电视监控系统，交易客户信息管理系统，市场物业、财务与人事管理系统等。

⑤其他辅助设施升级改造。市场是一个小社会，有很多必需的管理与服务工作，如治安管理、工商管理、卫生管理、物业管理、水电服务、银行服务、通讯服务、生活服务等，这些都需要相应的办公或服务场所。因此，市场一般应集中建设综合服务楼，供市场各管理、服务部门开展工作所用。完善卫生保洁辅助设施，包括市场内的公共卫生设施、消毒设施、防治动物疫病传播用的消毒隔离设施以及垃圾处理设施等。

批发市场的硬件设施从其使用性质上来讲，可以分为公益性和经营性两大类。检验检测设备、垃圾处理设施、某些信息设备等都是典型的公益性设施。公益性设施虽不能为企业带来直接的经济效益，但在保障农产品安全、提供信息资源、减少环境污染等方面有非常突出的社会效益和生态效益，具有很强的外部性。经营性设施如交易大棚、冷藏保鲜设施、物流配送设施等虽有助于拓展企业的盈利空间，但往往投入巨大，投资回收期较长，多年来发展一直较为缓慢。而从市场未来发展的趋势看，为提高市场的经营水平、适应农产品流通变化的要求，必须在批发市场中加快发展各类经营设施。

2. 市场运行模式的升级改造

现代企业制度是指符合现代化的社会化大生产的要求，适应市场经济体制需要，体现企业成为独立法人实体和市场竞争主体的要求而确立的制度规范。现代企业制度的特征是由现代企业的特征决定的。从财产关系看，它具有产权明晰、法人财产、有限责任等特征；从组织管理制度看，它具有两权分离、相互制衡、激励和约束兼容等特征；从企业行为看，它具有目标明确、分配规范、管理科学等特征。现代企业制度的基本内容包括企业法人制度、企业责任制度、组织领导制度、内部管理制度等。

目前，我国农产品批发市场的投资主体并没有明确的限定，既有政府部门投资兴建的，也有乡村集体投资兴建的；既有企业独资兴建的，也有企业合股兴建的。在这些市场当中，由政府部门建设的市场，其内部制度是依靠政府而非市场建立的，因此带有浓厚的行政色彩，致使其缺乏活力，市场功能难以真正地发挥出来；由乡村集体建设的市场，其内部制度是由交易主体在长期的交易活动中形成的，具有非正式性，对市场交易主体的约束力小，容易引致市场交易秩序混乱；而由企业投资兴建的市场，其一开始就是按照现代企业制度的要求创建的，在运行中依据的是市场规则而非政府意愿，因而能较好地适应市场的发展，充分发挥其功能。结合我国农产品批发市场的实际情况，市场运行模式可以进行以下方面的转型升级：

（1）公司制规范化运行。农产品批发市场的现代化经营管理机构应该按照市场建设出资人与经营者相分离的组织原则，可以采取董事会领导下的批发市场有限公司的形式进行经营，即董事会领导下的市场法人代表负责制，由市场投资商（包括政府投资者）组成批发市场董事会，市场有限公司对外是经营性主体，对市场内部是管理主体。健全企业法人治理结构，按照现代企业制度要求，转换经营机制，完善企业经营、用工、人事和收入分配等制度，调动企业职工的积极性。依法建立商品经营管理、财务管理、合同管理、人力资源管理、安全管理等企业内部管理制度，完善企业内部管理规范和标准。

（2）实施股份制改造。引进多元化投资主体。通过对现有批发市场的改组、改制，实现跨所有制、跨行业、跨地区的联合，并通过股份制形式来经营管理批发市场，以扩大市场规模，增强市场的竞争力和辐射力。市场还可以通过管理层、员工、经营大户持股的方式，进一步改善市场的资本结构，明确市场的法人治理结构。

3. 市场交易方式的升级改造

适应农产品现代流通方式变革的需求，还需对农产品批发市场的交易方式进行升级改造。农产品批发市场交易方式的形成，既是社会经济发展的结果，也是市场交易主体自主选择的结果。交易费用是选择交易方式的主导性因素。提高效率、降低费用是每个交易主体追求的目标，也是比较交易方式优劣的基本依据。因此，在改造农产品批发市场传统的交易方式时，我们要根据社会经济发展的特定阶段来加以合理设计，从而达到降低流通成本的目的。

不同的交易方式，其交易环节不同，交易中信息的发生和传递也不一样。一般而言，交易环节越少，流通费用就越低，流通效率也越高。但交易环节并不是选择交易方式的最主要因素。因为在特定条件下，通过适当增加交易环节并提高交易环节的透明度，可以有效地规范市场主体的行为，从而可以降低交易费用、提高效率。而提高交易效率的一个重要基点就是信息的对称性。因此，选择更优的交易方式，其中一条重要的评价标准就是要有利于提高交易双方信息的对称性和透明度。基于以上判断，着眼于农产品流通未来发展变化的趋势，农产品批发市场可以考虑将下列交易方式中的一种或数种作为市场今后重点引进和培育的对象：

(1) 拍卖交易。拍卖交易是指在公开的场合对农产品的所有权进行竞价转让的交易方式，具有价格信号灵敏、交易规模化、市场透明度高、中介环节少、竞争充分等特点。拍卖交易的优越性主要表现在：拍卖市场实行卖方委托交易制，商品数量、质量、规格等信息由市场集中掌握并统一报告，信息公开透明，机会均等，买方凭实力和技巧公开竞争。这样可以消除场内歧视性交易和贸易欺诈，使交易者不仅可以减少对商品质量、数量等信息的搜寻成本，省去反复谈判、讨价还价的时间，还可以实现产品的最大价值。拍卖机制下，农民并不以单个的农户或合作社出现，而是将商品委托给拍卖公司，由其统一组织拍卖，农民由传统市场上彼此独立的竞争者转化为具有共同利益的同盟者，对改善农民的市场地位非常有利。拍卖机制下，拍卖市场可以将当天的拍卖信息反馈到生产者和经营者手中，便于生产者根据拍卖信息调整自己的产品结构、生产规模和上市时间，可以发挥优化资源配置的作用。随着我国市场农业的深入发展，农产品区际流通将以一定的加速度发展。借鉴发达国家经验，在蔬菜、水果、花卉、肉类、水产品等鲜活农产品批发市场推行拍卖交易乃是大势所趋。

(2) 代理交易。代理交易是指农产品代理商在不发生商品所有权转移的前提下将农产品委托给批发市场销售的一种现代交易方式。交易活跃的批发市场上拥有大量的经纪人、代理商等中介组织。他们不参与商品所有权的转换，只负责产销双方的信息沟通、价格谈判、代购代销等业务。其收入来自成交双方的手续费，经纪人的中立地位有助于其保持公正立场。经纪人常年活跃于批发市场上，其所掌握的信息较买卖双方更丰富。采用代理交易方式可以减少买卖双方的信息搜寻次数，加大双方成交的可能性，更快更好地实现农产品价值，还可以通过经纪人将市场上的需求信息（表现为购买者的需求信息）迅速地传递给生产者，有助于其做出合理的生产决策，提高农产品的质量，以满足市场需求。

(3) 协约交易。协约交易就是在规范标准和诚信的基础上，通过合约、订单等形式实现双方成交的交易方式。这种交易方式如今已经发展成为西方经济发达国家农产品流通的主导形式，但在我国的农产品批发市场中应用得还不多。

(4) 网上电子交易。网上电子交易作为一种先进的交易方式，具有信息化、自动化、网络化、无时间和地域限制等特点，可以减少农产品流通环节，缩短流通链条。这不仅能降低农产品流通的运输保鲜成本和时间成本，也能节约交易中介的运营费用。另外，通过电子商务平台，生产者能直接、迅速、准确地了解市场需求，生产出适销、适量的农产品，避免因产品过剩而导致超额的运输、储藏、加工及损耗成本。再者，以电子商务中介代替传统中介能节约包括信息搜寻成本、摊位费、产品陈列费用、询价议价成本等在内的交易成本以及因信息不通畅而带来的风险成本。这不仅是对农产品传统交易方式的创新，也为跨地区交易提供了可能，为今后的农产品跨国采购和销售奠定了基础。我们可以传统的农产品批发市场为现实载体，去除中间商环节，构建新型的电子商务流通链，即生产者—电子批发市场—（网上）零售商—消费者，减少农产品流通环节，加速商品和信息的流动。

4．市场经营方式的升级改造

我国农产品批发市场长期以来一直沿袭着集贸市场的经营方式，通过为市场交易者提供场地（摊位）的方式来经营整个批发市场。这种经营模式简单易行，便于操作，对经营者的经营素质和管理能力要求都不高，与我国农产品批发市场低进入门槛的现实相吻合。但是，随着农产品流通环境的变化和农产品批发市场竞争的加剧，尤其是在农产品新兴流通业态异军突起和国外物流资本大举进入的形势下，这种以摊位制为特征的物业型经营模式已越发显现出它的滞后性，必须加以升级改造才能使其适应未来农产品流通的需要。改造的方向就是要使其从物业型的经营模式转到营销、服务型的经营模式。要实现这种转型，农产品批发市场的经营理念、经营手段、经营范围都需要加以改造提升：

（1）经营理念创新性。农产品批发市场过去以单纯的管理者角色自居，这种经营理念已明显地不合时宜，必须树立起既是管理者更是经营者的意识。对于市场而言，交易主体不仅是管理对象，也是不可缺少的经营伙伴。实现市场的繁荣，就要经营好市场主体这一宝贵的资源，不仅要对其进行管理，使其经营有序，更要从满足客户需求的角度出发，为其提供必要的服务，以优良的服务吸引客源，而不应该只通过低层次的恶性竞争手段来实现这一目的。对于竞争对手的判断，不是将目光仅仅放在同类市场上，而应该扩大视野，更加注重超市、连锁店、大卖场等其他流通主体对农产品批发市场构成的威胁。综合自身的情况，吸收对手的长处。精心打造自己的经营模式，培育其他业态难以复制的核心竞争力，形成批发市场的经营特色和经营优势。

（2）经营手段多样化。现有批发市场经营手段的缺乏也给批发市场转变经营模式带来一定的困难。面对网络经济、知识经济的要求，农产品批发市场的经营手段要力图实现信息化、人性化。信息化就是要引入先进的信息技术，对现有的经营手段进行改造，使交易流程更加便捷、透明，使信息更易于采集、处理和发布。批发市场是一个具有综合服务功能的市场实体，未来其服务经营所占的比例将越来越大，因此，只有提升经营手段的人性化程度才能更好地适应这种发展趋势。

（3）经营范围扩大化。农产品批发市场的经营模式是以经营业务为主要内容的。现有的经营业务大都集中在批发交易环节，局限于批发市场内部。要改变传统的经营模式，就要努力突破以往经营范围的限制，找准自己在农产品供应链中的位置，通过为供应链中各环节的市场主体提供更多更好的服务来获取更大的经济效益。农产品批发市场可以加大下列服务内容的开发力度：一是可以充分利用经过提升了的信息收集、加工、处理能力，为生产者、经销商和零售企业提供更多有价值的信息和农产品流通解决方案；二是批发市场可以充分利用现有条件，积极拓展物流服务项目，努力使自己成为集储藏、保管、加工、分拣、包装、配送、运输等功能于一体的物流服务商，不仅为生产者解决分销的后顾之忧，更为零售终端提供高效率的全程服务，满足其小批量、多品种、个性化、即时化的配送要求，帮助它们实现零库存。

5. 市场现代化的升级改造

为了更好地实现其信息指导的功能，在农产品批发市场的升级改造过程中，要以信息化为手段，以建设信息主导型的农产品批发市场和建立健全市场信息体系为目标，加强农产品批发市场信息资源的采集、开发和传播，以信息拉动农产品批发市场的发展，即需要用计算机网络将生产、流通、消费各个环节连接起来，向各经营主体提供真实有效的信息，减少市场运营过程中的不确定性和盲目性，并提高市场的技术实力和知识化程度，改变市场经营活动的传统模式，使农产品批发市场的各个环节从劳力资源密集型转向高科技和信息密集型。

（1）农产品批发市场信息系统的用户。农产品批发市场信息系统是将现代信息系统的基本功能同农产品销售系统的经济技术特征相结合的应用系统。农产品批发市场信息系统的建立要遵循信息系统开发的一般原理，同时还要反映和体现该系统外部环境和目标用户的需求以及系统内部要素运行的特点。总的来看，农产品批发市场信息系统的用户有三大类，包括农产品批发市场企业本身、从事农产品生产经营活动的生产经营者以及保障农产品批发市场有序运行的市场管理者。

（2）农产品批发市场信息系统的结构和功能。为满足上述三类用户的需求，农产品批发市场需构建微观和宏观两套信息系统：微观信息系统由批发市场自身建设，服务于企业本身和生产经营者；宏观信息系统由国家组织建设，服务于国家等管理部门和生产经营者。通过开发利用信息管理系统，不仅可以实现财务管理、资产管理、人员管理、办公自动化管理、营销管理等功能，还可以提供数据深度分析结果给管理层以供决策参考，从而可以加强批发市场的管理监督与控制，提高管理效率，降低运营成本，提高批发市场的信息化水平。

6. 市场承担功能的升级改造

一般来说，农产品批发市场具有商品集散、价格形成、信息中心、综合服务等基本功能，但是在相关基础条件具备的前提下，着眼于农产品批发市场未来的发展趋势，我们认为农产品批发市场应着重提升和创新下列市场功能：

（1）商品安全准入功能。商品的安全准入功能是指批发市场具有对入场农产品进行鉴别检验、能够阻止被污染的农产品进入市场的功能；也就是通过建立批发市场的安全准入制度，将被污染的、对人体健康有害的产品拒之于市场之外，从而达到遏制和最终消除污染农产品进入市场的目的。要有效地发挥市场安全准入功能，就要依靠市场管理者和广大的批发商（经销商）落实具体的措施。批发商是市场交易的主体，市场的兴衰与否，直接关系到他们的切身利益。但是目前批发商大多数是个体经营，组织化程度低，在配合市场管理部门落实监管措施方面有一定的难度。因此，要积极鼓励经验丰富、法制观念强、经营稳定的批发商申请注册公司，实行企业化经营，成为批发商的中坚力量，以逐步实现批发商的组织化、大型化和专业化。市场上有了一大批公司化的批发商就会大大方便市场的管理，充分发挥市场的安全准入功能，提高市场在商品安全方面的信誉度。

（2）标准化功能。目前批发市场对进场农产品的商品特性没有具体的要求，商品没有规格等级标准，每个产品包装的重量和数量都不一致，商品标准规格方面的混乱给消费者以质次价廉、表里不一、可信度差的印象。商品的外观形象与流通体系的发育程度有着密切的关系。发达国家在商品的分级分类上都有具体的规格标准，内容包括个体大小、等级、重量、包装容器、标签记载事项等，主要目的是方便交易、减少商品损失。适应现代流通业的发展潮流，要提高我国批发市场的现代化水平，就必须在进场商品的包装形象、商品等级规格化方面采取措施，鼓励和引导农产品向标准化方向发展。

（3）物流功能。农产品批发市场的物流功能是指农产品批发市场所具有的通过利用专业物流设施和及时有效的市场信息，合理规划农产品的物流过程，并在这一过程中实现农产品增值的一种功能。农产品物流是为了满足用户需求、实现农产品价值而进行的农产品物质实体及相关信息从生产者传递给消费者的物理性经济活动。具体而言，它包括农产品生产、收购、运输、储存、装卸、搬运、包装、配送、流通加工、分销、信息活动等一系列环节，并在这一过程中实现了农产品增值。

（4）市场营销功能。批发市场的市场营销包括场内批发商各自开展的营销活动和批发市场统一组织的营销活动。农产品批发市场具有很强的公益性，是广大生产者和批发商开展市场营销的重要平台。政府应积极鼓励和支持产地组织利用市场这一平台开展各种宣传和促销活动，通过各种营销手段拉近自身与客户的距离，提升市场的品牌和形象。

（5）产业带动功能。农业产业化是以国内外市场为导向，以提高经济效益为中心，对当地农业的支柱产业和主导产品，实行区域化布局、专业化生产、一体化经营、社会化服务、企业化管理，把产供销、农工贸、经科教紧密结合起来，形成一条龙的经营体制。

四、促进农产品批发市场转型升级的对策建议

（一）加强政府对农产品批发市场的宏观管理

农产品市场存在的上述诸多问题决定了其农产品市场发展的两个基本原则：一方面，应加强农产品市场的改造升级，以最大限度地开拓农产品市场；另一方面，要着力解决市场重复建设、过度竞争、市场地区分布差异过大等问题。为此，政府应加强宏观调控：其一，运用资金投入、土地使用支持、银行贷款与税收方面的优惠等手段对农产品市场硬件设施如冷藏保鲜设施、质量检测设备、加工设备、交通条件等进行改善与建设。这将为农产品市场规模的扩大提供重要的物质基础。其二，通过完善相关法律法规与技术标准，加快农产品市场信息支持体系建设、信用体系建设等，优化农产品市场的软环境。加强政府宏观管理，并不是要政府更多地介入农产品经营活动，而是要求政府通过法规制定、严格市场准入、提供信息服务等不断优化市场环境，推进市场的市场化进程。这是市场得以正常运转的重要保证。其三，根据优势、特色农产品产业布局和市场容量对农产品市场进行科学规划。近年来，湖南省以农业部优势农产品区域建设规划为指导，结合本省实际情况，进一步优化了优势、

特色农产品产业布局。这就要求对农产品市场规划做出相应调整，唯有如此，才能有效避免重复建设，并保证产地市场和销地市场协调发展。其四，加强政府对落后地区农产品市场建设的扶持力度，以改变市场地区分布差异较大的格局。总之，加强农产品市场软硬件设施的改善与建设，能创造良好的交易环境和交易条件，从而保证市场体系的高效运转，而科学规划和对落后地区的扶持则有利于促进市场合理布局，扩大市场覆盖面，缩小市场地区分布差异。因此，加强政府的宏观管理对湖南省农产品市场的改造升级具有至关重要的作用[①]。

（二）创新农产品批发市场的运作模式

农产品市场作为农产品流通与市场开拓的主渠道，其规模的扩大、辐射带动作用的增强在很大程度上有赖于其运作模式对农业产业化与市场化要求的适应性。农业产业化要求以国内外市场为导向，以提高经济效益为中心，对当地农业的支柱产业和主导产品实行区域化布局、专业化生产、一体化经营、社会化服务，企业化管理，把产供销、贸工农、经科教紧密结合起来，形成一条龙的经营机制，其核心是走市场化和集约化的道路。目前，湖南省农产品市场运作模式正发生着实质性的转变，如正逐步形成以市场为龙头、市场连基地、基地连农户的一体化运作模式。该模式实现了产销联动，有利于实施“名牌市场 + 名牌产品”战略，扩大市场规模，极大地增强市场的辐射带动作用，但也存在农户缺乏谈判能力而难以保护自身利益等缺陷。因此，进一步借鉴国际经验，从培育市场经营主体，创新交易方式，发挥行业协会与中介组织的作用，改善物流配送等环节对农产品市场的运作模式进行创新，成为加快湖南省农产

① 事实上，日本、韩国都将农产品批发市场作为一项社会公益事业来建设。我国农业部在制定《农业信息和农产品市场体系建设规划》时也指出，农业信息和农产品市场体系建设作为公益性、基础性事业，属于“公共财政”支持范围，应当作为政府当前优先、重点支持的事业，推动其快速发展。

品市场改造升级的重要途径。

(三) 努力推动农产品批发市场体系建设

首先，加强农产品流通体系的科学规划，从合理地把握农产品流通发展的规律出发，实现从田间到餐桌过程中各流通环节、流通基础设施、流通服务企业之间的合理布局和高效运行。其次，建立农产品流通的标准体系，关键在于对农产品生产、加工、交易、物流等所有环节建立起相应的质量标准，农产品流通的基础设施的技术标准以及农产品流通运作管理和服务的标准等。根据我国的实际情况，建立突出反映我国农产品特色的一系列标准有利于促进农产品的国际贸易，提高市场影响力。再次，必须加快整合我国农产品流通的现有资源，优化农产品流通体系的结构，降低农产品流通的成本，构建若干集农产品种养加销于一体的产业链体系，提高农产品流通效率。最后，要建立农产品流通的监管体系，不仅要加强农产品流通过程中产品质量标准的监督，更重要的是对农产品流通中运作主体行为、运作效率和服务质量予以监督和指导。

(四) 设立我国农产品批发市场发展基金

我国农产品批发市场一般规模较小、资金短缺，导致市场影响力有限，为此，我国应在财政金融税收政策方面给予特殊的支持：农产品种养加以及流通环节的所有工商管理费应予减免；在坚持农产品绿色通道的同时应全面取消农产品流通中的过路过桥费，从而减少农产品流通企业的经营成本。更重要的是，应建立我国农产品批发市场发展基金，对我国农产品流通中经营重要农产品的农村经纪人、种养加企业以及具有创新性农产品交易方式的组织者予以资金上的支持，对农产品流通体系关键基础设施建设予以重点支持，以形成完善的农产品流通体系。同时，借助基金的运作增强农产品流通企业抵抗市场风险的能力，以促进农产品流通企业的壮大发展。

(五) 积极培养农产品批发市场运行专业人才

要用多种方式，充分调动高校、企业和社会力量的积极性，加强对农产品流通从业人员的知识与技能的培训，建立一支既掌握现代流通技能又懂农产品批发市场现代化运行和管理的专业化人才队伍，把我国农产品批发市场运营提高到一个新的水平。积极完善农产品批发市场服务体系，为我国农产品批发市场发展提供全面的信息服务与经营管理咨询服务等支持。

第二节　农贸市场提质改造研究

农贸市场形成于20世纪80年代，长期以来为搞活农产品流通、增加农民收入、丰富城市居民的“菜篮子”，发挥了重要作用。但是，随着现代城市生活的发展，传统农贸市场越来越不能满足居民对卫生、健康和生活环境质量的要求。因此，各地纷纷对农贸市场发展进行探索，逐步形成了农贸市场超市化、农贸市场提质两种建设思路。农贸市场是反映城市形象的重要窗口，是居民生活水平的重要体现。我国社会经济建设的推进和发展不仅带动了全国经济整体上的又好又快发展，而且进一步促进了城市商业体系的完善和现代化的提升，为提高城市居民的生活水平奠定了基础。

一、农贸市场提质改造的必要性

目前，各个城市对农贸市场的建设思路各不相同，有些城市的农贸市场建设整体来看相当落后，政府投入低、重视程度不够，农贸市场基本处于“脏乱差”的状态；有些城市以创建国家卫生城市为契机，大力推进农贸市场超市化，主要采取政府相关部门对口帮扶农贸市场建设模式。而有些城市从城市建设的需求出发，将农贸市场提质工程工作列入政府为民办实事范畴，积极推进农贸市场提质的各项工作。但是从总体上看，我国城市的农贸市场的发展存在以下主要问题。

（一）农贸市场数量偏少，且布局规划不合理

目前，农贸市场是城市居民生活的“菜篮子”，直接影响着城市居民的日常生活，也是实现城市居民安居乐业的重要保障。因此，城区内农贸市场的数量及合理规划极其重要。根据国际通行标准，通常是1万人设置一个小型农贸市场。当然，具体的农贸网点的规划又要根据居民生活区的分布、人口区域内的密集程度、城市交通状况、城市商业发展概况等特点进行系统的、合理的布局。比如湖南的长株潭城市群，按照农贸网点布局的基本要求，三市城区需要的农贸市场分别为300个、70个、80个，而实际上目前长沙市农贸市场不足200个，株洲市只有41个，湘潭市只有39个。尽管各地超市都有生鲜区，但是与当前城市化过程中城市人口的急增相比仍有较大差距。而且现有的农贸市场在布局规划上不太合理，老城区虽然有农贸市场网点，但与城市发展的升级改造不相称，而新城区农贸市场网点布局相对落后，特别是近几年新建成的一些居民小区没有配套的农贸市场，直接影响居民的日常生活。

（二）农贸市场基础设施投入不足，市场硬件陈旧

我国大部分城市的农贸市场大多兴建于20世纪八九十年代，农贸市场选址多样化，有些处于闹市区，有些位于两栋楼房之间；有些是框架结构，有些是露天棚户型的。大部分市场的基础设施相对陈旧，而且长期以来无论是政府相关部门还是农贸市场经营主体都缺少对农贸市场基础设施的投入改造，特别是当时依周边居民的生活需求而搭建的临时性农贸市场，不仅设备简陋，而且既没有应急的安全通道，又没有基本的排污体系。近几年来，与政府大量投入城市基础建设项目相比，农贸市场建设和升级改造相对迟缓，甚至成了城市建设被遗忘的角落。例如湖南省长株潭三市农贸市场安全隐患大量存在，市场环

境卫生较差，有的成为“脏乱差”的典型区域，既严重影响了城市形象，又不利于居民的安全生活。比如，据长沙市商务局统计，在2008年年初的冰灾中长沙市有近30个农贸市场受灾损毁，短期内严重影响了居民的日常生活。

（三）农贸市场违规经营现象严重

农贸市场作为我国独特的一种商业形态，是计划经济向市场经济转轨过程中的产物。早期的农贸市场是由政府投资兴建，目的是满足城市居民的日常生活需求。然而随着市场经济发展，政府的投入兴建速度远远跟不上现代城市居民的现实需求增长的速度，因此社会其他资本开始进入农贸市场建设领域，有些是集体企业投资兴建，有些是个人合伙投资经营，有些是个体经营。因此，农贸市场的形态也呈现多样化。现有的农贸市场的违规经营相当严重。据不完全统计，长沙市市区内拥有近200家农贸市场，其中50%以上由于土地产权、消防通道等问题没有取得合法的经营权，属非法经营，但取缔难度较大。其他地区的一些农贸市场也存在因市场用地产权不清晰、卫生不达标、安全隐患严重而没有获得合法经营资格的现象。

（四）农贸市场监管力度有限

农贸市场的审批、规划、建设及管理虽然涉及商务局、规划局、工商局、城管部门、卫生局、消防部门等多个单位，但是在实际的操作过程中，由于各地职能划分不明确，而且没有具体的相关法规作为依据，导致对农贸市场管理严重缺乏。比如农贸市场网点布局，虽然建设局要求新建小区必须配套一定比例的商业面积作为市场用地，但是小区建成后受利益驱使，许多开发商将商业用地违规挪作他用，但却没有受到相关执法部门处置；比如目前许多农贸市场周边存在着大量的马路市场，得不到有效的治理，不仅影响了城市交通及形象，而且严重干扰了农贸市场的正常经营。

（五）农贸市场经营收益较低，相关政策支持有限

农贸市场目前仍是城市居民日常生活用品的主要提供场所，居民日常生活用品中的70%由农贸市场提供，生鲜食品的80%左右靠农贸市场供应，农贸市场供应商品的价格直接影响居民生活成本。长期以来，受各种因素的影响，农产品价格偏低，导致农贸市场经营收益不佳，也是农贸市场投入不足的重要原因之一。特别是当前，随着“两费”返还的取消，农贸市场由于得不到政府返回补贴，经营日趋困难，又进一步压低了投资者的积极性。另外，政府相关部门对农贸市场的建设支持非常有限，对于这种带有公益性质的经营主体没有从政策上给予专项支持。

（六）部分农贸市场建设提质后呈现提质不提效的艰难经营现状

农贸市场作为城市居民生活的“菜篮子”直接影响居民的生活成本、生活水平及生活质量，因此长期以来为了满足居民实惠、便利的日常生活需求，政府采取“两费”返还的办法从工商管理费中直接补贴农贸市场的经营业主，以维持其正常经营，通过低成本经营实现低价销售。但是，目前随着农贸市场建设提质、改造工程的推进，整个农贸市场的经营环境在得到有效改善和提高的同时，市场经营业主的日常经营成本也随之日趋增加，再加上国家取消了“两费”返还，失去这个国家财政补贴，农贸市场业主更是无其他国家财政及相关政策支持，因而为了维持农贸市场的正常经营，市场内摊位租赁费必须提高，导致市场内供应产品的价格也随之上涨。同时，由于提质后的农贸市场周边仍然存在着大量的马路市场及其他非法生鲜产品供应点，供应产品的价格相对较低，市场内产品因缺乏竞争力而销售困难，这样就使得部分农贸市场建设提质后显现出经营困难的态势，出现了提质不能提效的状况。这不仅严重影响了“农贸市场提质改造工程”的顺利推进，而且扰乱了农贸市场的正常经营，不利于发挥农贸市场的“菜篮子”功能，不利于提高居民的生

活水平和质量，不利于农贸市场的持续健康发展。

二、农贸市场提质改造的可行性

农贸市场是一个地区的形象窗口，与其他商品市场一样，作为生产者与经销商乃至最终消费者之间的纽带，作为城乡居民的“菜篮子”商品供应的主要场所和农产品流通的主要渠道，与城乡居民的日常生活密切相关。农贸市场不仅具有一定的社会性，还具有很强的公益性。与其他商业设施的功能相比，其社会价值取向更能体现政府形象。搞好城市农贸市场改造提升，不但可提高一个城市的品位，而且可增强区域经济的发展潜力，提升经济发展的整体水平，对促进城镇化进程、构建和谐社会和建设新农村将起到积极作用，是商贸服务业为农业提供服务、畅通农副产品供求信息、扩大农副产品销售渠道、满足人们消费需求的重要手段，也是解决“三农”问题、解决再就业的有效途径。随着社会经济的快速发展，居民的收入和积余购买力、消费需求正在不断增长，消费观念正在不断更新，居民的生产生活条件不断改善，加之人们有到农贸市场消费的传统习惯，因此，农贸市场无论是从深度上还是从广度上，发展潜力都是巨大的，它的改造提升对于农村的发展有着非常重要的意义。

（1）农贸市场的改造提升有利于产业结构的调整优化和区域经济的增长。农村产业结构的调整和优化是农村经济快速增长、城乡二元结构差异消除和农民收入提高的必然途径。农贸市场的改造提升有利于改善居民消费环境，引导和方便居民进入市场，并促使农产品生产者根据市场供需的变化趋势，及时调整农业结构，加快规模经营和专业化生产，推动农业产业化进程，使农村经济逐步实现商品化、专业化、社会化，促进区域经济的增长。

（2）农贸市场的改造提升有利于进一步推进新型城镇化建设。农贸市场的改造提升与新型城镇化建设密不可分。一方面，农贸市场的改造提升应该依托于新型城镇化。因为城镇是区域经济、文化、交通的中心，是人流、商品流、信息流的主要集散地，而且，它能够提供农贸市场发展所必须依托的配套基础设施，有利于减少市场配套设施建设投资，降低交易成本；另一方面，农贸市场的改造提升能够促进人流、商品流、信息流向城镇的更大集聚，从而带动其相关产业和基础设施的发展，有利于产业结构的优化和提升，提高人口规模和经济实力。

(3) 农贸市场的改造提升有利于农产品营销水平的提高。通过农贸市场的改造提升，提高管理者和经营者的整体素质，引入先进的管理、经营理念，激发和提高市场经营者和从业者的商品意识、市场竞争意识，开阔经营者和从业者的眼界，逐步提高市场运行能力和水平，有利于提高农产品营销水平，提高农产品的市场竞争力，增加农产品的附加值。

(4) 农贸市场的改造提升有利于保障农产品的质量安全。目前，农贸市场"脏、乱、差"现象依然存在，这对城乡居民的消费安全和食品安全形成了极大的隐患。推进农贸市场的改造提升，改善市场经营环境，建立健全各项制度，加强农贸市场的管理，提高经营者素质和服务质量，对方便群众日常生活、保障群众食品安全、提高群众的生活质量具有重要的现实意义。

三、农贸市场提质改造的对策建议

(一) 各级部门应高度重视城市农贸市场的发展及提质改造

农贸市场建设提质工程是推进城市化进程，体现城市功能建设完善的重要体现；是农贸市场建设发展的过渡期，政府实施的民心工程；是实现经济又好又快发展，构建和谐市场的重要任务；是政府为民办实事，着力解决人民群众最关心、最直接、最现实的利益问题之一，同时也是启动消费、扩大内需、开拓城乡消费品市场的需要。尤其是当前正处于城市化、工业化的快速发展过程中，农贸市场的建设不仅影响城市居民的基本生活水平，有助于实现居民安全、便利消费，而且直接影响城市居民的基本生活成本，有利于实现居民的低成本、高质量消费。因此，建议现阶段各级政府要将农贸市场建设提质改造工程作为每年的民心工程持续推进，完成既定的提质任务；同时要发挥政府的主导作用，积极协调各方利益关系，在政府的主导下，充分调动市场业主、社会中介、居民的积极性共同扎实推进该项民心工程。

(二) 注重对城市农贸市场的科学规划和合理布局

由于历史原因，农贸市场存在形式各有差异、不合法性众多且整个城市的生鲜农产品市场供应体系较混乱（马路市场、非法农贸市场大量存在）的现象，因此农贸市场竞争处于无序状态，这样既不利于农贸市场发挥加快农产品流通、增加农民收入的功能，又导致行业利润率较低，尤其对于新建、提质后的高质量、高标准的农贸市场，由于经营成本高，因此在竞争中处于劣势地位（据调查来看，部分完成提质的农贸市场经营状况较差）。因此为了避免提质而不提收、提质而不提效的情况出现，建议政府在提质的同时，有效推进生鲜农产品市场供应体系的整顿。

农贸市场作为城乡居民“菜篮子”供应的重要集聚地，对于居民而言是一个保证日常生活的食品供应点，对于城市而言是市场供应体系中的一个重要组成部分，这也是由中国国情决定的。因此，对于单个农贸市场布局规划，主要体现其辐射的居民区的范围及数量；而对整个城市的农贸市场体系规划，不仅要立足于单个区域的日常生活需求，而且要与城市的整体商业网点市场体系相协调，突出城市商业发展的特点和趋势。因此，建议省、市、县各级政府部门在城市商贸网点规划的制订、调整、修编过程中对新老城区、郊区的农贸市场网点布局进行通盘考虑，科学规划，合理布局。农贸市场是整个城市的市场体系的有机组成部分，对其的规划不只是单个网点的布局与规划，而要从战略层面上布局规划整个城市的农贸市场，并根据城区规模及人口聚居空间变化，使规划具有一定的超前性、预见性及可操作性。

（三）政府各职能部门明确责任，加强城市农贸市场管理

1. 建议进一步明确农贸市场管理主体

目前各地的农贸市场管理主体不一，有些是工商管理部门，有些是商务部门，有些是街道办事处，有些是专门的职能部门，目前长沙还没有具体明确市场管理主体。因此要尽快明确管理主体，让其切实承担起市场经营管理“第一责任人”的职责，加强市场日常管理。作为“第一责任人”，要依法加强对农贸市场的监管，且相应责任划片落实到人，并对市场经营者在经营中出现的违法或不规范行为负连带责任。

2. 政府各职能部门要明确管理分工、协同配合

商务局应加强对农贸市场建设的宏观管理和规划布局，特别是针对农贸市场建设良莠不齐的现状，应该进行分类指导，尽快出台分类建设和管理标准。工商行政管理部门要加强对农贸市场的监管。严格审查农贸市场管理主体制定的经营管理制度，并监督实施；要加强对农贸市场经营主体、经营行为（譬如擅自改变农贸市场功能等行为）和上市商品的监管，切实维护消费者的合法权益；要加强市场巡查和动态监管，严厉打击短斤少两、掺杂使假、以次充好等各种市场违法行为。城管部门尽快出台对市场周边和场外经营活动的相应管理办法，协同所在街道、社区做好农贸市场周边环境的管理工作，取缔路边摊贩，打击农贸市场场外经营活动，为场内合法经营创造良好的外部环境。卫生、质监等部门要密切配合，建立食品安全信息统一发布机制、食品安全风险评估机制、食品安全应急处置机制和责任追究、损失赔偿等救济制度，提高市场信誉度。

3. 重视制度建设，打造长效管理机制

（1）要尽快出台农贸市场卫生、环保、消防安全和物业等管理制度，建立入市商品质量管理制度，加强市场安全和质量管理。当前重点是《农贸市场食品准入实施细则》《农贸市场食品质量查验制度》《农贸市场重要食品准入制度》

《农贸市场食品质量信息公示制度》等制度。

（2）制定市场协管员追责制度。在各市场设立专职市场协管员执行对农贸市场的监管，在加强对商品交易市场监管的同时，执行市场协管员追责制度，落实市场打假工作责任制，明确职责，一级抓一级、一级对一级负责，并建立市场协管员轮岗制度，在同一管区工作一年以上的要求予以轮岗，以带动全市农贸市场整体素质的提高，同时防止协管员利用职务之便谋私这类问题的发生。

（四）加大政府投入，大力支持农贸市场建设与发展

城镇农贸市场与城镇居民生活息息相关，将在我国长期存在。从现实情况来看，农贸市场的经营带有一定的公益性质，且盈利率偏低。因此，为了更好地完善农贸市场体系，增加投资者对农贸市场建设投资的积极性，进一步保障城区居民的日常生活需求，建议政府在以下方面予以支持：

（1）在农贸市场规划建设的用地上要给予相应的政策支持。建议农贸市场规划建设用地根据其公益性质的特点以公益地给予划拨，特别是对新居民区的农贸市场要有预留空间。

（2）建立农贸市场建设扶持专项基金。由于国家已取消了农贸市场“两费”，“两费”取消后，原有的财政按交费7%左右的返还给市场管理部门的经费也没有了，加之农贸市场管理成本高、经营利润较低，市场管理难度进一步加大。建议政府设立农贸市场建设扶持专项基金，进一步加大农贸市场建设投入，提升农贸市场建设标准，完善城区农贸市场供应体系。

（3）把农贸市场基础设施建设纳入新一轮城市投资建设项目中。农贸市场基础设施是造福民生、扩大内需、激活消费的工程，也是农贸市场提质改造的基础。建议政府将一批重点农贸市场的基础设施建设纳入新一轮城市投资建设项目中。

第六章　农产品流通线上渠道的营销创新研究

第一节　农产品电子商务研究现状

当前，伴随着电子商务的兴起与应用推广，基于技术创新的新型交易模式正在推动着流通产业的整体变革（纪宝成、晏维龙，2000）[158]，尤其是农产品电子商务的发展，正成为全球主要国家提升农业竞争力、拓展农产品国际市场的着力点。近年来，我国农产品电子商务也呈现出快速发展的态势，并逐步成为推动我国农业现代化的“三农”工作的重点内容之一。2017 年的中央一号文件，明确提出加快建立健全适应农产品电商发展的标准体系。国务院发布的《关于促进农村电子商务加快发展的指导意见》(国办发〔2015〕78 号) 中提出，到 2020 年，我国要初步建成统一开放、竞争有序、诚信守法、安全可靠、绿色环保的农村电子商务市场体系，农村电子商务与农村一、二、三产业深度融合，在推动农民创业就业、开拓农村消费市场、带动农村扶贫开发等方面取得明显成效。从市场来看，近年来涌现出阿里 1688、中粮我买网、顺丰优选、坨坨公社、本来生活、一亩田、惠农网等一批综合型、垂直型的涉农电商平台以及企业。由此可见，农产品电子商务不仅已成为企业创业及资本市场关注的焦点，也是我国“三农”工作中政策扶持的重点，未来将会进一步发展和壮大。但是，《2014—2015 中国农产品电子商务发展报告》(洪涛、张传林，2015）[159] 同时指出，目前我国农产品电商中只有 1% 能够盈利，7% 有巨额亏损，88% 略亏、4% 持平。由此可见，农产品电商不仅没有降低我国农产品的流通成本、提高效率，反而增加了成本。怎样才能发挥农产品电子商务模式的作用，提高我国农产品流通效率，急需理论上的指导和帮助。本书力图通过对近期我国农产品电子商务的研究梳理，总结已有的研究成果，分析研究的主要趋势，从而为我国农产品电子商务实践的探索提供有益的帮助。

一、我国农产品电子商务研究文献概述

从中国知网查询的文献资料来看，国内关于“农产品电子商务”的研究早在 21 世纪初就开始了。但是从文献研究的数量来看，2013—2016 年才出现研究的高峰期。截至目前，以“农产品电子商务”为篇名查询到的文献共计 1 300 篇，其中 2014—2016 年合计 851 篇，占比 65.5%，见表 6-1。

表 6-1　中国知网篇名含“农产品电子商务”的文献数量

年度	2002	2003	2004	2005	2006	2007	2008	2009
数量	2	9	7	20	17	17	19	27
年度	2010	2011	2012	2013	2014	2015	2016	
数量	63	70	70	128	224	320	307	

从研究的内容来看，主要包括农产品电子商务模式研究、区域农产品电子商务发展研究、农产品电子商务技术创新研究、生鲜农产品电子商务研究、农产品电子商务消费行为研究、国外农产品电子商务研究等，其中研究文献数量较多的有区域农产品电子商务研究、农产品电子商务模式研究、农产品电子商务消费行为研究、生鲜农产品电子商务研究，见图 6-1。

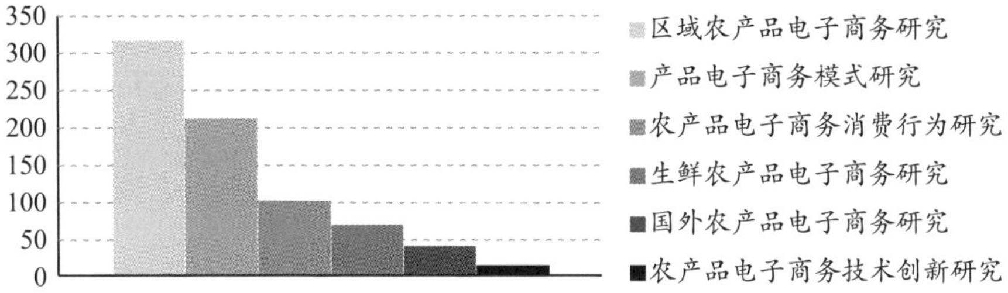

图 6–1　我国农产品电子商务主要研究内容文献分布图

二、我国农产品电子商务研究脉络分析

国内农产品电子商务研究兴起于 21 世纪初，根据研究的内容以及文献数量可以大致分为四个阶段：

第一阶段为萌芽时期，其时刚进入 21 世纪，互联网新技术在我国开始兴起。结合电子商务的发展，学者们围绕农产品电子商务的概念、特点以及意义进行了初步探讨。

第二阶段为兴起时期，大致为 2005—2010 年。随着农产品电子商务在我国各个地区不同程度的发展，学者们针对农产品电子商务发展现状以及存在的问题进行分析，提出了各种思路和对策。此外，部分学者开始结合各个地区的实际情况研究区域性农产品电子商务发展模式。

第三阶段为发展时期，大致为 2011—2013 年。伴随着阿里巴巴、京东等电子商务平台在我国的快速发展和崛起，农产品电子商务逐步进入不同的市场细分领域，既有综合型平台，又有垂直型平台；既有 B2B 平台模式，又有 B2C 平台模式；既有全国性平台，又有区域性平台。学者们主要围绕农产品电子商务的模式进行了不同视角的研究。

第四阶段为高潮阶段，自 2014 年至今。经过近 10 年的行业发展，农产品电子商务平台或企业在市场中的淘汰率特别高，企业开始深度关注农产品电子商务企业的营销模式问题。此外，随着移动互联网技术的应用和推广，对农产品的品类研究发现：生鲜农产品是一种比较适合电子商务方式的商品。为此，学者们结合实际市场需要，开始研究农产品电子商务中的消费行为、技术创新等问题以及生鲜农产品电子商务模式的设计和创新等内容，形成了一大批的研究文献，并取得了一系列成果，将农产品电子商务的研究带入了一个新的发展阶段。

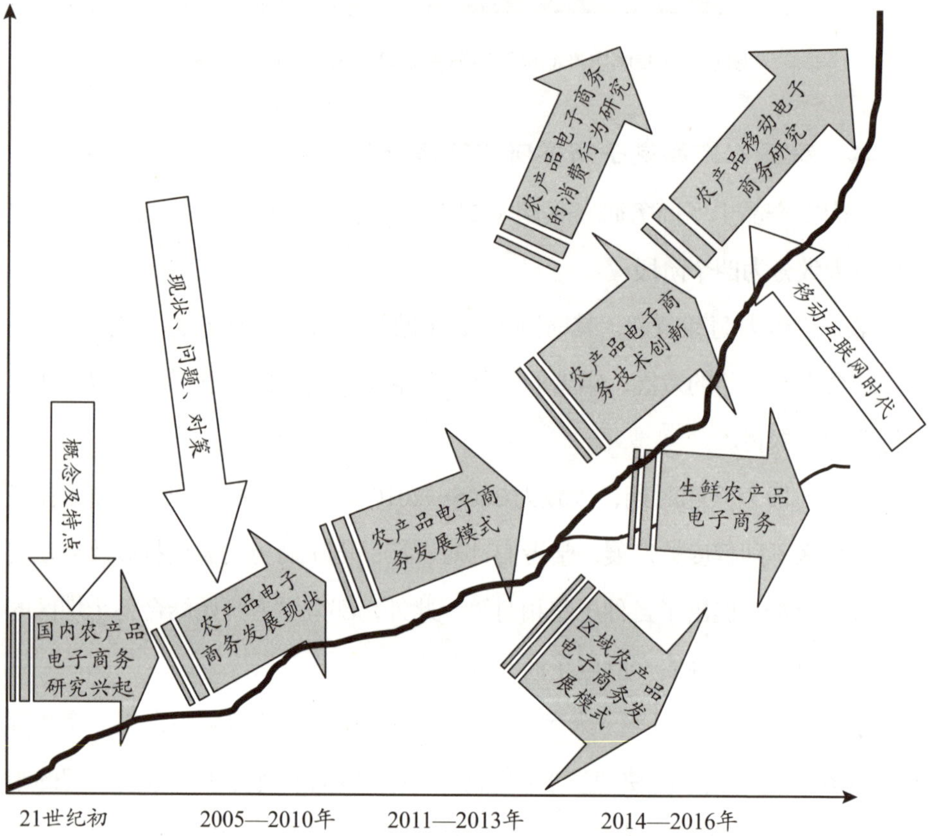

图 6-2　我国农产品研究的脉络图

三、当前农产品电子商务研究现状

(一) 农产品电子商务中的消费行为研究

移动电商、电商金融、大数据等新趋势下的网络消费者购买行为已成为电商重点考虑的因素之一。关于农产品电子商务的消费者行为研究领域，大多数学者主要是从消费者购买意愿和消费者购买信任角度进行研究，其中关于消费者购买信任角度的研究，还有很多学者针对品牌建设这一影响因素进行了重点研究。目前已取得了许多成果，比如消费者购买信任领域，林家宝、万俊毅、鲁耀斌（2015）以水果为例构建了电子商务方式下消费者信任影响因素模型；[43]品牌建设领域，张耕堂、李东（2016）以市场中的农产品品牌为研究对象，构建了农产品品牌的影响路径假设模型，揭示原产地形象对农产品电商品牌化的影响路径等等。[160]

1. 基于品牌建设角度的研究

侯燕（2016）通过分析农产品电商品牌建设的必要性、现状及问题，提出“以消费者为中心”的农产品电商品牌定位思路，并从区域品牌建设的角度提出了一系列对策建议。[161] 吴彦艳（2015）构建以消费者需求为导向、以品类管理为驱动的农产品电子商务供应链，通过品类协同模式和区域市场模式充分发挥农产品电子商务的优势。[162]

2. 基于消费者购买意愿角度的研究

陈欣（2015）构建了消费者移动农产品购买意愿的影响因素模型，采用 SEM 模型对其进行实证研究，研究结果表明：产品质量及电商服务预期、品牌效应预期以及物流服务预期对消费者购买意愿的影响都有一定的显著性。[163]龚骊（2015）对上海农产品电子商务销售现状进行研究，结果显示，上海市农产品电商销售呈现快速增长趋势，销售平台多元化，销售市场前景乐观。[164]

3.基于消费者购买信任角度的研究

刘冰芳、刘金璐（2015）以问卷调查的方式获取数据，通过应用 SPSS 软件，从消费者感知价值和网络口碑两个方面研究了农产品电子商务的信任问题。其研究结果表明，感知价值正向影响消费者信任，其中网络口碑在两者的关系中起着调节作用。[165] 张佩卿等（2014）通过调查发现，顾客对网购农产品的顾虑还是在于食品安全，其次是物流运输，因而质量控制和物流是制约农产品电商发展的最大瓶颈。[166] 肖丽平（2016）以典型性生鲜农产品——蔬菜作为参考，从属性、服务品质及客户特点三个角度进行分析，建立了蔬菜电子商务客户信任的数学函数体系，重点研究蔬菜品质、认知的度量、输送服务品质、网站规划水平、交流及认可度对客户信任的相关影响。[167]

（二）农产品电子商务中的技术创新研究

农产品通过电子商务方式可以实现交易活动的电子化、数字化、快捷化和网络化，使买卖双方能够以非常便捷的方式完成交易过程。同时，不少学者还专门针对农产品电商平台，就可追溯性进行了深入研究。目前，已取得了许多成果，比如便捷农产品交易的 Web IM 系统、农产品智能电商交易系统（KIES 系统）等。可追溯性农产品研究方面，有农产品二维码溯源查询标识方案、可追溯水果消费者购买行为理论模型等。

1. 从农产品电商便捷交易角度进行的研究

金晓丹、王波、赵晓倩（2013）设计了 Web IM 系统，通过 Comet 技术维护客户端和服务器端通信的 HTTP 长连接，并利用 Servlet 异步特性实现了关键即时通信的 Pushlet 框架。通过 Web IM 技术的开发和应用，农产品交易的买卖双方可以即时在线交流，有利于促进农产品交易过程中的信息对称化和互动化，从而加快交易的实现。[168 王银凤等（2015）基于 ASP.NET 技术设计了农产品电子商务平台，主要包括系统的设计，前台和后台的设计与功能实现，以及数据库的设计。[169]

2. 从可追溯性农产品电商平台创新角度进行的研究

邢如意（2015）基于 JFinal 构建可追溯农产品电子商务平台，提出以二维码技术为中心的农产品溯源查询标识方案，分别从技术、功能、设计和系统四个方面对实现可追溯农产品平台进行阐述。[170] 张蓓、林家宝（2014）从心理反应的综合视角，基于消费者特征、消费者认知、消费者情感和消费者意志四个维度，构建了可追溯水果消费者购买行为理论模型，发现文化程度、家庭月收入、信息丰富度、体验和偏好等都是重要的影响因素。[63]

(三) 农产品电子商务中的模式创新研究

目前，学者们分别从不同的角度对农产品电子模式进行了研究和探讨，通过研究发现，农产品电子商务并没有统一固定的模式，应根据品类结构、营销方式、物流配送等的差异以及企业的资源条件来选择不同的经营模式，目前初步形成了农产品电子商务供应链模式、移动电子商务模式等研究成果，生鲜农产品电商供应链商业发展通路模型、平台型与垂直型生鲜电商流通模式等相关领域的成果也逐渐涌现。

1. 关于农产品电子商务发展模式的研究

胡俊波（2011）[171]、樊西峰（2013）[172]、洪涛等（2015）[173]分别从不同角度对农产品电子商务模式进行了研究和探讨，归纳和总结出了不同的农产品电子商务模式。

2. 关于生鲜农产品供应链模式的研究

王晓宇、郑文生、郑亚琴（2014）[28]从电子商务视角研究生鲜农产品供应链模式，提出了生鲜电商超市的 VMI 模式和以行业平台为核心的 B2F2C 模式。但斌等（2016）通过对社群经济的分析，提出了基于社群经济的“互联网 +”生鲜农产品供应链 C2B 商业模式，并从价值主张、核心资源、运作流程以及盈利模式等四个方面对该商业模式进行了研究。[174]

3. 关于生鲜农产品电子商务模式的研究

陈耀庭等（2013）研究发现，流通性是制约我国生鲜农产品发展以及产销失衡的主要因素，由此提出，电子商务模式有助于生鲜农产品流通系统的优化，满足消费者的个性化需求。[27]杨俊峰（2014）提出，电子商务模式有利于供应链上下游间资源的优化配置，从而可以高效、低廉地把生鲜农产品送给消费者，并且促进物流设施的完善和改进。[175] 汪旭晖、张其林（2016）对2家不同类型的生鲜农产品电商进行探索性案例分析，结合生鲜农产品电商流通模式对传统生鲜农产品流通体系进行了分解与重构。[176]

(四) 国外农产品电子商务发展及启示研究

从国外发达国家的农产品电商发展现状予以分析可知，美国、英国、日本等国的农产品电子商务模式发展较为领先，国内不少学者也对这些国家进行过详细的研究与分析。

1. 针对单个国家的研究

胡拥军、高庆鹏（2015）对国外发达国家的农产品电商发展现状予以分析，发现其农产品电子商务交易规模仍然相对较小，但农产品电子商务模式创新日益多样化、网站内容日趋丰富、基础设施比较完善，未来农产品电子商务将呈现渠道融合化、市场全球化、技术移动化三大趋势。[177] 蒋倩（2015）归纳总结了美国农产品电子商务的发展概况，根据美国的发展经验，分析了我国农产品电子商务发展中亟待解决的问题，并提出解决措施。[178]

2. 针对多个国家的研究

葛俊、严奉宪、杨承霖（2013）总结了美国、英国、日本等一些国家的农产品电子商务发展经验，分析了我国农产品电子商务发展现状和存在的问题，从加强基础设施建设、建立农产品标准化体系、加强人才培养和引入第三方交易模式等方面提出了对策建议。[179] 李自琼、刘东皇（2015）通过对美国、日本、英国和韩国等国家的农产品电子商务模式的总结和归纳，分析了我国农产品电子商务模式的发展现状及存在的问题，由此提出了我国农产品电子商务发展模式创新的对策建议。[180] 尹志洪、李平（2014）概述了英国、美国等国家的农产品电子商务发展模式，分析了我国农产品电子商务发展现状及其存在的问题，并提出了相关的建议。[181]

四、研究趋势

（一）已有成果总结

综上所述，近期关于农产品电商的国内研究主要集中于消费者行为研究、技术创新研究、模式创新研究三个方面，且研究成果也不少，如模型构建、技术追溯等等。消费者行为研究领域，主要是围绕消费者购买意愿、消费者信任两个角度展开，其中品牌建设也是学者比较关注的一个点；技术创新研究领域，主要是围绕便捷交易和平台创新两个角度展开；模式创新研究领域主要是围绕供应链模式和流通模式两个角度展开。关于农产品电商的国外研究主要是从现状问题、对策建议的思路展开。基于单个国家或多个国家的研究，主要是对比中国的实际情况，提出政策建议。总之，已有的研究成果不仅为农产品电子商务理论的进一步研究奠定了良好的基础，而且为我国农产品电子商务实践提供了较科学的理论指导。

（二）面对的新形势

随着我国经济新常态的进一步发展，新形势的出现也对农产品电商的研究提出了新的目标和内容。

（1）农产品电商研究是农业供给侧结构性改革推动的新要求。2017 年的中央一号文件，针对我国农产品供求结构失衡等问题以及增加产品和提升品质等矛盾，提出了以深入推进农业供给侧结构性改革为主题的政策措施。推进农业供给侧结构性改革，不仅涉及农产品供给的产业结构和产品结构，而且包括农产品的供给渠道、配送方式等。目前，电子商务作为交易方式，已经渗透到农产品生产和流通的各个环节，如何结合推进农业供给侧结构性改革战略要求来发展农产品电子商务急需研究和探讨。

（2）农产品电商研究是市场消费行为与习惯调整的新动力。随着新型城镇化的加快推进以及我国消费水平的整体提高，消费者的购买动机、购买行为、购买方式正在发生改变，尤其是线上消费正成为与线下消费并重的一种消费方式。农产品电子商务的模式最终需要市场检验，线上消费行为的现状、特点及趋势将是模式创新的核心点，这就需要理论上的研究和成果转化。

（3）农产品电商研究是新技术的推广和产业链延伸的新方式。随着移动互联网技术的推广和广泛应用，农产品电子商务移动化趋势将会进一步加强。另外，物流、金融与农产品产业链的进一步融合，也加速了农产品产业链的延伸。这将会推动农产品电子商务商业模式的进一步创新，而这需要理论上及时进行指导。

（三）进一步研究方向

（1）从研究内容来看，农产品电子商务必须要关注两大方面：一是线上消费行为的深度研究，包括农产品品牌、农产品质量追溯、农产品线上购买行为方式等；二是农产品电子商务模式创新研究，特别是结合移动互联网、物流、金融等的发展，深入研究农产品电子商务发展的影响因素及机制，探索适合国情的农产品电子商务运营模式、赢利模式以及商业模式。

（2）从研究方法来看，现有关于农产品电子商务的研究大多数是定性研究，研究成果相对来说理论性较强，对实践操作的意义非常有限。为了提高农产品电子商务研究成果的应用性，切实加快推进我国农产品电子商务的发展，提高理论的指导意义，必须要通过定量分析方法切实研究农产品电子商务发展中存在的各类问题，将定性研究和定量研究结合起来。

（3）从研究对象来看，农产品品类多，属性各不相同，而且我国各区域的农产品资源条件不同、电子商务发展水平不同，结合产品属性和区域差异对特定农产品进行的研究将会越来越多。

第二节　农产品线上品牌的路径构建研究

近年来，随着QQ、微博、微信以及电商平台的兴起与发展，越来越多的生鲜农产品采取线上销售模式，涌现出坨坨公社、本来生活等一批生鲜农产品电子商务平台以及大量的专业化的生鲜农产品销售的微信、微博或者QQ群。据前瞻产业研究院发布的《中国生鲜电商行业解决方案与投资策略规划报告》显示，2018年生鲜电商市场交易规模达到2 103.2亿元，较2017年增长49.9%，预计2020年将达到3 470亿元。从流通方式的理论来看，线上生鲜农产品销售相比传统渠道来说，更高效、更方便以及具有成本优势。但是从实际运行来看，有些消费者由于担心线上产品的质量问题而对这种新型交易方式还不太认可；有些消费者“触网”之后，由于价格、质量、服务等方面的原因又转回了传统方式。因此，生鲜农产品电子商务平台绝大部分处于亏损状态，还有一大批已经倒闭。究其原因，线上的虚拟交易，相对于传统实体交易方式来说，消费者更关注品质的保证、信任的建立等，也就是农产品的品牌构建问题（陈欣，2015）[163]。农产品如果没有分级、包装、质量追溯以及形象策划，传统的交易方式是可以实现的，而通过线上的方式则会遇到消费者信任障碍，导致销售受阻。所以，线上生鲜农产品的品牌构建对于农产品适应网络销售渠道、创新农产品流通方式具有重要的意义和价值。本书借助AHP分析法对影响线上生鲜农产品品牌的各个因素进行量化测度，并进行了实证检验，形成了线上生鲜农产品品牌的构建路径。

一、相关研究综述

农产品的品牌研究在我国学术界一直是关注的重点和焦点，大量的学术研究围绕着农产品区域品牌、农产品品牌竞争力、农产品品牌个性和文化、农产品品牌形象等方面展开。已有的研究主要是结合农产品的产品属性，以品牌理论为基础，对农产品品牌进行不同角度的分析和研究，而对生鲜农产品品牌的研究偏少。从“中国知网”查阅到的文献来看，只有几篇文献围绕生鲜农产品的品牌识别、生鲜农产品的品牌传播、生鲜农产品的品牌忠诚以及生鲜农产品的品牌营销等进行专题研究。此外，随着近几年线上农产品销售方式的推广应用，部分学者开始对这一领域进行研究。刘一江、王录安、冯璐等（2015）从降低农产品价格角度研究生鲜农产品电子商务模式的构建；[182] 张耕堂、李东（2016）研究了原产地形象对农产品电商品牌化的影响路径；[160] 侯燕（2016）对“消费者中心”理念下的农产品电商品牌建设策略进行了研究。[183] 上述分析表明，目前对于农产品的品牌研究较多，但针对线上生鲜农产品的品牌构建研究还不够。

二、线上生鲜农产品品牌影响因素指标设计

（一）线上生鲜农产品的品牌特性分析

生鲜农产品在我国传统的销售渠道主要是以农贸市场、批发市场、马路市场以及专业店为主。产品主要有产地信息或者地理标志，很少有产品品牌；产品分级比较简单，以档次属性分类为主；部分产品有包装，以通用包装为主，主要出于运输安全需要。因为是现货交易，消费者以感知的主观判断做出购买行为决策的依据。而线上生鲜农产品的交易中，消费者行为决策的依据是产品图片、文字或视频信息和客户评价，消费者信息的比较全来源于网络。若没有产品个性化品牌、差异化的分级以及特色性的包装，难以形成差异化的产品形象，更难建立起有效的客户信任关系。所以，线上生鲜农产品的品牌构建相比于传统方式，对销售更为关键。结合线上购买行为的特性要求，品牌构建的方式和途径也就不同。

(二) 指标选择

本书主要是基于消费者的视角，结合以往学者的研究成果，运用 AHP 方法来分析线上生鲜农产品的品牌构建影响因素。通过整理相关文献及有关品牌理论，品牌构建的内容包括三个层面：物质层、精神层和价值层。

AHP 即层次分析法，是一种定性定量相结合的决策方法，由美国运筹学家 Saaty 提出，其核心是将决策者的经验判断量化，为决策者提供定量式决策依据。具体步骤为：将问题层次化，分解为不同组成因素，通过两两比较，按不同层次聚集组合，形成一个多层次影响因素结构框架。

AHP 分析法将问题分为目标层、要素层及操作层，本书中的目标层是线上生鲜农产品品牌构建影响因素，这是一个综合性指标，需要从其构成内容的物质层、精神层和价值层等三个要素层来测量。物质层是品牌的核心载体，具体的表现形式，反映到线上农产品上表现为产品包装、产品分级和物流服务；精神层是品牌的外在体现，通过文化、个性等建立与消费者的纽带关系，反映到线上农产品上表现为农耕文化、顾客黏性、交互方式和网络化程度；价值层是品牌的增值属性，体现产品的溢价能力，反映到线上农产品上表现为品控能力、好评程度和在线销售量，由此构成了操作层，具体见表 6-2。

表 6-2　线上生鲜农产品品牌构建影响因素

<table>
<tr><th>目标层（O）</th><th>要素层（F）</th><th>操作层（S）</th></tr>
<tr><td rowspan="7">线上生鲜农产品品牌构建影响因素</td><td rowspan="3">物质层 F1</td><td>产品包装 S1</td></tr>
<tr><td>产品分级 S2</td></tr>
<tr><td>物流服务 S3</td></tr>
<tr><td rowspan="4">精神层 F2</td><td>农耕文化 S4</td></tr>
<tr><td>顾客黏性 S5</td></tr>
<tr><td>交互方式 S6</td></tr>
<tr><td>网络化程度 S7</td></tr>
</table>

续表

目标层（O）	要素层（F）	操作层（S）
线上生鲜农产品品牌构建影响因素	价值层 F3	品控能力 S8
		好评程度 S9
		在线销售量 S10

1. **物质层因素**

线上生鲜农产品品牌建立的物质层因素主要包括产品包装、产品分级和物流服务三个方面，是产品能否打动消费者的基础因素，也是生鲜农产品品牌构建第一个要注意的。没有产品本身作为支撑，就没有品牌建立的载体，也就无法找到目标消费群体。

（1）产品包装。精美的包装是一种无形的推销，能引起消费者注意，在一定程度上激起购买欲望，同时还能在消费者心中树立良好形象，进而提升品牌竞争力。线上生鲜农产品的产品内涵向后延伸到包装，如果包装定位与生鲜农产品本身匹配，就能更好地发挥线上的磁场效应。

（2）产品分级。建立生鲜农产品质量标准能够为生鲜农产品生产、检验和评定质量提供技术依据，而生鲜农产品分级主要是从技术上进行产品管理和控制。根据农产品的质量，可以划分为优等品、一等品和合格品三类，也可以划分为 A 级产品、B 级产品、认证产品、免检产品与合格产品五类。农产品分类有利于实现生鲜农产品的标准化生产。

（3）物流服务。消费者能否买到，购买行为本身方便与否，即生鲜农产品电商的网上交易程序以及后续配送能否让消费者放心，这些都需要物流配送作为强大后盾。生鲜农产品电商物流配送“最后一公里”，是唯一能与消费者直接接触的机会，展现了生鲜农产品的品牌形象。根据消费者对于配送时间约束的严格程度，可以合理规划时间窗，这样既能提高运输效率，又能降低物流成本。

2．精神层因素

线上生鲜农产品品牌建立的精神层因素主要包括农耕文化、顾客黏性、交互方式和网络化程度四个方面，是产品使消费者产生联想、赋予产品个性化内涵的重要纽带。没有产品的深层含义，也就失去了品牌的精神灵魂。

（1）农耕文化。作为中国优秀传统文化的主干成分，农耕文化是农业的重要精神文化资源。要想成功建立线上生鲜农产品品牌、提高农产品整体质量水平，农产品企业就需要重点关注农耕文化。顺应天时、找准特色、因地制宜、和谐发展，是农耕文化的精髓。

（2）顾客黏性。互联网环境下，信息搜索成本低，消费者能够很容易实现在不同商家进行产品、价格和服务对比，这增加了顾客流失风险，降低了客户黏性。消费者对所购买的农产品感受到的质量和在购买过程中感受到的服务感觉越好，其消费满意度就越高。在经历多次的购买使用之后，消费者的忠诚度也会相应提高，易于形成消费者黏性。

（3）交互方式，强调人与产品的信息表达，以及在接收交互过程中人的主体性位置。产品作为被感知的对象而存在，产品的信息表达和接收方式对应于与人交互过程中人的信息接收和表达。拓展、组合信息的表达和接收方式，辅之以合理的交互行为，就可以实现人与产品的交互方式。

（4）网络化程度。网络是连接生鲜农产品与消费者的桥梁，展现直接反馈效应。网络的功能越强大，吸引的消费者越多，企业越能从中获取利润，反过来又能强化网络功能，因此网络化程度直接关系到与消费者信息连接的成功与否。

3．价值层因素

线上生鲜农产品品牌建立的价值层因素主要包括品控能力、好评程度和在线销售量三个方面，是丰富产品价值属性、提升产品质量形象的重要动力。没有价值的产品，就容易失去市场和消费者。

（1）品控能力。生鲜农产品质量是消费者做出首次购买行为后，再次购买的关键性因素。从生产、加工、质检，一整套流程有序进行，项目抽检、产品资格认证，努力守好品牌建设第一关卡，从源头消除隐患。

（2）好评程度。在对生鲜农产品不熟悉的情况下，好评度高低会影响消费者对生鲜农产品的整体印象。消费者给好评的话，生鲜农产品企业可以提升有效信誉度，等级越高，消费者对卖家的信任感越强。同时，消费者给出好评以及评价，从另一个角度说明生鲜农产品品质有保障，其他消费者可以安心购买。

（3）在线销售量。一般是月销量，这个数量可以给消费者提供一些信息，如生鲜农产品使用者多少、价格合理程度、产品质量情况等等，一定程度上能体现生鲜农产品在消费者中的受欢迎程度。研究调查显示，消费者在做出购买行为前，常常会考虑农产品在线销售数量。

（三）判断矩阵、层次单排序及一致性检验

用数字 1～9 来表示两个指标之间相对重要性的判断标度，见表 6-3。

表 6-3　标度的取值及含义

标度	含义
1	两个因素同样重要
3	前者比后者稍微重要
5	前者比后者比较重要
7	前者比后者非常重要
9	前者比后者极端重要
2，4，6，8	表示上述相邻判断的中间值
倒数	若元素 i 与元素 j 的重要性之比为 a_{ij}，则元素 j 与元素 i 的重要性之比为 $a_{ji}=1/a_{ij}$

按照以上标度，结合专家评分、企业经营者的经验评估以及相关文献的整理，得出各层次的判断矩阵。计算出操作层 S 相对于要素层 F 以及目标层 0 的总排序向量，得出各影响因素权重，然后由高层到低层逐层对结果进行一致性检验。经过综合考察后，最终检验层次总排序的一致性为 CR = 0.062<0.1，满足一致性检验。

表 6-4　线上生鲜农产品品牌构建影响因素及权重系数

目标层（0）	要素层（F）	操作层（S）	权重系数	小计
线上生鲜农产品品牌构建影响因素	物质层 F1	产品包装 S1	0.10	0.29
		产品分级 S2	0.09	
		物流服务 S3	0.10	
线上生鲜农产品品牌构建影响因素	精神层 F2	农耕文化 S4	0.12	0.44
		顾客黏性 S5	0.10	
		交互方式 S6	0.12	
		网络化程度 S7	0.10	
	价值层 F3	品控能力 S8	0.10	0.27
		好评程度 S9	0.09	
		在线销售量 S10	0.08	

(四) 线上生鲜农产品的品牌构建实证分析

本书选取国内 6 个具有代表性的生鲜农产品作为样本，根据相关数据资料和企业实际情况，结合线上生鲜农产品品牌形成影响因素实证检验，形成结果见表 6-5。

从具代表性的生鲜农产品在各因素中的权重和最终得分可以看出，部分生鲜农产品在产品包装、产品分级和顾客黏性等方面投入力度不够，各层面的发展不平衡，其中以物质层体现得较为明显。目前，成功建立生鲜农产品品牌的企业都比较关注产品包装、农耕文化和品控能力，而且在物质层、精神层和价值层三个层面是均衡发展的。

表 6–5　线上生鲜农产品品牌对比分析

生鲜农产品	物质层			精神层				价值层			得分
	产品包装	产品分级	物流服务	农耕文化	顾客黏性	交互方式	网络化程度	品控能力	好评程度	在线销售量	
褚橙	√	√	√	√√	√	√	√	√	√	√	1.00
掌生谷粒	√√	√		√√	√	√	√	√	√		0.82
壹号土猪	√		√	√√	√	√	√	√√	√	√	0.91
蕊藤蔬菜			√	√√				√	√	—	0.41
库尔勒香梨				√√	√	√	√		√	—	0.53
食得鲜生态蔬菜			√√			√	√	√	√	—	0.51

三、线上生鲜农产品品牌路径构建

（一）线上生鲜农产品品牌路径构建的具体过程

通过 AHP 法剖析出影响线上生鲜农产品品牌的影响因素后，参考以往学者研究农产品品牌建立的角度和方法，构建出线上生鲜农产品品牌形成路径，见图 6-3。

1. 确定以物质层为核心载体的产品具体表现形式

构建物质层是线上生鲜农产品品牌构建的第一步，也是关键性环节。产品包装是线上生鲜农产品面向消费者的第一面孔，决定着消费者对生鲜农产品品牌的整体评价，需要与文化、企业形象相融。产品分级是线上生鲜农产品进行标准化生产的参考依据，也是赢得消费者信赖的重要因素。物流服务是线上生鲜农产品送达消费者的最后关卡，做好“最后一公里”是生鲜农产品品牌塑造的关键点。

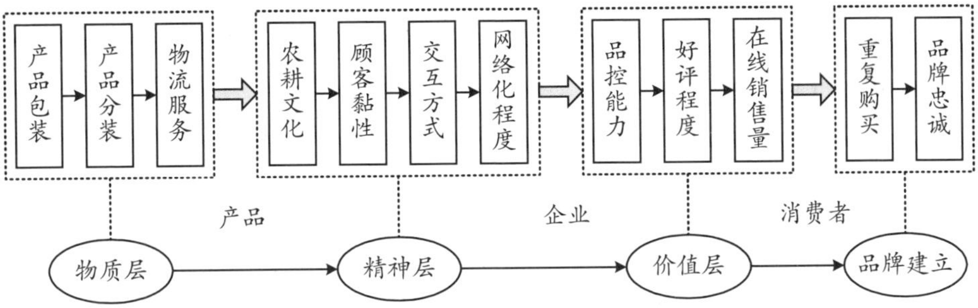

图 6-3　线上生鲜农产品品牌构建路径

2. 加强以精神层为外在体现的产品个性文化纽带

精神层体现为优质生鲜农产品的宣传。良好的品牌也需要宣传，宣传能够加快建立线上生鲜农产品品牌，提高公众了解度。农耕文化赋予生鲜农产品独特个性，丰富其文化内涵；顾客黏性增强消费者品牌忠诚度，提高生鲜农产品的销量和知名度；交互方式增强企业、产品与消费者之间的联系，提高消费者参与感；网络化程度体现信息平台的重要性，加快信息传递速度，提高企业利润。

3. 坚持以价值层为不竭动力的产品增值溢价资本

价值层重在建立消费者信任感，即消费者购买线上生鲜农产品后，做出再次购买行为的情感因素。消费者对生鲜农产品信任，也会对生鲜农产品品牌信任，爱屋及乌的效应也就产生了。品控能力需要落到实处，生产、加工、再加工环节都需要精准化、精细化、流程化；通过好评程度让消费者了解生鲜农产品的基本情况，了解生鲜农产品品牌，实现信息获取渠道畅通；通过在线销售量让消费者了解生鲜农产品销量情况和产品受欢迎程度。

(二) 线上生鲜农产品路径构建的对策建议

根据以上分析，线上生鲜农产品品牌要想成功形成需要做出以下努力：

(1) 加强生鲜农产品生产标准化，提高线上生鲜农产品品牌质量。鼓励生鲜农产品生产者申请无公害产品、绿色产品、有机食品认证。进一步完善并推广农产品质量标准，引导农企、农民专业合作社按照标准建设基地、组织生产。加强生鲜农产品质量可追溯管理，鼓励龙头企业带头严把质量安全关，建立生鲜农产品生产档案制度、质量监控制度。逐步建立以品种质量标准、产地环境标准、农业投入标准、生鲜农产品质量标准等为主的系列标准，使生鲜农产品生产各环节有标准可依。

（2）创新品牌包装设计，塑造生鲜农产品品牌形象。在进行品牌包装设计时，突出文化与线上生鲜农产品特色，塑造个性化品牌。将生鲜农产品品牌的包装设计与消费者个性化需求适当结合起来，从标识、包装造型、包装外观设计等方面突出线上生鲜农产品自身特色，充分挖掘生鲜农产品企业文化。比如，在生鲜农产品品牌包装的外观设计上，色彩、插图、材料等元素可以灵活融合。

（3）加大品牌宣传力度，扩大线上生鲜农产品品牌知名度。要想成功构建线上生鲜农产品品牌，就应尽量避免区域品牌带来的发展障碍，摆脱其给品牌忠诚和品牌价值带来的影响。可以选用广告媒体如电视、杂志、户外路牌等传播品牌信息，也可以选用软性宣传方式，通过文化渗透在消费者心中树立线上生鲜农产品品牌的良好形象。

（4）增强顾客黏性，建立线上生鲜农产品品牌忠诚度。企业需要贯彻顾客导向理念，对目标客户群体进行需求分析，准确把握消费者的需求特点，制定正确的经营导向并贯彻实施，不断提高消费者的感知服务质量，实现消费者的满意度和对生鲜农产品企业的信任，最终实现顾客黏性行为，让消费者实现品牌忠诚、重复购买。农产品企业需要从消费者满意度出发，不断检测营销努力有效性。通过检测和分析消费者感知价值与满意度，对比调整营销策略和方法，从而增强以消费者为中心的理念，提高顾客黏性程度。

四、结论

生鲜电商走线上是未来的发展必经之路，虽然目前线下仍为主流，但是线上增长迅速。随着资本和创业者更加趋于理性，以及政策的鼓励和监管的收紧，线上生鲜农产品必须加快建立品牌。

本书采用 AHP 层次分析法探究线上生鲜农产品品牌形成的影响因素，并在此基础上建立线上生鲜农产品品牌形成路径。基于消费者角度考虑企业和生鲜农产品，物质层、精神层、价值层是线上生鲜农产品品牌形成路径的关键性步骤：确定以物质层为核心载体，作为产品的具体表现形式；加强以精神层为外在体现，作为产品的个性文化纽带；坚持以价值层为不竭动力，作为产品的增值溢价资本。具体从产品包装、产品分级和物流服务三个环节在物质层面把好标准关，为消费者形成良好的第一印象打下基础；从农耕文化、顾客黏性、交互方式和网络化程度四个环节在精神层面把好宣传关，为消费者记住线上生鲜农产品品牌提供动力；从品控能力、好评程度和在线销售量三个环节在价值层面把好信任关，为消费者形成品牌忠诚度提供保障。

第三节　农产品电商营销模式选择影响因素模型构建

当前，随着电子商务的发展，基于技术创新的新型交易模式正在形成一股强大的力量，推动着整个流通产业的变革（纪宝成、晏维龙，2000）[158]，而其中农产品电子商务已成为全球主要国家提升农业竞争力、拓展农产品国际市场的着力点。我国农产品电子商务近年来也呈现出快速发展的态势。据《2014—2015 年中国农产品电子商务发展报告》显示：2014 年我国涉农类电商企业达到 3.1 万家，其中涉农交易类有 4 000 家，仅农产品网络零售额就达 1 000 亿元，年增长接近 50%。但是，上述报告同时指出，目前我国农产品电商不仅没有降低农产品的流通成本、提高效率，反而增加了成本，农产品电商中只有 1% 能够盈利，7% 有巨额亏损，88% 略亏，4% 持平（洪涛、张传林，2015）[159]。这种农产品电商赢利模式的现状反映出我国农产品电子商务企业亟须调整现有的营销模式。基于上述背景，本节从农产品电商营销模式选择的影响因素出发，从事前控制角度，采用扎根理论，构建了农产品电商营销模式选择影响因素模型，力图为我国农产品电商企业营销模式决策提供一种新的思路和方法。

一、研究现状及述评

近年来，随着农产品电子商务在我国的广泛应用和推广，越来越多的学者关注和研究该领域，形成了一系列研究成果，主要包括以下四个方面：

（一）国内农产品电子商务模式及创新探讨

（1）基于交易主体的农产品电子商务模式分类研究：探讨了农产品 B2B2C 模式、农产品 B2B 模式、农产品 O2O 模式以及农产品 F2C2B 模式。

（2）基于交易方式的农产品电子商务分类研究：对电子拍卖方式、网络直销方式、集约式农产品电子商务方式进行了研究。

（3）基于特定农产品的电子商务交易模式研究：一是从品类管理的视角研究了农产品电子商务发展模式；二是探讨了生鲜农产品的电子商务模式。

（4）基于特定地区的农产品电子商务模式应用研究：付秀平（2015）探讨了通榆县农产品电子商务发展模式；[184] 唐微（2016）对山西特色农产品电子商务模式进行了研究。[185]

（二）农产品电子商务营销模式的研究

孙百鸣、王春平（2009）探讨了黑龙江省以产品标准化生产和品牌化建立作为自身营销优势，通过走高端市场获得价格优势，从而实现盈利的营销方式。[186] 綦方中、郑婷婷、潘凤钗（2012）研究了借助第三方电子商务平台，根据产供销情况建立合适的农产品体系，以吸引企业加入交易平台、缴纳交易佣金和交易双方注册会员费等而获得收益的营销模式。[187] 张鑫（2016）探讨了电子商务背景下通过网络直销和网络信息平台的农产品流通方式实现网上信息服务和线下交易的营销方式。[188] 刘一江等（2015）研究了以“会员包月 / 包周制”营销方式吸引消费者预付购买费用为主体的“农民 + 经济人 + 产地 / 销地批发商 + 零售商 + 消费者”的生鲜农产品电子商务模式。[182] 张永强等（2016）研究了由网络销售、物流配送和线下体验三者有机结合的农产品电子商务营销模式。[189]

上述研究动态表明，已有的农产品电子商务研究成果比较丰富，并呈现出重点突出、多元视角、跨学科协同创新的研究特点，为本书的研究提供了重要基础。但梳理已有成果，我们发现还是缺乏紧密结合国内农产品电子商务营销模式现状，从营销模式的角度来系统探讨农产品电子商务的研究，更缺少对农产品电商营销模式影响因素的研究。

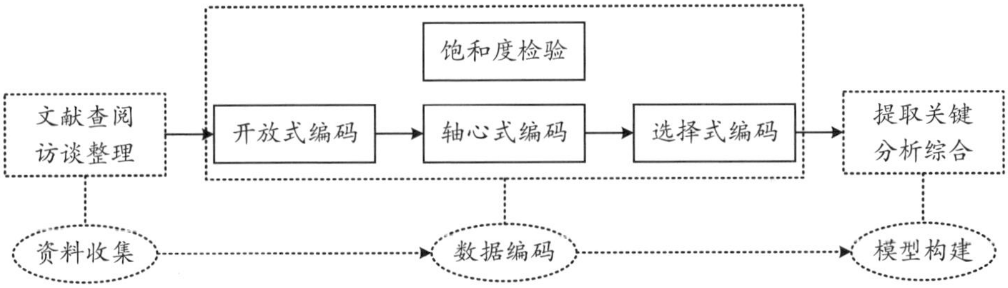

图 6–4　农产品电商营销模式影响因素模型构建思路

二、研究方法和数据来源

(一) 研究方法

扎根理论由 Glaser 和 Strauss 于 1967 年率先提出，强调通过研究现象、提出理论概念并进行清晰化，从实践中挖掘概念并上升到理论层面。换言之，扎根理论是从系统化的资料搜集与分析中发掘、发展出来，并暂时被验证过的理论。本书的研究思路：首先，阅读梳理文献，确定研究问题。其次，根据调查抽样原则，一对一访谈和发放问卷，做好记录。在此基础上，进行开放式编码、主轴编码和选择性编码的三阶段式资料整理，逐级提炼初始概念、主范畴与核心范畴。最后，进行理论饱和度检验。

（二）数据收集

本次研究采用探究性方法，注重资料真实性和可获取性，选用多种方法进行数据收集，具体包括：

（1）《中国统计年鉴2015》，主要了解目前农产品电商的可行性、消费者收支情况和日常消费能力；

（2）中国电子商务研究中心2014—2015年度的电商市场数据监测报告、用户体验与投诉监测报告和网络零售市场数据监测报告，主要从消费者角度挖掘影响农产品电商营销模式实行的因素；

（3）20份农产品电商企业访谈记录，从企业角度探究农产品电商运营成败的关键性要素。

在此基础上，整理分析获取的数据资料，然后进行理论饱和度检验，以确保资料的真实有效性。

（三）范畴提炼和模型构建

本研究主要通过开放式编码、主轴编码和选择性编码这三级编码的推演，逐步提炼出模型中的影响因素以及相互之间的联系，并通过理论饱和度检验来降低模型误差率。

1．开放式编码

开放式编码是扎根理论进行数据分析程序的首要步骤，即对原始数据资料逐项进行编码，然后再混合、重组，提炼初始概念和范畴。数据资料搜集过程中，需按相关性、准确性、重要性原则挖掘有效信息。在概念范畴化时，除去重复、交叉、无关内容，抽象化概念，最终得到8个范畴。具体编码过程见表6-6。

表 6-6 农产品电商营销模式影响因素开放式编码

资料内容	初始概念化	范畴化
将线上作为根据地，可以吸引全国的流量，节省线下门店的租金，从而将售价降低，占据价格优势，吸引消费者。大幅降低生产成本，有了规模效应以后，生产、运输等各方面都可以提升	节省成本 扩大规模	资金周转能力
乌云漏洞平台曝光携程系统存技术漏洞，可导致用户个人信息、银行卡信息等泄露	技术漏洞 信息泄露	技术支持力度
自营＋平台类电商用户满意度相对较高，如苏宁易购、京东、聚美优品、亚马逊中国等电商，这与其对产品的直接把控密不可分	产品把控 平台运营	产能配合程度
在数据营销方面发力，通过分析消费者年龄结构、消费习惯、购物经历，预先制定针对性的优惠方案，帮助消费者更快、更准确地做出购买决策	营销分析 方案制定	职工工作水平
民营快递企业面临快递量增长放缓的问题，快递业进入抱团整合期。但由于道路、货运中心等基础设施不完善，物流成本高等限制，农村电商发展遭遇瓶颈，农村物流体系建设刻不容缓	物流成本 基础设施	物流配送体系
随意虚构商品信息，违反《反不正当竞争法》第二条所规定的诚信原则，而有偿改价则涉嫌违反《反不正当竞争法》和《价格法》。任何以不正当方式忽悠用户购买的举措最终都将被用户抛弃	产品信息 产品质量	产品整体质量
2015 年度网络零售热点被投诉问题包括售后服务、发货迟缓、网络售假、退换货难、退款难、价格欺诈	交易难度 网上投诉	网上评价优劣
在购买过程中，经营相同农产品的商家在进行销售时，会优先考虑在开展活动的商家处购买。常见的活动形式有打折、好评返现、买赠、包邮等	活动优惠 形式多样	促销活动形式
县乡居民对于网购的渴求在某种程度上要大于城镇，因为当地实体零售业不发达，无法满足他们的购买需求。加上县乡居民消费能力逐渐提高，县域地区用户对于品牌商品有大需求，而网购是比较好的方式	消费能力 品牌诉求	品牌形象塑造

2. 主轴编码

通过开放式编码得到的概念化范畴相互之间独立，联系还未体现。主轴编码则是进一步对开放式编码的结果和数据资料进行再分析，发现范畴在概念层面的潜在联系，进而归纳出主范畴。根据以上步骤，本书最终梳理出3个范畴：产、供、销。同时，就资料中的独立范畴的各自比重进行量化。各主范畴、独立范畴及范畴逻辑见表6-7。

表6-7 主轴编码

主范畴	独立范畴	出现比重	范畴逻辑
产	资金周转能力	15%	农产品电商营销模式扩大化与企业资金周转能力成正比
	技术支持力度	10%	农产品电商营销模式实行离不开信息技术支持
	产能配合程度	5%	农产品电商营销模式扩大化需要产能的高度配合
	职工工作水平	5%	农产品电商营销模式的顺利开展需要员工的用心投入、敏锐的市场洞察力
供	物流配送体系	20%	农产品电商营销模式的成功与否和物流配送系统的成熟度息息相关
	产品整体质量	15%	产品的整体质量的关键是保鲜，它影响着农产品电商营销模式的生态循环
销	网上评价优劣	12%	网上好评度直接影响农产品电商营销模式的扩大化和规模化
	促销活动形式	9%	促销活动的多样化形式助推农产品电商营销模式的发展
	品牌形象塑造	9%	品牌形象塑造是农产品电商营销模式可持续发展的有力保障

3. 选择性编码

扎根理论实施的第3步是选择性编码，这一阶段需要对主轴编码归纳出的主范畴进行抽象化、理论化，挖掘出整个环节的核心范畴，并以“故事线”的形式融合各种关联变量。本书的核心范畴是农产品电商营销模式选择影响因素，主范畴的典型关系结构如表6-8所示。

表 6-8　主范畴的典型关系结构

典型关系结构	关系结构的内涵	受访者的代表性语句
产	基础支撑	技术熟练程度、职工的工作积极性都影响着农产品电商营销模式的实行。特别是规模扩大后，资金和产能的实力会直接影响农产品电商营销模式的后续发展
供	核心力量	农产品电商营销模式能够兴起和发展的关键，还是物流配送体系，如冷链技术、“最后一公里”。其中，产品包装和质量也影响着物流配送
销	动力来源	网上好评度和促销活动的形式影响消费者做出购买决策。在无法判断优劣的情况下，品牌知名度高的会备受消费者青睐，这也是农产品电商营销模式想长远发展必须关注的重要环节

4. 理论饱和度检验

理论饱和度检验是验证扎根理论所选取的抽样样本和数据资料是否全面，能否停止理论抽样的判定依据。本研究随机抽取 15 份访谈记录作为实验组，将剩余 5 份作为检验组进行理论饱和度检验，并对数据资料再分析、再整理。结果显示，与模型中“农产品电商营销模式选择影响因素”所表现的内容和关系相符，没有发现新概念和范畴。由此，可认为本研究构建的模型在理论上是饱和的，如图 6-5 所示。

三、营销模式选择模型的理论阐释

通过扎根理论进行三步编码，构建农产品电商营销模式选择影响因素模型，其主要由三个主范畴构成：产、供、销。这三个主范畴不仅可以再细分，而且与核心范畴存在着一定的逻辑关系。

（一）产是农产品电商营销模式规模扩大化的基础支撑

产是农产品电商在推行营销模式时首要考虑的因素，这个是农产品电商能否步入正轨的基础。农产品电商营销模式成熟后，生产能力是否可以跟上消费

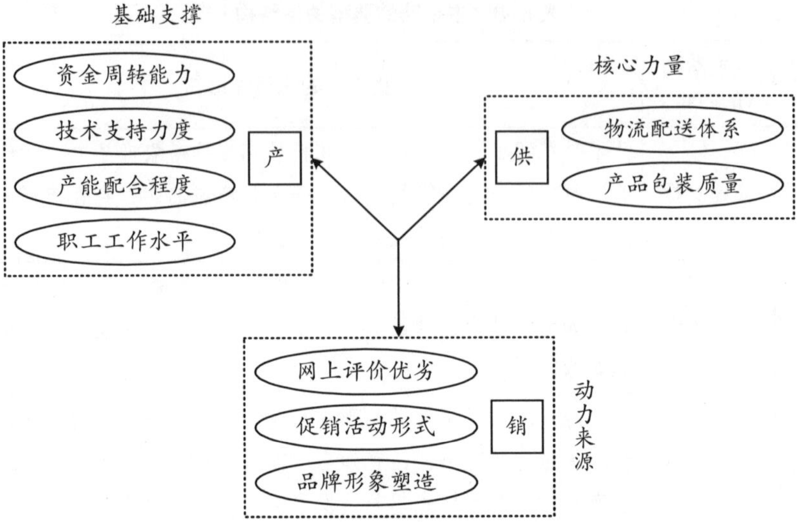

图 6-5　农产品电商营销模式选择影响因素模型

者需求决定着农产品电商的规模扩大化程度。生产能力主要包括四个方面：资金周转能力、技术支持力度、产能配合程度和职工工作水平。

资金周转能力是农产品电商营销模式规模扩大化的财政支撑。资金是企业的血液，企业运行离不开资金运动，主要包括总资产、流动资产、固定资产和存货资产的周转能力、营业周期等。通过访谈我们发现很多企业都希望将电商和营销模式结合，但是自身技术支持能力不足，只能将网上操作技术外包给其他公司。相较于线下销售量，线上订单量几乎是成倍增长，所以产能配合程度就显得尤为重要。随着电商的迅速发展，很多企业也想分一杯羹，可自身实力不足，通常企业会将技术支持和产能两部分外包出去。另外，职工工作水平也是农产品电商营销模式规模扩大化的重要支撑，主要包括职工工作态度、计算机操作能力、团队合作意识等。生产是基础，资金是后援，技术是硬件，人力是保障。

(二) 供是农产品电商营销模式兴起发展的核心力量

供包括物流配送体系和产品包装质量两方面，是农产品电商营销模式兴起发展的核心力量。在研究农产品电商营销模式发展时，国内学者发现物流是影响企业盈利和消费者感知满意度的症结所在。

物流配送体系中，冷链物流难题似乎尚未解决。生鲜农产品需要实时保鲜，运输过程中制冷不能停，因而成本消耗量巨大，导致电商亏损严重。由于大多数农产品都是生鲜农产品，需要经过包装、冷藏等初步处理，才能防止运输中腐烂的农产品影响其他农产品。据有关资料显示，我国大部分生鲜农产品仍在常温下运输，农产品包装还未标准化，难以为易腐农产品提供质量保障。生鲜农产品冷链物流技术需要有完整的技术标准，如制冷标准、产品包装规格和保鲜措施、物流行业规范标准等。物流各环节的配合程度，有助于减少物流中间环节，缩短物流时间，降低总体成本。

（三）销是农产品电商营销模式长远发展的动力来源

销通过销售额、忠实顾客量的多少来体现农产品电商营销模式的可持续发展能力，即销售额越高，忠实顾客量越多，说明目前农产品电商营销模式是成功的，且能够长期发展、值得加倍投资。销主要体现在网上评价情况、促销活动形式和品牌形象塑造三方面。

在不了解农产品的具体情况下，消费者购买时会特别关注网上好评度。他们可以通过网上评论了解农产品质量、商家服务态度、物流快递速度等，形成对农产品较为全面的印象。面对经营相同农产品的不同商家，如果网上好评差异不大，促销活动形式则会影响消费者做出最终的购买决策。好评返现、买一送一、农产品包邮等多样化形式，能够更加吸引消费者。研究发现，目前在消费者心中印象比较深的农产品电商企业似乎还没有，也就是说农产品电商行业还未出现真正的领导者或者领先者。有前瞻性眼光的农产品电商企业开始注重品牌形象塑造，从产品包装质量、售后服务、宣传力度等方面挖掘自身特色的优势和风格，努力在消费者心中形成良好的品牌形象。

四、结论与对策

(一) 结论

本研究主要结论如下:

(1) 影响农产品电商营销模式选择的主要因素包括产、供、销三方面;

(2) 产由资金周转能力、技术支持力度、产能配合程度和职工工作水平四方面构成,是农产品电商营销模式规模扩大化的基础支撑;

(3) 供由物流配送体系和产品包装质量构成,是农产品电商营销模式兴起发展的核心力量;

(4) 销由网上评价情况、促销活动形式和品牌形象塑造三方面形成,是农产品电商营销模式长远发展的动力来源。

本研究的理论贡献在于:

(1) 从事前控制角度探讨农产品电商营销模式选择时要考虑的影响因素,整合以往学者在农产品电商方面的已有研究成果,并挖掘出新的影响因素;

(2) 将物流配送体系纳入农产品电商营销模式选择的考虑范围,深入剖析目前农产品电商营销模式发展受限的关键原因;

(3) 运用扎根理论,综合相关文献和数据资料,构建农产品电商营销模式选择影响因素模型,为想做农产品电商的企业提供市场准入的参考依据。

(二) 对策建议

根据以上分析,企业在选择农产品电商营销模式时需要考虑以下因素:

(1) 农产品电商营销模式离不开网络技术,主要包括后台运营、网站维护、产品更新、售后服务跟进等方面,企业短期内可以将这部分交由专门公司负责维护。但从长远发展来看,企业应熟悉电商平台经营,尽早接手、自己管理。

(2) 根据自身企业情况,考虑物流配送是自营、外包还是合作经营。为降低成本,建议重点研究运输过程中的产品保鲜技术,并设计出合理实用的运输型产品包装。

（3）资金和产能是农产品电商营销模式发展需要预先考虑的部分，企业要提前做好产能提高和资金后援支持准备，防止陷入供不应求或者资金断流的两难境地。

第四节　农产品电子商务营销模式实例分析

湖南惠农科技有限公司是国内领先的专业从事农村电子商务和农业信息化服务的高新技术企业。公司自 2013 年成立以来，始终秉持“用科技推动农业产业升级”的企业核心理念，为实现“让农民更富裕，让居民更健康”的愿景，不断进取，锐意创新，努力探索“互联网 + 农业”的新途径和新模式，在“互联网 + 农业”产业迅速崛起。

公司创新孵化出基于农村电子商务的“惠农优选”“真源码”“惠农电商研究院”“县域电商服务”“委托采购”等服务项目，通过“培训中心 + 产业带 + 农产品采购节 + 溯源平台”的落地模式，推进农业电商健康可持续发展。伴随着农业供给侧改革和消费提质升级的大趋势，公司将在促进农产品标准化、提升农产品品牌化及影响力、提高食品安全及防伪溯源能力、促进农产品流通信息化、优化农产品流通环节等方面继续发力，在对农产品供应链进行全面升级改造之路上稳步前行。未来，公司业务体系将逐步延伸到农业生产技术、农业生产资料、农业金融等其他领域，致力打造农业互联网体系生态圈。

惠农网由湖南惠农科技有限公司开发运营，是国内领先的农村电子商务和农业信息化服务平台。目前，惠农网平台囊括水果、蔬菜、畜牧水产、农副加工、粮油米面、苗木花草、农资农机、中药材、包装、仓储十大类目，涵盖超过 1.4 万个常见农产品品种，是农业从业者和采购商的必备工具之一。“手机惠农”是惠农网的移动端应用软件。手机惠农致力于农产品交易服务，促进买卖双方高效、安全对接，真正实现农产品买卖无忧。通过手机惠农，买家可以轻松、精准地找到全国各地的优质农产品，并通过实时在线咨询与卖家即时沟通，通过担保交易完成采购；用户可定制特别关注的农产品类别，及时掌控市场行情；用户可随时随地发布农产品采购、供应信息，轻松买货、卖货；同时提供买家保障与担保交易，轻松采购农产品。顺应“互联网 +”时代，惠农网旨在“用科技推动农业产业升级”，为实现“让农民更富裕，让居民更健康”的愿景，不断进取，锐意创新，持续发展，探索“互联网 + 现代农业”的新途径和新模式。平台运行五年以来，从惠农网 1.0 迭代形成了惠农网 4.0，见表 6-9，从最初的农产品信息发布平台，到目前形成高效农产品交易的生态圈，集聚形成了集农产品交易商机推送、精准营销、大数据营销、金融和物流服务于一体，不断探索和创新我国农产品 B2B 模式。

表 6–9 惠农网的发展历程

迭代	平台功能	商业价值	营销方式
惠农网 1.0	信息展示平台	信息发布	广告费
惠农网 2.0	具有产品展示功能的信息平台	产品展示、信息发布、交易对接	店铺租金、广告费
惠农网 3.0	具有营销功能的信息化农产品 B2B 平台	交易撮合、商机推送、营销服务	会员费、溯源增值、培训服务
惠农网 4.0	高效农产品交易的生态圈	商机推送、精准营销、大数据营销、金融及物流服务	佣金、溯源增值、产业链体系设计

一、平台市场定位

农业供应链的结构主要分为农业生产、流通和消费三个环节，其中农业生产又可以细分为产前、产中和产后三个环节。流通和消费环节，在某种程度上可以统一归纳到产后环节中。每个环节涉及的商业主体和服务形式各不相同，见图 6-6。惠农网以农产品流通环节为切入点，成为连接农产品生产和消费两端非常关键的一环。

客户对象主要以农产品种植大户、农产品经纪人、农业合作社、农产品批发商为主，涉及水果蔬菜、畜牧水产、粮油米面、农副加工、苗木花草、农资农机以及中药材等品类，注册会员超过 120 万，年交易额突破 10 亿元。2014 年实现销售收入 3 825.72 万元，资产总额达 5 703.6 万元，净资产 5 583.05 万元，资产负债率为 2.1%。2015 年实现主营业务收入 5365.86 万元，资产总额达 11 575.48 万元，净资产 10 898.08 万元，资产负债率为 5.85%。2016 年实现主营业务收入 7 040.18 万元，资产总额达 15 389.60 万元，净资产 11 584.76 万元，资产负债率为 24.72%。

2015 年 10 月 10 日，惠农网的"面向农村移动电子商务的平台研发及典型应用"被评为国家现代服务业综合试点重点项目。2015 年 10 月 30 日，公司被认定为国家级"高新技术企业"。2015 年 10 月 30 日，公司获湖南省商务厅 2015 年第一批"湖南省电子商务企业"认定。2017 年 4 月 16 日，在第二届全国大宗商品电商峰会上，惠农网获得"2017 年中国大宗商品电商百强企业农产品类十强"的荣誉称号。2017 年 12 月 30 日，中国电子商务协会 B2B 行业分会公布"2017 中国 B2B 行业新锐势力榜"，惠农网位列其中。

(一) 平台品类分析

在我们抽样的会员数据库中，每个会员企业填写了 7 个一级分类类别，共出现了 18 616 次。其中属于水果蔬菜分类下的最多，为 7 497 次，占比 40%；其次是畜牧水产，出现了 3 932 次；再次是农副加工，出现了 2 737 次。从样本结构来看，水果蔬菜、畜牧水产、农副加工成为主要的交易品类。从平台发布的产品信息来看，苹果为主要产品，其次是西瓜和猪苗，见图 6-7。这也是目前大部分农产品电子商务平台交易的主要对象。但是从中国农业产业结构来看，种植类农业应该为农业生产的主要形式，其中粮食生产又在种植类中占比最大，因此，粮食类产品和商家有待于继续开发，应该重点关注。

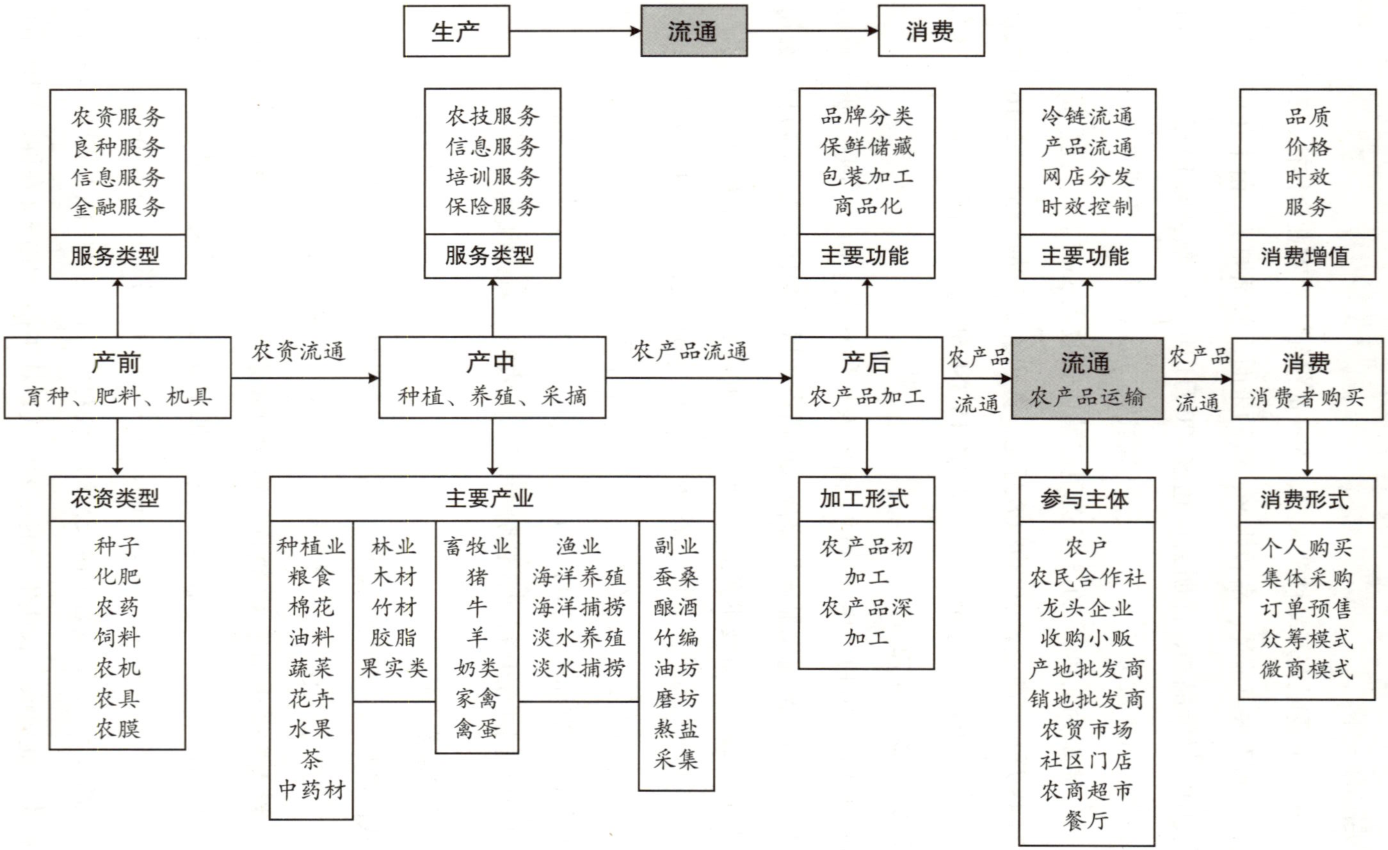

图 6-6　农业供应链结构图

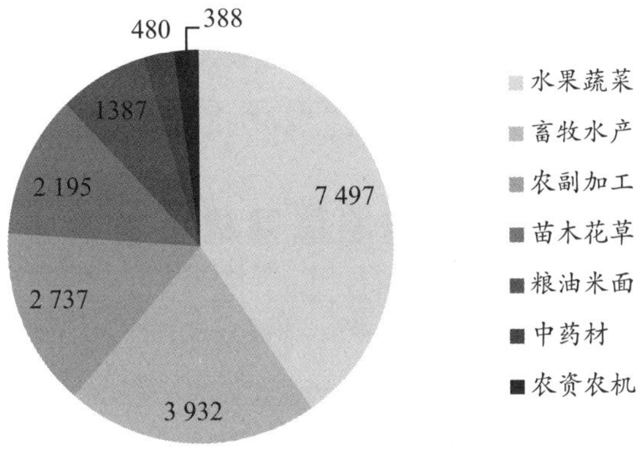

图 6–7 惠农网交易品类分布

数据来源：惠农网会员抽样调查。

(三) 平台撮合分析

从对平台的抽样调查来看，平台用户对产品的访问量排名前 20 与发布产品排行前 20 名相比较，其中有 13 个重叠，另外有 7 个访问量高的产品与发布产品排行数差异明显（见图 6-8 和 6-9），分别为玉米粒、猕猴桃、柚、土豆、黑茶、核桃、猕猴桃苗。

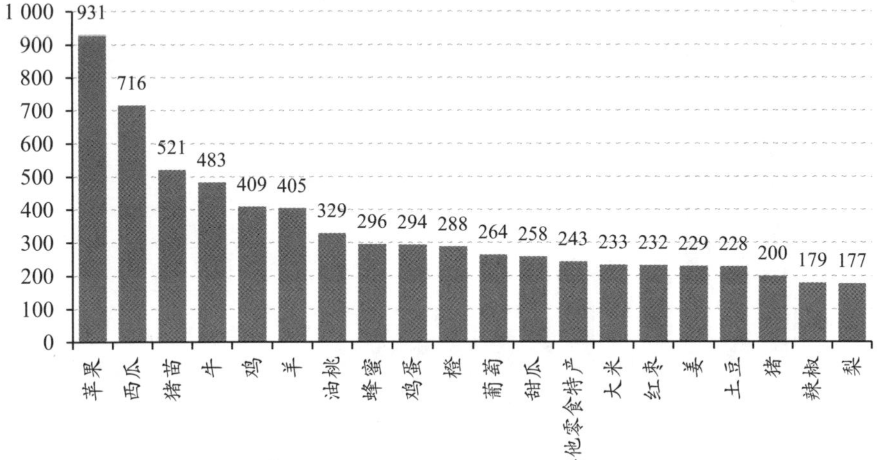

图 6–8 惠农网产品信息发布

数据来源：惠农网会员抽样调查。

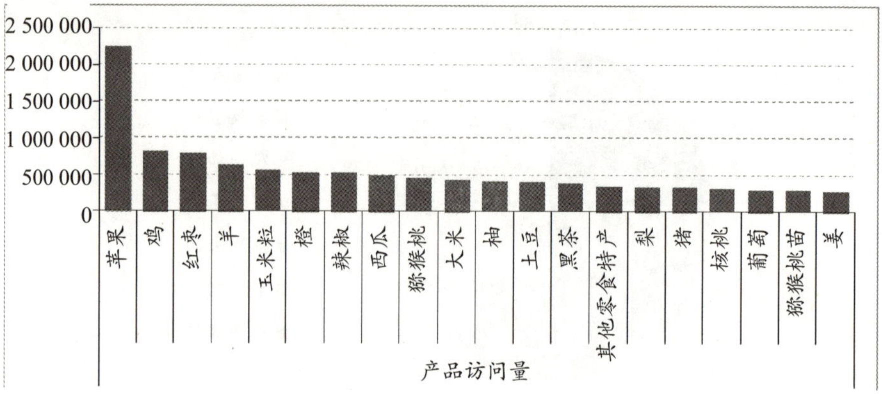

图 6–9　惠农网产品访问量分析

数据来源：惠农网会员抽样调查。

供应信息数最多的为苹果，共 25 788 条，与平台发布产品数量最多的苹果一致。其次是猪和西瓜，供应信息条数都在 2 万条以上。而求购信息条数最多的为玉米粒，共 2 419 条，其次为其他苗木和其他蔬果加工。从采购信息排行前 20 名来看，只有 7 个产品跟供应信息排行相匹配，且数量偏小（见图 6-10、6-11 和 6-12）。未来，可以根据平台供应信息情况有针对性地搜集积累采购信息，平衡供需。

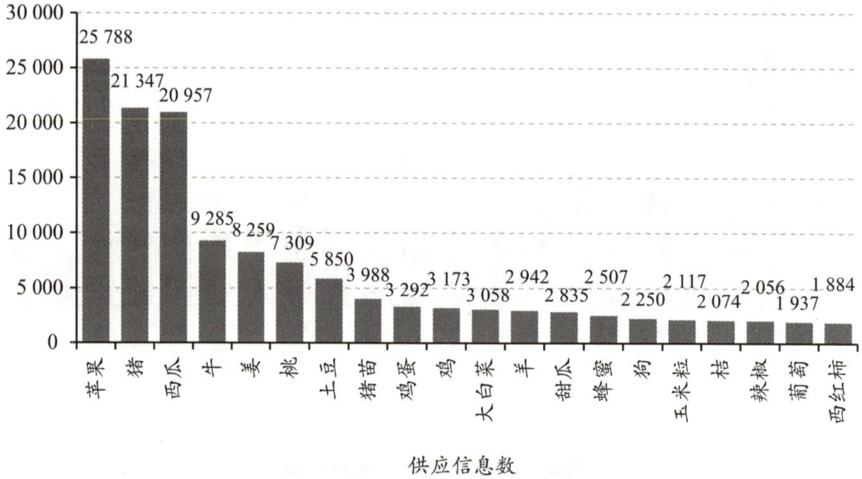

图 6–10　惠农网产品供应信息分布

数据来源：惠农网会员抽样调查。

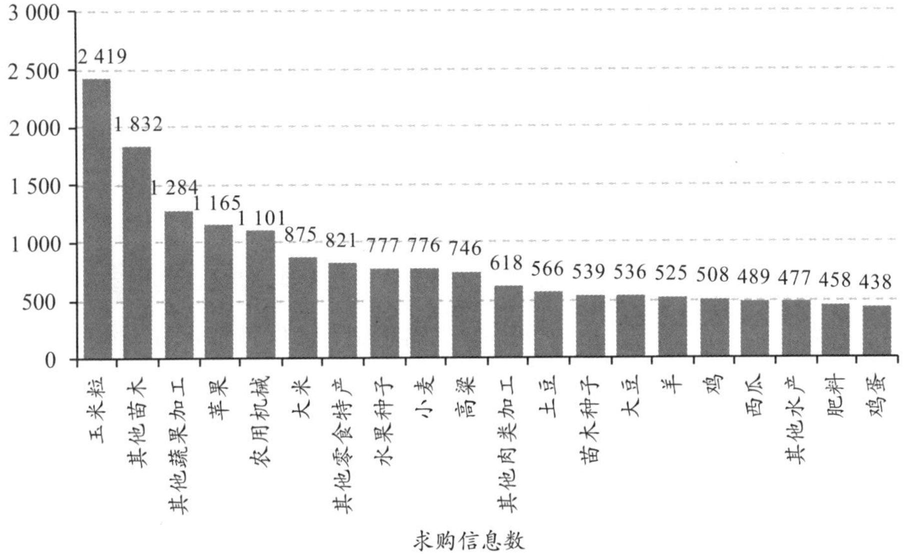

图 6-11　惠农网求购信息分布

数据来源：惠农网会员抽样调查。

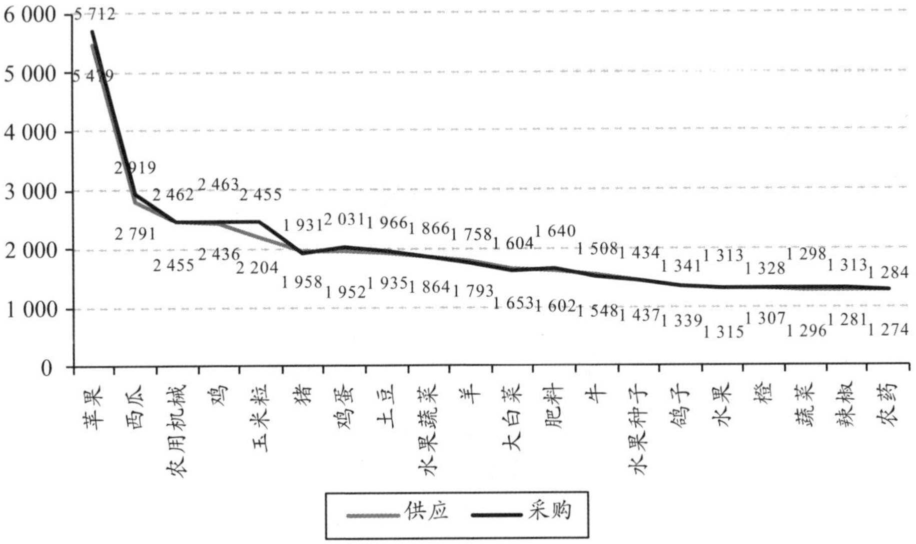

图 6-12　惠农网供需信息匹配分析

数据来源：惠农网会员抽样调查。

从用户关注和订阅的数据来看，关注的供应和采购信息并无显著差异，排名前三的是苹果、西瓜和农用机械。从平台统计的基础数据分析，苹果为目前平台最热门的产品，其次是西瓜。而玉米粒的采购需求是平台用户关注的热点。

二、惠农网商业模式分析

（一）“四位一体”商业模式

传统的农产品流通方式有流通环节多、参与主体较复杂、流通成本高、信息化程度低、管理方式落后、农民的利益得不到有效保障等问题。惠农网以流通环节为切入点，致力于农产品流通的线上 B2B 交易平台，旨在让农产品的流通和服务信息化，让农产品买卖更高效。平台运用移动互联网技术互通供求两端的信息、交易、支付、物流等环节，采用“平台 + 当地运营商 + 企业”的运营模式，逐步形成了“四位一体”的商业运营模式（见图 6-13），有效促进了农产品销售信息化、标准化、品牌化，创新农产品销售方式，推动农业产业升级。

图 6–13 惠农网“四位一体”商业模式

1．县域产业带

依托惠农网建立的“县域农业产业带”，使县域内农民专业合作社、种养大户、家庭农场、农产品加工经营企业等农业产业及产品资源集中入驻互联网，勾画县域农业“经济地图”，打造县域农业“经济名片”，借助惠农网平台的技术、推广、流量、品牌及买家众多且分布广泛等优势推介县域农业产业，营销县域农产品，从根本上改变农产品传统销售方式，拓宽农产品销路。

2．农产品原产地认证

针对农产品生产标准化程度低、品质相对难控的现状，公司研发了至今最先进的全程追踪防伪溯源系统——“真源码”平台。利用云计算和大数据技术的“真源码”，可通过产地认证、全程追踪、保险（质）期、位置信息、明暗双码、一品一码六大防伪功能，杜绝假冒伪劣，实现农产品从播种到餐桌的无缝监控，确保消费者食品安全，为各级政府食品安全监管部门提供科学、先进、有效的监管工具。

3．农村电商服务

成功探索出政企合作建立县域农村电子商务公共服务体系的新途径，为县域农业电商提供“一揽子”解决方案，组织培训，整合第三方物流和全网营销资源，帮助和指导开设网店并提供“带运营”服务，集聚县域内特色优势产业资源，创立并利用互联网优势推广“三品一标”农业品牌，提升农产品公信力和销售，有效助推县域农村电子商务快速普及并持续发展。

4．惠农商学院

整合各类资源成立惠农商学院，有效集聚各种培训资源，采取线上、线下相结合的方式，广泛开展以面向农村为主的农业电子商务实用、实操人才培训，探索农村电商培训的有效可复制模式。目前在双峰县、洞口县、炎陵县等30多个县区进行200多场农业电商专项培训，成为阿里巴巴村淘合伙人第三方培训服务的授权服务商。

（二）商业模式创新和价值分析

1. 营销方式创新

传统的大宗农产品流通是从生产者经过批发市场再到各种经销商，其中批发市场经过30多年的发展，在流通环节中起着非常关键的作用。惠农网通过产业带运营商和城市服务商两个有力抓手，将生产供应和采购需求信息化，通过平台建立信息连接、匹配、营销和交易，打通农产品生产流通上下游的渠道。消费端的采购需求汇总到城市服务商，再发送给产业带运营商，产业带运营商根据需求将产品输送给城市经销商和消费者，这种将传统的线下流通，通过线上平台和服务商的连接转到线上交易的模式称之为CBBS模式（见图6-14）。

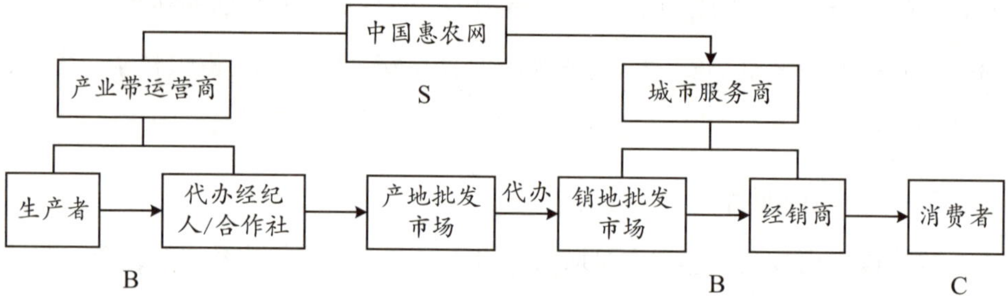

图6-14　惠农网营销模式创新

2. 营销策略创新

惠农网依托平台，从产业链发展的角度，紧密联系产业带运营商和城市服务商，构筑统一的利益链条，占据产业的关键环节，打造形成农产品交易生态圈。产业带运营商在农产品流通环节中主要扮演的角色为产地代办经纪人，可以是具有运营能力的个人组织、农业专业合作社和农业龙头企业任何一种形式，主要承载的功能是让生产者生产的产品转化为可以流通和消费的商品，并根据城市服务商的采购需求整合物流输送商品。因此，根据产地的产品不同，对产业带运营商的运营能力要求也不同，主要从指导生产、收购、品控、品牌策划、包装、整合物流几个方面整合资源，开展工作，未来还会承载金融、产品加工等多方面的功能。城市服务商在农产品流通环节中主要扮演的角色为销地代办经纪人，可以是掌握某品类渠道的个人组织或公司，主要承载的功能是将消费者、经销商和销地批发商等各种销售渠道对某一品类的采购需求进行信息汇总，并将采购需求传送到上游产业带运营商进行集中采购和货品分发。城市服务商通过搜集销售渠道的采购需求、发送需求、联系采购、收货、分发货品几个方面整合资源、开展工作，未来还会承载金融借贷、物流配送等多方面的功能。

产业带运营商是从产品到商品的有力抓手，也是带动地方农业产业升级的催化剂和魔术师。城市服务商是销售批发商和城市经销商的有力抓手，未来将成为某一品类农产品流通的主渠道。惠农网一方面辅助产业带运营商成长，提供品控、品牌策划、包装等方面的操作方案，另一方面为城市服务商各个销售渠道汇合在一起提供信息通路和平台支持，同时也是连接两个服务商的信息纽带和交易桥梁。

三、惠农网营销创新实践

“互联网＋”已经上升为国家战略。惠农网根据国家与经济的发展趋势，在2016年上半年成立了县域电商服务中心，专注于电子商务进农村的发展研究，探索电子商务形态的发展与运行趋势，使电商成为县域经济发展的新增长点和促进消费服务业转型升级的新引擎，帮助政府与农业企业提供切实可行的实施解决方案，探索出一条推动县域农村转型发展、农民致富增收的新模式。

(一) 惠农网靖州杨梅 B2B 供应链方案设计

1．靖州县杨梅产业发展已取得的成绩

靖州处于湘、黔、桂三省区的交接地带，是我国东中部通往大西南的重要通道。近些年，靖州依托其区位优势及地理环境发展了特色产业——杨梅产业。

（1）杨梅优势产业带已初步形成。近年来，靖州县坚持“库区柑橘杨梅，库外茯苓”的发展战略，科学规划，抓点做样，积极引导，逐步形成了以艮山口、夏乡、太阳坪、坳上及县直隶单位林场为主的杨梅产业带。

（2）建立了杨梅优质良种苗木繁育基地。1998 年在农业技术部门的指导下，由靖州县水果产销协会牵头，在太阳坪乡和坳上乡建立了良种苗木繁育中心，年出圃杨梅优质良种苗木 4.5 万余株，为靖州县杨梅优化改造和结构调整奠定了坚实的基础。

（3）适用技术推广应用，产量和品质明显提高。以提高产量和品质为目的，近年来杨梅矮化栽培、合理修剪、疏花疏果、保花保果、完熟栽培、病虫害优化防治等一批先进适用技术得到广泛推广应用，成效明显，杨梅果大、色鲜、汁多味甜，平均亩产量也由原来的 21 千克提高到了现在的 564 千克，增幅为 168.5%，新发展基地第 3 年树冠基本形成，第 4 年挂果，第 5 年投产，平均亩产量达 356 千克。

2. 靖州县杨梅产业发展存在的问题

（1）市场开拓缓慢。虽然靖州在地理位置上有着很大的优势，交通便利，但由于地处山区，农户没有市场意识。每年杨梅基本属于内部消化，即在靖州县内出售。仅有的“出县”机会也是本县居民走亲访友时带点杨梅尝个鲜。农户的市场意识淡薄，诚信程度低，造成履约率较低。在农户与龙头企业进行市场交易时，经常出现不执行合同协议或者是掺假、短斤少两等现象，使得市场的开拓非常缓慢。

（2）质量不稳定。杨梅成熟的季节在农历的五月份，正值春末夏初，高温多雨的季节。杨梅不像其他水果有外果皮包裹，贮藏及运输都十分困难。早上摘好的杨梅在市场上经过太阳一晒，不但失去了色泽，鲜果的味道也失去大半，所以有“头日采收，次日色变，三日味变”的说法，采后损失非常严重。

（3）低价格竞争。“价格战”是农户经常采取的一种促销方式。由于杨梅的保鲜能力差、保鲜期短、上市又集中，市场上杨梅积压、腐烂的现象十分严重。由于没有开拓市场，靖州市场的消费能力又有限，很多果农抱着“多卖点多点钱”的观念，果农之间打起了价格战，形成一种不合理的低价格竞争。这种恶性的低价格竞争对于杨梅的可持续发展、打造杨梅品牌都产生了很大的负面影响。

(4) 品牌意识淡薄。靖州是个山区小城，农民科技文化素质较低，品牌意识淡薄，传统思想观根深蒂固。果农习惯于过去的种植方式，一味追求高产，忽视质量。过去政府又尚未重视，宣传不够，没有很好地为果农树立品牌观念。

3. 靖州发展杨梅产业链升级设计方案

(1) 重点实现杨梅的电商化，借助惠农网扶持电商渠道的建设。通过与惠农网合作，整合电商渠道资源，整合产业链服务资源，实现杨梅的电商化，提高杨梅的品质，拓宽销售渠道(见图6-15)。

(2) 打造靖州杨梅区域公共品牌，通过溯源进行品牌保护。建立靖州杨梅区域品牌，持续打造靖州杨梅的影响力，并通过溯源体系进行靖州杨梅的保护。

(3) 科学规划，合理引导，提高规模化、组织化水平。其一是要坚持“库区柑橘杨梅，库外茯苓”的发展战略不动摇，强化宣传，科学规划，政策引导，不断扩大杨梅生产规模。其二是鼓励能人、专业合作组织、企业，直接参与基地建设或以“公司 + 农户”的形式与农户建立紧密的利益共同体，达到规模种植、规模经营、标准化生产，不断提高杨梅组织化水平。

(4) 加大科技投入，全面实施科技兴梅。产品在市场上有没有竞争力，市场占有率高不高，效益好不好，关键看质量，而提高质量的关键是科技。因此，在杨梅产业开发的过程中，必须加大科技投入，以名牌战略作为重要支撑点，按产前、产中、产后各环节的内在联系，系统化地推广农业科技，使新区域果业成果、新技术渗透到杨梅产业发展过程的各个环节。

(5) 大力发展加工业，缓解鲜果销售压力。杨梅色泽艳丽，柔软多汁，酸甜适口，营养丰富，出汁率高，比较容易加工成饮料。目前对杨梅饮料的生产工艺研究最多，包括杨梅原汁的制取、饮料加工工艺以及制品的稳定性研究等。

(6) 发挥杨梅生态功能，发展杨梅旅游。杨梅树既是经济林木，又是观赏林木。靖州是少数民族自治县，有着特色的苗族侗族风土人情，利用这一独特的旅游资源加大杨梅休闲观光基地建设的力度，通过“赏梅品梅”“杨梅采摘节”带动靖州苗族侗族自治县的“农家乐”“乡村游”项目，从而进一步促进杨梅产业的发展。

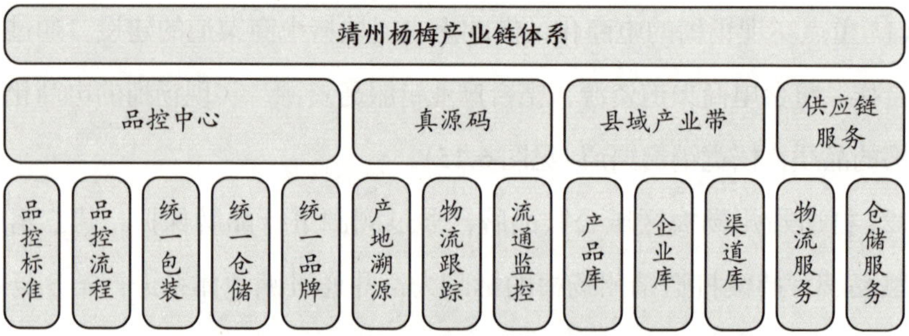

图 6-15 惠农网靖州杨梅 B2B 供应链方案设计图

(二) 实施成果

靖州网上杨梅节活动主要围绕“五百万”计划和“一二三”工程展开，取得了很好的品牌传播及杨梅助销效果：线上线下销售精品杨梅 1.04 万吨，实现销售收入 6.245 亿元；普通杨梅 1.8 万吨，实现销售收入 0.54 亿元；共计销售杨梅 2.84 万吨，销售收入 6.785 亿元。

(三)“五百万”计划

“五百万”计划即五城地推活动、百店卖杨梅、万人品杨梅活动。

1．五城地推活动

2017 年 6 月 17～18 日，在长沙、株洲、湘潭、邵阳、怀化等五城开展杨梅销售地推活动。由惠农网牵头主办，一品东方、苏宁易购、克拉海洋、火柴科技、网创电商等单位协办。

2．百店卖杨梅

前期统一制作靖州杨梅的宣传海报，在杨梅的上市期间，同步在长沙市万科西街花园、奥林匹克花园、湘江世纪城、珠江花城、恒大雅苑、北辰三角洲、四方小区、唯一新城等大型高端社区的实体门店提前进行预售，杨梅销售期一件代发，直接通过快递配送。

3．万人品杨梅活动

6 月 13 日，2017 中国靖州杨梅节暨“产业扶贫长沙促销”活动在长沙市贺龙体育馆东广场举行。活动现场除了有靖州果农和特产商带来的杨梅、杨梅酒、杨梅饮料，还设置了节目表演、游戏互动等多个环节，吸引了众多市民前来品杨梅，让长沙市民与靖州杨梅进行亲密接触，现场感受靖州杨梅文化及体验杨梅的品质。

（四）“一二三”工程

拍摄一部以靖州杨梅为主题的电影，举办二个比赛（网络摄影比赛和微商大赛），在长沙、株洲、湘潭三城开展杨梅义卖活动。

1．一部微电影

深入靖州取景，充分融合靖州自然景观、民族风情、历史文化、旅游资源以及特色产业，拍摄以“靖州杨梅，把新鲜传递”为主题的微电影。影片重在向消费者传递靖州杨梅天然、新鲜、营养、健康的主题概念。视频拍摄完成后，在各大门户网站、视频网站、自媒体平台进行宣传推介，反响良好。

2．二个比赛：网络摄影大赛和微商大赛

2017 中国·靖州·杨梅节——“印象靖州 甜梅天下”网络摄影大赛于 5 月 31 日正式启动，活动周期持续近一个月。此次摄影大赛分为专业组和业余组，旨在通过大众的镜头记录靖州杨梅从生产到销售的各个环节，让消费者了解靖州杨梅背后的故事，同时将靖州的苗侗文化、优美的自然风光、“互联网 + 农业”新农村建设成果完美呈现出来。参与票选作品 207 部，投票数共计 83 325 人次，访问量 9 869 人次。

2017 中国·靖州·杨梅节——“靖州杨梅 喜上梅梢”微商大赛覆盖面广，旨在借力移动互联网帮助在校大学生、家庭主妇等群体圆创业梦想，引领微商正能量；并通过自媒体平台让更多人品尝到正宗靖州杨梅，让大家了解靖州杨梅背后的故事。

3．三城义卖活动

2017 年 6 月 17 ~ 18 日，在长沙、株洲、湘潭进行杨梅义卖。此次义卖公益活动由惠农网主办，一品东方、苏宁易购、克拉海洋、火柴科技、网创电商协办。其中，长沙义卖活动有 10 家惠农网平台上的靖州杨梅实力商家和产地合伙人参与，从靖州由冷链物流连夜运送到长沙，产地供货，保证从枝尖到舌尖的一手货源，现场卖出 1 800 箱、共 7 200 斤的靖州杨梅。

（五）惠农网靖州杨梅 B2B 营销方式创新

1．追本溯源

搭建真源码溯源平台，全程跟踪监管杨梅的产出与销售；统一包装设计，适应标准化输出；开展农村电商培训，为梅农普及农产品电商知识。

（1）防伪溯源。导入惠农网自主开发的农产品质量安全溯源平台——真源码，每个包装上标识真源码，利用溯源平台跟踪查询到杨梅的销售单位及采摘区域等信息。政府也可以通过后台查询所有杨梅销售数据，实行精准的补贴与监管，避免外地杨梅浑水摸鱼。

（2）统一包装。统一设计4斤装的产品包装盒（见图6-16），帮助梅农包装杨梅，提高杨梅的溢价能力。同时最大限度地满足消费人群的需求，增强靖州杨梅覆盖市场的力度。

图6–16　靖州杨梅节包装盒与二维码

（3）电商培训。定期开展靖州县杨梅提质增效电商物流知识讲座。经常举办靖州县推进农业部信息进村入户工程信息员培训班。开展农村电商培训课程，帮助梅农触网登记，同时协调对接梅农、合作社与采购商之间的需求，实现产销的精准对接。

2．产销无缝对接

惠农网采购联盟网上采购与线下销售对接会结合，采购商组成的采购联盟在杨梅基地进行了实地考察，在面对面交流的平台上，为当地梅农带去了销售渠道与机会。

（1）线下产销对接会。5月26日举办惠农网2017年靖州网上杨梅节销售对接会。6月9日举办惠农网采购联盟2017年靖州精准扶贫杨梅产销对接会。采购商组成采购联盟到杨梅基地进行实地考察，为梅农和采购商搭建一个面对面交流的平台，并为买卖双方寻找生意伙伴创造机会。

（2）靖州杨梅节开摘仪式。6月9日，2017年中国•靖州杨梅节开摘仪式在靖州苗族侗族自治县渠阳镇后山溪标准化杨梅示范基地举行。借此活动，采购商组成的采购联盟在杨梅基地进行了实地考察，网络摄影大赛的参赛者用镜头记录活动实况与杨梅基地美景。采购联盟为当地梅农带去了销售渠道与机会，摄影师们则为靖州杨梅聚力发声传播。

3．“互联网＋”立体模式

运用电商平台、新媒体平台拓宽杨梅销路，结合电视媒体、报纸、网络媒体、新媒体及搜索引擎，从文字、图片、视频、声音等方面立体包装，通过摄影大赛、微电影等方式持久树立品牌效应。从平台搭建系统完整性、平台上线及时性、与线下活动对接时效性、访问量与传播广泛性等方面评估，网上杨梅节平台达到了预期的效果与目标。

（1）靖州杨梅微信公众号运营。靖州杨梅微信公众号自5月15日上线，截至7月14日，一共发布以“靖州杨梅”为主题的微信推文共计56篇，总阅读量77 077人次，累计传播45 817人次。

（2）微电影开拍仪式。6月11日，县域农产品文艺微电影《杨梅红时》开拍仪式在靖州苗族侗族自治县举行。

四、农产品B2B平台创新方向及意义

（一）农产品B2B平台创新方向

1．线上交易的市场培育

中国农产品批发市场从萌生到在农产品流通领域发挥核心作用，历经30多年的发展，目前在大宗农产品流通过程中起主导作用。生产商、经销商和批发商这三大主体角色在流通过程中都掌握了固定的渠道资源，相互之间的联系非常紧密，依赖性很强。在维护三方关系稳定的前提下，要使需求结构的分散性和多样性向信息化转变，做好线上交易的金融担保和风险控制，还需要很长一段时间的市场培育。

2. 线上担保支付系统的完善

大宗农产品批发交易具有单价低、规模大、交易总额高、流通路程远等特性。一旦线上交易的市场培育起来了，影响商家是否选择线上平台进行交易支付的关键因素无非是交易的风险控制。公司在做好银行授信支付合作、第三方担保交易保障的同时，建立商家征信系统也非常重要。任何商家在平台的交易支付行为数据，将直接影响该商家在行业的信誉。线上支付的信任建立和风险控制将会是未来平台实现整个流通交易闭环中非常关键的因素。

3. 商务社群的建设维护

农产品从生产到送到消费者手中需要经历多个环节，每个环节之间的沟通交流、信息的对接需要时间成本和金钱成本。将来应打造单一品类在生产、流通、消费、第三方服务等多个层次的社群。这种基于生意圈的移动社群，有利于农产品销售的信息化，提高流通效率，节约成本，也有助于农产品生产的标准化，加大生产者的利润空间，提高风险预估能力。

4. 第三方增值服务

未来，惠农网平台将会提供更多的增值服务，包括但不限于物流服务、金融服务、品牌服务、农技服务、数据服务等。这些服务将嵌入整个平台生态圈的各个环节，以流通环节为切入点，从生产、流通、消费三个领域来对农业产业链进行升级改造，促进农产品流通的信息化、品牌化、标准化。

(二) 对我国农业升级改造的意义

1. 推进农业现代化进程

基于物联网、移动互联等技术的应用，惠农网通过对农产品供销的信息化管理和大数据计算，联合大规模的生产基地和地方产业，从产品溯源、品质控制、品牌策划等多方面着手，为客户提供更加精准和更具参考价值的市场需求信息，用于指导生产，促进生产规模化和流通高效化。以农产品流通为切口的惠农网，将在生产标准化、产品品牌化、流通信息化、数据化多面发力，从消费到生产，推进农业现代化进程。

2. 完善农产品质量安全体系建设

惠农网通过线上平台让生产、流通和消费主体信息化，通过溯源体系集合产地认证、生产、检测、加工、保鲜、包装、运输、销售、消费等信息，让食品生产、流通、消费等环节实现全程可追踪，让消费者买得放心、吃得安心，同时帮助企业实现生产信息管理和流通信息管理。加强食品安全及溯源能力还能在出现食品安全事件时，快速启动应急预案，追溯问题源头，保障消费者的合法权益。

3. 提高农产品流通效率

目前，我国农产品流通信息化程度很低，流通环节多，成本高，效率低，运作主体层次多，物流技术落后，信息获取渠道单一，信息处理功能尚缺。惠农网通过两个服务商，连通生产端和消费端，实现农产品生产端、流通端和消费端的需求信息化，让线下商品流转化为线上信息流，以惠农网平台为信息中心，促进商流、物流、资金流、信息流之间的协同作用，实现农产品流通信息化，优化农产品流通环节，提高流通效率。

第七章　农产品流通双渠道融合发展及对策建议

从我国农产品流通渠道现状来看，网络技术与应用发展迅速，改变了商业活动中的许多模式，农产品流通企业出于降低成本、拓宽营销渠道、赢得市场份额、提升企业竞争力的目的，纷纷开拓网络营销渠道。就目前形势而言，网络营销渠道已成为农产品流通企业改造与升级的一个必然选择，越来越多的企业在积极探寻能够使网络营销渠道与传统营销渠道一体化，发挥协同作用，实现企业效益最大化的路径。因此，了解双渠道的概念及优劣势，理解农产品流通双渠道融合的必要性，分析农产品流通双渠道融合的可行性以及对策具有重要的意义。

第一节　双渠道概念

网络营销渠道与传统营销渠道相结合的双渠道模式，是目前众多企业选择的主要营销策略之一。

一、双渠道

（一）双渠道定义

正如许多研究者所达成的基本共识，网络营销渠道虽与传统营销渠道存在一定的替代性，但前者不会导致后者消失。企业通常在使用传统营销渠道的同时，发展网络营销渠道，或发展互联网渠道，或发展移动互联网渠道，或同时拓展互联网渠道和移动互联网渠道，即企业同时采用线下实体营销渠道与线上网络营销渠道的双渠道模式。上海拉夏贝尔服饰股份有限公司是一家多品牌运营的自有品牌服装连锁零售企业。2014 年 8 月，拉夏贝尔集团正式开辟了线上渠道。集团采用“线上线下，同款同价”的策略，指定数百家实体零售网点作为配合“线上下单，线下发货”策略实施的发货实体店。考虑到电商业务与线下业务运营差异巨大，集团在 2015 年 2 月投资了一家具有“新型互联网基因”的在线公司——杭州黯涉，将全部在线业务交由七格格团队运营和管理。除天猫以外，集团于 2015 年在京东、当当和苏宁易购开设了官方旗舰店。2015 年 4 月初，集团与京东集团签订了全面战略合作协议，在京东闪购平台和开放平台（POP）建立了拉夏贝尔官方旗舰店，并由京东为这些官方旗舰店的货到付款订单提供配送的服务支持。此外，集团还和腾讯建立了合作关系，利用腾讯旗下的微信平台开启小区微店模式。小区购物中心的店铺经理与居住在该小区的顾客建立微信群，通过与顾客互动实现精准营销，从而增加销售机会。之后，集团还与唯品会合作，在唯品会平台建立拉夏贝尔以及旗下的莫迪菲尔两家旗舰店。

虽然互联网渠道和移动互联网渠道存在差异，但其渠道的运转都依托于网络，但线下的传统营销渠道与线上的网络营销渠道两者的运转却存在本质的差异。故本书在分析双渠道模式时，不区分网络营销渠道里的互联网渠道和移动互联网渠道。

（二）双渠道模式

按照双渠道的定义，企业的双渠道模式结构图如图 7-1 所示。

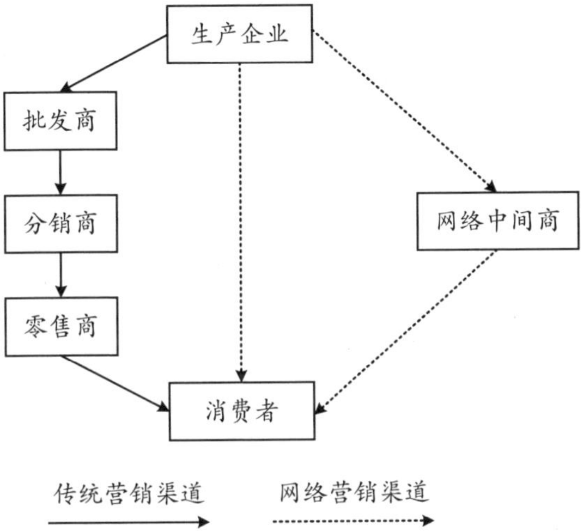

图 7–1　企业的双渠道模式结构图

图中，实线代表了传统营销渠道，虚线则代表网络营销渠道。企业的传统营销渠道一般是从产品出厂到批发商采购，再由分销商到零售商，最终到达消费者手中。企业的网络营销渠道则可以是网络直销，即厂家直接将产品提供给消费者，或由网络中间商分销到消费者手中。

二、双渠道整合优势

（一）传统营销渠道和网络营销渠道可优势互补

传统营销渠道和网络营销渠道存在不同的特点和优劣势。如表 7-1 所示，传统营销渠道的一个主要特点是可体验性，即能够亲身体验产品的质量并能够与企业进行面对面的服务交流，购买与商品获得基本能同步。传统营销渠道受制于时间、地点以及较高的搜索成本；而网络营销渠道则能够突破时间与地点的限制，让消费者能够随时随地获得更多商品的信息和购买更多的产品，交易随时随地的方便性成为网络营销渠道的主要特征。但网络营销渠道无法为消费者提供消费体验，且存在一定的交易安全风险。传统营销渠道和网络营销渠道之间存在高度的优势互补，而这种优势互补可以有效地满足客户的差异化需求。Fanelli 等在 2006 年对单一渠道消费者以及双渠道消费者的消费金额统计发现，双渠道消费者每年在购物上的投入资金是单一渠道顾客的 1.3 倍。

表 7–1　渠道属性对比

渠道类型	优势	劣势
网络营销渠道	（1）交易信息易查询且快捷 （2）交易不受时空限制 （3）依托互联网技术高效地分配渠道资源，提高了渠道效率 （4）拓展了流通渠道，降低了渠道成本 （5）提高了渠道透明度	（1）交易产品受物流配送技术的影响 （2）渠道模式不成熟，订货系统、物流配送系统和支付系统等仍需改善 （3）渠道成员管理复杂
传统营销渠道	（1）具有较好的体验优势 （2）拥有成熟物流配送渠道的优势 （3）能较好地协调渠道成员间的关系	（1）建设和运用成本高 （2）交易信息查询相对较难且费时 （3）交易受时间和地点的限制 （4）渠道较长，渠道效率相对较低 （5）渠道透明性差

同时，多渠道策略能够使企业有效地规避风险，因为从长远来看，每个渠道的发展都要经历高潮期和低潮期。有些渠道需要超前的投入而且投入量比较大，可一旦发展起来也会给企业带来高额利润。而有些渠道虽然构建的时间短，但受市场影响也比较大，波动也更大。因此，在买方市场上，企业更倾向于同时采用传统营销渠道和网络营销渠道的双渠道模式。

（二）双渠道更容易实现市场拓展

根据零售商圈理论，单一传统营销渠道的市场通常受限于时间和空间，且市场的拓展需要大量经营成本，例如新渠道的建设费用、运营费用和推广费用。因此，多数企业的市场仅限于本地商圈范围，市场空间有限。若增加非店铺的网络营销渠道，无须投资建设新的实体店铺，从而大大降低了经营成本，获得了范围经济效应，能够促使企业迅速扩大市场区域。因此，通过传统营销渠道和网络营销渠道两条渠道销售产品比通过一条渠道更容易实现市场拓展。

（三）双渠道可提高渠道效率

由于不同的渠道在完成销售任务中所占用的企业资源不同，因而，为针对不同市场的销售过程配备适当的渠道或为同一销售中不同的销售任务配备适当的渠道，可提高渠道的配置效率。并且，许多企业搜集和传递市场信息很大程度上依赖于渠道成员，通过构建双渠道系统，企业能比较便捷地通过网络营销渠道获取各类信息，通过归纳、对比、分析研究，从中得出有效信息，避免单一渠道信息的片面性。

第二节　农产品流通双渠道融合的必要性

正如本书第六章所提到的，近年来伴随着网络技术的创新和应用，农产品电子商务迅速发展。为此，在农产品流通过程中呈现出双渠道模式，即以农产品批发市场为主导的传统渠道模式和以农产品电子商务为主导的新型渠道模式。农产品流通双渠道模式能使企业更好地适应消费者的需求与购买方式的变化，满足不同细分市场消费者的需求，从而增加市场份额和降低成本，提高整体竞争力。比如湖南绿叶果业集团，成立于 1998 年，是集水果种植、批发贸易、零售连锁为一体的水果全产业链企业，是“中国果业十大连锁品牌”“湖南省农业产业化龙头企业”。2014 年，公司在近 300 家直营店的基础上，探索线上电商平台，通过绿叶水果商城，开启了 O2O 全渠道战略，构建了移动、轻松、便捷的体验式水果消费模式，在长沙市内实现 1 小时内配送，2017 年销售额逾30亿元。

但是，农产品流通双渠道与其它双渠道模式一样，也容易引发渠道成员为争夺企业内部资源而产生的渠道冲突，呈现出很多管理问题。为此，必须要将农产品线上渠道和农产品线下渠道有机融合，才能防范渠道冲突，解决渠道矛盾，提高渠道的有效性。

一、农产品流通双渠道冲突

（一）农产品流通双渠道冲突概念

渠道冲突指的是渠道成员发现其他渠道成员从事的活动阻碍或者不利于本组织实现自身的目标，从而发生种种的矛盾和纠纷。农产品流通双渠道冲突，则是指农产品流通体系中传统营销渠道和网络营销渠道之间的交叉冲突，在这些交叉冲突中，渠道成员从事的活动阻碍或者不利于本组织实现自身的目标，进而发生的种种矛盾和纠纷。

（二）农产品流通双渠道冲突类型

1. 农产品流通体系中“两类”中间商之间的冲突

传统农产品营销渠道中间商包括农产品代理商、农产品批发商、农产品生鲜超市、农产品经纪人等。传统农产品营销渠道中间商在长期的经营过程中形成了较为完善的体系，有着相对固定的营销区域。而农产品网络营销渠道没有时空限制、成本降低的特点决定了其出现势必会对原有传统农产品营销渠道中间商的销售造成一定影响。原有传统农产品营销渠道中间商迫于经营压力，试图在线上开展未经企业授权的店铺，以低价夺回自己的市场，引发了同款出产品的“价格战”，从而加剧了传统农产品营销渠道中间商与农产品网络营销渠道中间商之间的冲突。例如，在淘宝网上搜索某个区域的地理标志农产品，会出现数百甚至上千家网络店铺，其中不乏皇冠级别并承诺包邮的，迫于经营压力，虽然传统农产品经销商也会有打折促销活动，但是比起淘宝网上的折扣，价格还是稍微高了些，这对于那些价格敏感型消费者来说，还是会选择通过网络营销渠道而放弃去传统农产品营销渠道的实体店进行购买。

2. 传统农产品营销渠道中间商与电商之间的冲突

农产品电子商务使企业绕开传统农产品营销渠道中间商，与消费者直接建立关系，从而更好地掌握市场信息，并借助获得信息实现对消费者定制化生产和服务的途径。但是农产品电子商务模式会对传统农产品营销渠道中间商造成直接的威胁，因为电子商务覆盖全国甚至全世界，且企业电子商务是企业的内部组织，拥有更大的渠道权力和控制力，能同时控制着价格以及分销规则等，以至于传统农产品营销渠道中间商的客户部分流失而直接向农产品电子商务业务部门购买。两者之间的冲突也因此而生，传统农产品营销渠道中间商会对企业产生不满和抵触等情绪，严重的还会对其进行投诉，两者之间的冲突问题由此而生。

3. 农产品传统直销部门与电子商务的冲突

农产品流通企业的传统直销部门主要是直营店，直营店的缺点是其经营需要大量的资金和工作人员进行管理和维护，优点则是对企业品牌和产品具有很强的推广和塑造能力；而农产品电子商务的优点在于在人力、物力方面的投入相对较少，范围广，没有时空的限制，其缺点是农产品电子商务的运营需要专门的技术人才，流量成本也在不断攀升，且消费者只能通过图片及文字说明了解产品，无法试穿和触摸，因此需要在网站制作上花费一定的时间和资金。上述两种渠道对资金、推广等方面的争夺会导致成员之间的冲突。例如，企业内部的推销员、分销商、电视营销员、网上营销员会在企业内部预算安排、收入目标、定价水平、客户分配、广告和促销支持的时间、性质等方面存在分歧。

二、农产品流通双渠道冲突的主要表现

（一）农产品流通渠道之间的资源争夺

传统农产品营销渠道与农产品网络营销渠道之间的资源争夺，主要体现如下。

1. 对于消费者的争夺

无论何种形式的农产品网络营销渠道，由于其覆盖范围广，只要有网络的存在，消费者就可以通过该渠道购买。而对于同一款产品，虽然这两种渠道可能各自占据不同的细分市场，但是对同一消费者的争夺仍是不可避免的。

2. 对于销售区域的争夺

在没有农产品网络营销渠道之前，多数农产品流通企业特定区域的销售是由该区域的经销商或代理商负责管理和运营的，而在引入网络营销渠道后，两种渠道对重叠区域销售经营权的争夺就成为必然。

3. 对于资金、技术、人才等的争夺

为了维护自己的利益，传统农产品营销渠道的经销商对企业在资金支持、价格优惠等方面会提出更高的要求。而农产品电子商务部门与传统直销部门也会对企业的资金、推广等方面进行争夺，产生不必要的内耗。

（二）农产品流通渠道之间的搭便车行为

当农产品在销售过程中，售前服务活动与实际购买行为产生分离时，搭便车问题就产生了。

1. 农产品网络营销渠道中间商的搭便车行为

农产品流通双渠道冲突中的搭便车行为可以描述为一个传统农产品营销渠道的分销商付出了多种销售努力，如农产品展示、农产品广告等，而消费者最终的购买是在另一个价格较低的农产品网络营销渠道的店铺进行。农产品网络营销渠道搭了传统营销渠道实体经销“销售努力”的便车，这使得许多传统

农产品营销渠道的分销商在付出了巨大的促销推广以及服务等努力后却没有得到应有的回报，收支比严重失调。在这种农产品流通双渠道冲突中，搭便车会降低售前服务、消费者产品知识传授、销售人员培训等零售服务的水平。

2. 传统农产品营销渠道中间商的搭便车行为

传统农产品营销渠道中间商也可以搭农产品网络营销渠道中间商的便车，即农产品网络营销渠道中间商通过各种销售努力，如双十一大促、618 年中大促等活动进行展示和推广，而消费者最终的购买是在一个能提供完美体验且价格相同的传统农产品营销渠道中间商的店铺完成。在这种农产品流通双渠道冲突中，搭便车会降低网络营销渠道收集的消费者的消费数据质量，让企业不能更加精准地了解消费者对产品的评价和反馈。

3. 农产品零售商的搭便车行为

农产品零售商可能会广泛咨询区域销售代表，而后通过团购网站下订单购买。这种严重的渠道调整问题会伤害中间商—供应商之间的关系，并可能导致严重的后果，威胁到企业实施农产品流通双渠道模式的成功。因为实体零售的促销以单个顾客计算成本，且实体零售包含了销售人员与顾客面对面交流的成本，实体零售成本相对不透明。农产品零售商搭便车，就会使农产品生产企业更加难以确定对农产品零售商的销售补偿。当渠道激励系统不能很好地协调这一问题时，具有很高服务附加值的农产品零售商会变得沮丧，并以减少服务活动或放弃供应商的产品线作为回应。

（三）农产品流通渠道面临价格失控现象

农产品流通双渠道冲突导致的价格失控主要表现为两个下述方面。

1. 农产品价格混乱

许多企业在分销商的奖励政策中，大多数都是销售返点奖励，销量越大，返利越多。农产品网络营销渠道成员众多，且良莠不齐，一些农产品网络营销渠道分销商为了提高销量，以低价经由网络营销渠道大量出售产品，将所得返点奖励作为经营利润。在互联网这样一个信息充分透明的商业平台上，一家销售商的价格折扣对于其他同产品的销售商的冲击是显而易见的。这不仅会影响到传统农产品营销渠道分销商的经营，也会迫使其降价销售，产品或服务的价格会非常混乱。例如，在百度上输入某区域特色农产品价格作为关键词进行搜索，单独在百度链接上的淘宝页就会出现各种价格，如湖南炎陵的黄桃，就会出现从 12 元至 35 元之间的各种价格。这种现象的存在，会导致同一企业的不同经销商之间的价格战一触即发，对企业的营销渠道造成非常恶劣的影响。

2. 价格策略难以制定

农产品网络营销渠道的分销商的低价销售，不仅仅会导致传统农产品分销商的反击冲突，如以低于网络定价的价格通过未授权的网络店铺进行销售，也会驱使传统农产品零售商搭便车，就会使农产品生产企业难以制定其价格策略。

三、农产品流通双渠道冲突的原因

（一）领域重叠

众所周知，领域重叠是导致农产品流通双渠道冲突的首要原因。流通渠道中的决策领域主要包括目标客户、市场区域、渠道功能分工等。农产品网络营销渠道的特性使得网络分销足以将营销触角伸达各个区域，从而与传统农产品营销渠道产生矛盾与冲突，主要表现为：

1. 目标客户重叠

不同于传统农产品营销渠道对各个渠道层级有严格且清晰的目标市场与目标客户的定位，农产品网络营销渠道以其跨区域性和价格竞争力的特征吸引了众多消费者，与传统农产品中间商分享了客户资源。同时，由于销售的是同一类型农产品，这种目标客户的重合将非常难界定，因此激起双方对目标客户资源的争夺。

2. 市场区域重叠

与目标市场的争夺类似，传统农产品营销渠道与农产品网络营销渠道由于无法界定销售市场范围，导致同一市场的不同销售渠道间的竞争。这种区域竞争由于售价相异，会导致窜货现象的发生，进而不断恶化市场经营状况。

3. 分工领域模糊

渠道成员或许会面临承担的功能与职责方面的领域冲突，例如农产品电子商务的便利性使得部分客户会在实体店体验产品，而后在网上购买商品；农产品专业店承担了相关的服务成本，但却没有获得销售额；又或者消费者将在网上购买的农产品，拿到实体店退换，这些都是典型的搭便车现象，自然会引起渠道冲突。

（二）认知差异

认知差异是导致农产品流通双渠道冲突的另一个重要根源。认知差异主要是因环境不同而导致的渠道成员之间对现实产生不同的理解或期望，差异的大小会对渠道成员之间的冲突的强弱产生直接影响。因为不同理解表明在应对同样的情形时渠道各方会有不同的行为准则。一些最基本的问题如：产品或服务的属性是什么？它服务于何种需求与哪一种细分市场？竞争是什么？应当在销售前做哪些准备？每个渠道成员对产品的价值增值所做的贡献有多大？每一方行为举止如何？等等。渠道成员对于对方应该如何去做抱有错误的期望，这些期望使得他们选择不是很理想的策略，从而加剧了冲突。当各方未能像被期望的那样去做时，错误的期望会引起惊讶，市场表现为反对。

例如，对于农产品电子商务的建立，农产品网络营销渠道中间商会与传统农产品营销渠道中间商有不同的看法。传统农产品营销渠道中间商可能会认为农产品电子商务的建立会夺去本应属于传统农产品营销渠道中间商的目标消费者，是在瓜分其利益，这样做是在争夺原本属于他们的市场，挤压他们的生存空间，他们付出了推广等努力却得不到应有的市场份额。而农产品网络营销渠道中间商则不这样认为，他们会认为，农产品电子商务针对的是区别于传统农产品营销渠道的目标消费者，两者之间虽有重叠但更多的是互补关系，农产品网络营销渠道的建立会使整体的市场得到扩大。

此外，对于产品折扣率、销售奖励率等的理解和反应不同，或对同样的渠道政策的反应不同，也会导致冲突产生。农产品网络营销渠道和传统农产品营销渠道的中间商对于企业的合作促销方案设计的看法会不一致，传统农产品营销渠道中间商认为这样能够刺激该产品的销售量，而农产品网络营销渠道的中间商则会综合考虑利用它的网页做广告的机会成本，可能对这个计划的兴趣就不大。[190]

（三）目标不一致

农产品网络营销渠道中间商的主要目标包括与终端消费互动获得第一手市场信息，并在第一时间设计、生产出满足市场需求的个性化产品，提高市场占有率和销售额，降低渠道整体经营成本以及缩短经营周期；而传统农产品营销渠道中间商的主要营销目的是获得更多的顾客，提高客返率、投资回报率，降低单位销售成本等。显然，两者的目标是不一致的，农产品网络营销渠道的目标重在扩展市场、压缩渠道中间环节；而传统农产品营销渠道的目标则是在巩固原有市场的基础上进一步发展。

四、农产品流通双渠道冲突的影响

在双渠道营销模式下，当渠道成员间的冲突水平处于低水平，即在渠道冲突发展阶段的潜在冲突阶段到知觉冲突阶段，对渠道效率的影响甚微。当冲突层级从知觉冲突阶段到感觉冲突阶段，适度的关系紧张会促进竞争的良性发展。正如在经济学理论中“鲶鱼效应”一般，适当的竞争机制对团队运营效率具有促进作用。然而当感觉冲突阶段发展成为明显冲突阶段时，由负面情绪激起的恶性竞争将最终损害渠道绩效。这种渠道冲突的影响在农产品双渠道模式中依然存在，综合来看，既有正面的积极作用，也有负面的消极作用。

（一）农产品流通双渠道冲突的正面影响

农产品流通双渠道冲突的正面影响主要体现在以下两个方面：

1. 有利于农产品流通双渠道成员之间形成新的合作格局

在双渠道的冲突中，农产品网络营销渠道和传统农产品营销渠道会暴露出许多的问题，如渠道资源、渠道功能以及利润分配等问题。这些问题有利于更加合理分配方案的产生，同时有助于渠道权力的调整与均衡，有利于渠道结构的优化。

2. 有利于提高农产品流通企业的市场竞争力

农产品网络营销渠道和传统农产品营销渠道会使冲突的双方重新审视自己的经营政策，农产品流通企业在拓展网络营销渠道而遭到传统营销渠道中间商的反对或抱怨时，会站在中间商的位置上重新审视自己的经营政策。同时，传统农产品营销渠道的中间商也会在竞争激烈的环境下努力改善自己的经营策略，采取措施提高自己的营销能力，进而增强自身在市场上的竞争力。

（二）农产品流通双渠道冲突的负面影响

农产品流通双渠道冲突的负面影响主要体现在以下三个方面：

1. 中间商的满意度及忠诚度降低

农产品流通双渠道冲突会降低中间商的满意度。农产品网络营销渠道，特别是农产品电子商务 B2C 模式使得渠道的权力向两端转移，消费者可以越过中间商与企业取得联系，获得更加实惠的产品，企业也可以直接向消费者出售自己的产品，省去中间商环节的利润提成，获得更多的利润。相对而言，传统农产品营销渠道中间商的渠道权力无形中被弱化，并因此而对企业产生不满情绪。在这种情况下，传统农产品营销渠道中间商的积极性大大降低。另外，消费者线下体验、线上购买的行为也会使传统农产品营销渠道中间商利益受损，从而加剧传统农产品营销渠道中间商的不满，其信任感和忠诚度也会随之降低，传统农产品营销渠道中间商甚至会退出渠道系统。

2. 农产品流通企业品牌形象受损

一方面农产品流通双渠道冲突可能会导致传统农产品营销渠道中间商跨品牌经营过程中向顾客推荐企业的竞争品牌，影响企业品牌在消费者心目中的形象；另一方面，农产品流通双渠道冲突造成的价格混乱以及窜货等问题使得消费者在购买时感到迷惑或不满，特别是当消费者购买到假冒产品时会降低对品牌的信任度，品牌在消费者心目中的形象随之受到损坏。

3. 农产品经营企业管理成本上升

农产品流通双渠道冲突促使双方采取一系列的行动，农产品经营企业不仅越来越觉得有必要增加更多的销售努力以使零售商让步，而且认为需要在其营销组合中加大广告的力度，拉动更多的消费者，以促使零售商经营自己的产品。这也就是说，制造商必须以更大的投入（个人销售以及广告）来实现自己的目标。同时，农产品网络营销渠道的加入，或多或少会增加整体营销渠道的复杂程度。农产品流通双渠道冲突的产生增加了分销渠道的不畅，矛盾重重，甚至导致农产品经营企业不得不将管理重心转移到与渠道成员关系的协调上来，消耗其极大的精力和巨额的资金。

第三节　农产品流通双渠道融合可行性及对策建议

农产品流通双渠道的优势能够使得企业渠道利益最大化，因此需针对农产品流通双渠道冲突采取有效的渠道管理策略，整合双渠道，充分发挥其互补性，引导渠道各环节的协同和合作。

一、农产品流通双渠道整合步骤

农产品流通双渠道整合的过程就是发现双渠道冲突、分析双渠道冲突、整合双渠道的过程。

（一）发现农产品流通双渠道冲突

农产品流通企业可通过对市场发展趋势、渠道营销状况以及消费者购物变化、市场竞争环境等宏观市场的定期调查及时发现渠道存在冲突的可能性。同时，定期针对各渠道的市场营销计划与实施结果、产品销售情况、盈利状况、售后服务情况、消费者满意度调查、竞争者调查以及遇到的问题等微观状况对各个分销商进行深入、系统性的评估，掌握各渠道的生长健康指数，在定期的渠道状态调查中发现农产品流通双渠道的冲突状况。

（二）分析农产品流通双渠道冲突

在发现农产品流通双渠道冲突后，根据 Russell S.Winner 就争论的频率、争论的激烈程度以及争论的重要性这三个纬度定义冲突水平，将冲突分为低水平渠道冲突、中水平渠道冲突及高水平渠道冲突三个类别，并根据其对渠道的影响是积极还是消极，有针对性地就其拟出适宜的渠道管理策略。

（三）整合农产品流通双渠道

根据前一步骤的渠道分类，保持具有建设性的低水平及中水平渠道冲突，任其带动渠道成员的积极性与竞争性，形成良性的渠道代谢系统，促进渠道成长；针对具有破坏性的高水平渠道冲突，采取有效的渠道整合策略，解决渠道冲突与矛盾，获取农产品流通双渠道互补优势。

二、农产品流通双渠道融合的策略

（一）农产品流通双渠道间的差异化策略

1. 目标市场上的差异化

农产品流通企业可对目标市场进行划分，根据不同客户群的特性，对不同的客户群匹配不同的渠道。例如，按区域进行细分。企业可考虑农产品网络渠道的重点在城市，而传统农产品渠道则侧重于城镇和农村市场。再如，按照消费者的需求偏好进行细分。在细分市场上，对于偏好通过农产品网络渠道（如农产品在线 APP）购买的消费者（如年轻人），提供农产品网络营销渠道服务；对于偏好通过传统农产品渠道购买（如农贸市场）的目标顾客（如中老年人），侧重于发展传统农产品营销渠道。

2. 产品上的差异化

一些农产品流通企业通过禁止网上销售的产品种类在传统农产品营销渠道销售，来安抚其经销商。例如，湖南绿叶水果在线商城上销售的很多产品在门店中是买不到的。另外，有些农产品流通企业运用一些创造性的方法来区分在线销售和通过传统渠道销售的产品。一种方法是对农产品网络营销渠道销售的产品使用一个特殊的品牌名称，减少终端顾客的直接比较；另一种方法是考虑农产品网络营销渠道产品的生命周期，在投入期和成长期，通过网络来实现产品的销售。当产品进入成熟期和衰退期后，将渠道重点转向传统农产品营销渠道。

（二）完善双渠道价格策略

1. 正常营销过程中双渠道同品同价

在农产品流通双渠道环境下，线上、线下的价格差异是造成搭便车现象的主要原因。双渠道同品同价，即借用原单渠道环境下的“全国统一零售价”的概念，对网络渠道和传统零售渠道售卖的同一商品制定同样的价格，消除价格差异引起的消费者搭便车行为。

2. 营销推广中的差异化价格选择

（1）拍卖定价可作为农产品网络营销渠道价格差异化的一种做法。拍卖定价具有很强的不确定性，会使消费者认为该产品的网上价格与传统农产品营销渠道中的价格不同，而传统农产品营销渠道并不认为农产品网络营销渠道价格比零售价格定得低。因此，拍卖定价为农产品流通企业，尤其是农产品批发市场提供了一种可以在网上定低价，而不会导致渠道冲突的可能。

（2）体验定价可作为传统农产品营销渠道价格差异化的一种做法。传统农产品营销渠道能提供农产品网络营销渠道所不能触及的体验服务。传统农产品营销渠道可通过提供专有的体验服务，明码标价地将附加服务费加在农产品网络营销渠道的同品价格上，从而降低农产品网络营销渠道的低价冲击。

（三）构建全方位的网络营销目标管理

1. 树立全局营销与顾客导向意识

农产品流通企业使每个渠道成员形成全局营销与顾客导向的意识，这是解决传统农产品营销渠道与农产品网络营销渠道冲突的基础。让企业的每个员工知道，只有农产品网络营销渠道和传统农产品营销渠道都做好了，才能给客户更好的体验，才能给客户留下更好的口碑。

2. 构建农产品流通双渠道间的沟通平台

农产品流通企业应为传统农产品营销渠道和农产品网络营销渠道搭建沟通交流的平台，构建相应的管理协调机制，促进农产品流通企业每个渠道工作人员的相互沟通交流，互通信息，互相了解企业的运营情况，才能增强他们彼此间的合作意识，使每个渠道成员都能各尽其责，相互协调，以达到避免冲突的存在。

（四）建立统一的资源配置机制

农产品流通企业应发挥农产品网络营销渠道交易不受展示、库存、时间、地点等方面的限制，以及传统农产品营销渠道实体店的用户体验和物流配送的优势。农产品流通企业可以建立统一的管理部门，整合传统农产品销售渠道，采取并购或加盟的方式把传统的营销渠道转化为自己的物流配送体系，实现外部资源向内部资源的转化，可以更好的提升自身的竞争力，而利用网络销售渠道更快更多地完成订单的处理以及资金与信息的传播，最终达到共同盈利的目的。例如本来生活，率先在生鲜电商的行业中实施农产品供应链全程化管理服务，拥有 3 600 万会员用户和消费大数据，生鲜冷链配送覆盖全国 109 个城市，常温配送多达 550 个城市。

（五）优化渠道结构激励机制

针对农产品流通双渠道的特性，农产品流通企业应该实行分渠道进行处理，加强考核，认真考核各个部门的计划完成情况、工作流程与资料，不但要考核传统农产品营销渠道中实体店的日常销售，还考核其为农产品网络营销渠道提供的服务效率与质量。同时，集中过程化管理考核规范经营、工作流程、价格管理、品牌培育、库存管理和客户服务情况，并建立一定的激励机制。不管是农产品网络营销渠道还是传统农产品营销渠道，农产品流通企业一定要做到公平，对出现问题的一定要责任到人，落实到实处；对渠道销售和服务不错的，一定要给予一定的奖励，以提高渠道成员的积极性。

参考文献

[1] 薛建强 . 中国农产品流通体系深化改革的方向选择与政策调整思路 [J]. 北京工商大学学报 (社会科学版)，2014，29（2）：32-38, 69.

[2] 范恒山 . 三十年来中国经济体制改革的进程、经验和展望 [J]. 经济研究参考，2008（49）：3-10, 23.

[3] 张留征 . 缓解农产品“卖难”“买难”和改革流通体制的意见 [J]. 经济研究参考，1996（ZG）：14-23.

[4] SUGAHARA K. Traceability system for agricultural products based on RFID and mobile technology[J]. Proceedings of AFITA, 2008, 4(3): 158-162.

[5] WEN W.A knowledge-based intelligent electronic commerce system for selling agricultural products[J]. Computers and electronics in agriculture, 2007, 5(1): 33-46.

[6] SUNDMAEKER H, GUILLEMIN P, FRIESS P, et al. Vision and challenges for realising the Internet of things[J]. Cluster of European research projects on the Internet of things, European commision, 2010, 3(3):34-36.

[7] 郭崇义，庞毅 . 基于流通实力的农产品流通模式选择及优化 [J]. 北京工商大学学报 (社会科学版)，2009，24（4）：7-11.

[8] 盛革 . 我国农产品现代流通服务体系的协同优化设计 [J]. 管理评论，2009,

21（8）：114-121.

[9] 汪旭晖，张其林．基于线上线下融合的农产品流通模式研究——农产品O2O框架及趋势[J]. 北京工商大学学报（社会科学版），2014，29（3）：18-25.

[10] 刘刚．鲜活农产品流通模式演变动力机制及创新[J]. 中国流通经济，2014，28（1）：33-37.

[11] 张闯，夏春玉．农产品流通渠道：权力结构与组织体系的构建[J]. 农业经济问题，2005（7）：28-35, 79.

[12] 赵晓飞，李崇光．农产品流通渠道变革：演进规律、动力机制与发展趋势[J]. 管理世界，2012（3）：81-95.

[13] 王彬，傅贤治，张士康．基于综合“DEA－偏好锥”模型的鲜活农产品流通模式效率评价的研究[J]. 安徽农业科学，2008（12）：5176-5181.

[14] 王家旭．我国农产品物流效率的实证分析——基于农产品主产区的省级面板数据[J]. 物流技术，2013，32（11）：147-149, 166.

[15] 王仁祥，孔德树．中国农产品流通效率评价模型构建及其应用[J]. 辽宁大学学报（哲学社会科学版），2014，42（4）：64-73.

[16] 陈耀庭，戴俊玉，管曦．不同视角下的农产品流通效率测量与指标选择[J]. 商业时代，2014（33）：24-25.

[17] 缪梦丹，黄慧君，孙超．我国农产品流通效率的DEA交叉评价[J]. 商业经济研究，2015（15）：18-19.

[18] 王辰依，郭佟佟．基于AHP北京果蔬类农产品流通模式效率评价[J]. 中国市场，2012（49）：67-69.

[19] 吕丹．基于AHP的农产品流通效率指标评估[J]. 物流工程与管理，2013，35（10）：122-126.

[20] 欧阳小迅，黄福华．我国农产品流通效率的度量及其决定因素：2000—2009[J]. 农业技术经济，2011（2）：76-84.

[21] 夏春玉，薛建强，徐健．农产品流通：基于网络组织理论的一个分析框架[J]. 北京工商大学学报（社会科学版），2009，24（4）：1-6.

[22] 李琳，范体军．基于 RFID 技术应用的鲜活农产品供应链决策研究 [J]. 系统工程理论与实践，2014，34（4）：836-844.

[23] 周峻岗，尚杰．基于不同流通模式的农产品流通效率评价研究 [J]. 安徽农业科学，2015，43（2）：317-321, 325.

[24] 沙米拉•色依提．我国主流农产品流通模式的效率评价及横向比较 [J]. 商业经济研究，2015（21）：17-18.

[25] 张学志，陈功玉．我国农产品供应链的运作模式选择 [J]. 中国流通经济，2009，23（10）：57-60.

[26] 李欣 .B2C 农产品电子商务发展对策研究 [J]. 中国商贸，2012（5）：111-112, 114.

[27] 陈耀庭，蔡贤恩，戴俊玉．生鲜农产品流通模式的演进——从农贸市场到生鲜超市 [J]. 中国流通经济，2013，27（3）：19-23.

[28] 王晓宇，郑文生，郑亚琴．电子商务视角下的生鲜农产品供应链模式研究[J]. 重庆科技学院学报（社会科学版），2014（12）：60-63.

[29] 杨军，王厚俊．农产品流通的交易费用分析——基于电子商务和非电子商务的理论比较 [J]. 南方农村，2014，30（8）：41-45, 54.

[30] SCHWEITZER M E.The construction of mental accounts in benefits decision making[J]. Benefits quarterly, 1999, 15(1):52-56.

[31] WU J, CHEN Y, CHIEN S.Impulse purchases and trust: the mediating effect of stickiness and the mental budgeting account[J]. Cyberpsychology, behavior

and social networking, 2013, 16(10): 767-773.

[32] 王宁，胡小阳，单晓红．心理账户视角下顾客满意度研究 [J]. 科技管理研究，2014，34（9）：186-190.

[33] 杨林波，朱兴婷．社会网络视角下消费者心理账户机制的理论建构 [J]. 统计与决策，2015（19）：57-60.

[34] 田靓，万映红，董兰兰．消费者购买决策中心理活动维度的实证研究——基于心理账户理论 [J]. 中国管理科学，2016，24（S1）：199-205.

[35] 王琦，席丹，张晓航．支付方式与消费者购买决策——基于心理账户理论的分析 [J]. 商业研究，2017（10）：10-15.

[36] 陈文沛．物流服务质量、网络顾客满意与网络顾客忠诚——转换成本的调节作用 [J]. 中国流通经济，2014，28（10）：44-51.

[37] 常向阳，毛牧野．顾客参与对转换成本影响的实证研究 [J]. 价格理论与实践，2015（6）：94-96.

[38] 董晓波，常向阳．转换成本对农产品成交价格的影响研究——基于 1312 个企业与水稻种植户交易数据的实证分析 [J]. 农业技术经济，2016（10）：76-83.

[39] 郭俊辉．农产品购买中消费者的渠道转换障碍研究——以渠道转换成本为核心的分析框架 [J]. 农业技术经济，2017（8）：27-38.

[40] PAVLOU P A. Consumer acceptance of electronic commerce: integrating trust and risk with the technology acceptance model[J]. International journal of electronic commerce, 2003, 7(1): 101-134.

[41] 杨颖．生鲜农产品网购意愿影响因素的实证研究 [D]. 蚌埠：安徽财经大学，2015.

[42] BARON P J, MUELLER R D. Consumer perceptions in Eastern European

food markets[J]. British food journal, 1995, 97(2): 34-45.

[43] 林家宝，万俊毅，鲁耀斌 . 生鲜农产品电子商务消费者信任影响因素分析：以水果为例 [J]. 商业经济与管理，2015（5）：5-15.

[44] 尹元元，赵悦 . 质量对线上生鲜水果购买意愿的影响机制研究 [J]. 中国市场，2017（20）：34-37.

[45] ZEITHAML V A. Consumer perceptions of price, quality and value: a meansend model and synthesis of evidence[J].Journal of marketing, 1988, 52(3): 2-22.

[46] PARASURAMAN A, BERRY L L, ZEITHAML V A.Understanding customer expectations of service[J]. Sloan management review, 1991, 32(3):39-48.

[47] CRISTOBAL E, FLAVIÁN C, GUINALIU M. Perceived e-service quality (PeSQ) measurement validation and effects on consumer satisfaction and web site loyalty[J]. Journal of service theory and practice, 2007, 17(3): 317-340.

[48] 乜标，俞佳峰 . 城市社区商业满意度实证研究 —— 以杭州市为例 [J]. 北京工商大学学报（社会科学版），2011，26（4）：38-45.

[49] 季爱红，刘迪 . 水果网络销售影响因素调查报告分析 —— 来自淘宝网消费者的数据 [J]. 物流工程与管理，2011，33（8）：92-93, 89.

[50] 邓爱民，陶宝，马莹莹 . 网络购物顾客忠诚度影响因素的实证研究 [J]. 中国管理科学，2014，22（6）：94-102.

[51] LEE G G, LIN H F. Customer perceptions of e-service quality in online shopping [J]. International journal of retail & distribution management, 2005, 33(2): 161-176.

[52] ZHOU T, LU Y, WANG B. Examining online consumers' initial trust building from an elaboration likelihood model perspective[J]. Information systems frontiers, 2014, 16(4):1-11.

[53] 菲利普·科特勒．营销管理：分析、计划、执行和控制 [M]. 梅汝和，等，译．上海：上海人民出版社．

[54] 项九秀．基于感知价值的消费者网络团购意愿影响因素研究 [D]. 重庆：重庆工商大学，2013.

[55] 吴亮锦，糜仲春．珠宝知觉价值与购买意愿的经济学分析 [J]. 商场现代化，2005（25）：30-32.

[56] 王崇，刘健. 消费者网络购物渠道决策 —— 基于感知价值 [J]. 北京理工大学学报 (社会科学版)，2012, 14（3）：62-68.

[57] 钟凯，张传庆．消费者感知价值对网络购买意愿影响研究 —— 以在线口碑为调节变量 [J]. 沈阳师范大学学报 (社会科学版)，2013, 37（3）：53-56.

[58] FORNELL C, JOHNSON M D, ANDERSON E W, et al. The American customer satisfaction index: Nature, purpose and findings[J]. Journal of marketing, 1996 (60): 7-18.

[59] HENNIG-THURAU T, KLEE A.The impact of customer satisfaction and relationship quality on customer retention: a customer reassessment and model development[J]. Psychology & marketing, 1997, 14(8): 737-764.

[60] 龙安迪．生鲜农产品网购服务质量影响因素研究 [D]. 贵阳：贵州师范大学，2016.

[61] OLIVER R L, LINDA G. Effcet of satisfaction and its antecedents on consumer preference and intention[J].ACR north american advances, 1981(8): 88-93.

[62] 廖依婷，徐文博，张婧怡，等．大学生网购生鲜水果影响因素研究 [J]. 物流工程与管理，2016, 38（9）：63-67.

[63] 张蓓，林家宝．可追溯水果消费者购买行为影响因素研究 —— 基于心理反应的综合视角 [J]. 消费经济，2014, 30（1）：51-57.

[64] HONG I B, CHA H S. The mediating role of consumer trust in an online merchant in predicting purchase intention[J]. International journal of information management, 2013, 33(60): 927-939.

[65] 王竹君 . 伯果儿：用互联网思维整合生鲜行业资源 [J]. 国际公关，2016(2): 74-75.

[66] 王明葆 . 大数据在许鲜网 O2O 模式中应用的系统动力学分析 [J]. 物流技术，2016, 35（2）：151-155, 176.

[67] 任杰，赵冬梅 . 网络零售环境下生鲜水果参考价格影响因素 [J]. 经济与管理研究，2014（12）：119-124.

[68] LI C, PING Q, ANTONIO L. The impact of lifestyle and ethnocentrism on consumers' purchase intentions of fresh fruit in China[J].Journal of consumer marketing, 2012, 29(1):43-51.

[69] SUN X T, COLLINS R J. Chinese consumer response to imported fruit: intended uses and their effect on perceived quality[J].International journal of consumer studies, 2006, 30(2):179-188.

[70] BAKER S, MCCABE S, SWITHERS S E, et al. Do healthy, child-friendly fruit and vegetable snacks appeal to consumers? A field study exploring adults' perceptions and purchase intentions[J].Food quality & preference, 2014, 39(1): 202-208.

[71] CARPIO C E, WOHLGENANT M K, SAFLEY C D.A structural econometric model of joint consumption of goods and recreational time: an application to pick-your-own fruit[J].American journal of agricultural economics, 2008, 90(3): 664-657.

[72] ONWEZEN M C, BARTELS J.Which perceived characteristics make product

innovations appealing to the consumer? A study on the acceptance of fruit innovations using cross-cultural consumer segmentation[J].Appetite, 2011, 57 (1): 50-58.

[73] KAPOOR S, KUMAR N.Fruit and vegetable consumers' behavior: implications for organized retailers in emerging markets[J]. Journal of international food & agribusiness marketing, 2015, 27(3): 203-227.

[74] MIKOŁAJ CZAJKOWSKI, SOBOLEWSKI M . How much do switching costs and local network effects contribute to consumer lock-in in mobile telephony?[J]. Telecommunications Policy, 2016, 40(9): 855-869.

[75] SHCHERBAKOV O. Measuring consumer switching costs in the television industry[J]. Rand journal of economics (Wiley-Blackwell), 2016, 47(2): 366-393.

[76] PICK D, EISEND M. Buyers' perceived switching costs and switching: a meta-analytic assessment of their antecedents[J]. Journal of the academy of marketing science, 2014, 42(2): 186-204.

[77] DUB J, HITSCH G J, ROSSI P E.Do switching costs make markets less competitive?[J]. Journal of marketing research (JMR), 2009, 46(4): 435-445.

[78] CHANG H H, WONG K H, LI S Y. Applying push-pull-mooring to investigate channel switching behaviors: m-shopping self-efficacy and switching costs as moderators[J]. Electronic commerce research & applications, 2017(24): 50-67.

[79] BELL S J, AUH S, SALLEY K. Customer relationship dynamics: service quality and customer loyalty in the context of varying levels of customer expertise and switching costs[J]. Journal of the academy of marketing science, 2005, 33(2): 169-183.

[80]金立印. 服务广义转换成本对顾客忠诚的影响——满意度与替代者吸引力的调节效应[J]. 管理学报，2008（6）：912-920.

[81]CHADHA S K, KAPOOR D. Effect of switching cost, service quality and customer satisfaction on customer loyalty of cellular service providers in Indian market[J]. IUP journal of marketing management, 2009, 8(1): 23-37.

[82]OSBORNE M. Consumer learning, switching costs, and heterogeneity: a structural examination[J]. Quantitative marketing & economics, 2011, 9(1):25-70.

[83]CHEBAT J, DAVIDOW M, BORGES A. More on the role of switching costs in service markets: a research note[J]. Journal of business research, 2011, 64(8): 823-829.

[84]YANG G Q, WU Y X. Firm's financing strategy and pricing strategy based on switching costs[J]. Systems engineering-theory & practice, 2012, 32(1): 91-103.

[85]LEE C L, HUANG M K. A nonlinear relationship between the consumer satisfaction and the continued intention to use sns services: the moderating role of switching cost[J]. International journal of electronic business management, 2014, 12(2): 90-101.

[86]POLLACK B L. The divergent "loyalty" behaviors of a captive consumer[J]. Services marketing quarterly, 2017, 38(2): 74-87.

[87]PORTER M E.Competitive strategy: techniques for analyzing industries and competitors[J]. Social science electronic publishing, 1980(2): 86-87.

[88]KLEMPERER P.Markets with corl glurler switching costs[J].The quarterly journal economics, 1987(5): 375-394.

[89]GUILTINAN J P. A classification of switching costs with implications for relationship marketing[J]. AMA winter educators' conference proceedings,

1989(2): 216-220.

[90] BURNHAM T A, FREIS J K, MAHAJAN V. Consumer switching costs: a typology, antecedents, and conseguences[J]. Journal of the academy of marketing science, 2003, 31(2): 109-126.

[91] BLUT M, FRENNEA C M, MITTAL V, et al. How procedural, financial and relational switching costs affect customer satisfaction, repurchase intentions, and repurchase behavior: a meta-analysis[J]. International journal of research in marketing, 2015, 32(2): 226-229.

[92] JONES M A, REYNOLDS K E, MOTHERSBAUGH D L, et al. The positive and negative effects of switching costs on relational outcomes[J]. Journal of service research, 2007, 9(4): 335- 355.

[93] 王崇，吴价宝，王延青．移动电子商务下交易成本影响消费者感知价值的实证研究 [J]. 中国管理科学，2016, 24（8）：98-106.

[94] ERAT S, BHASKARAN S R. Consumer mental accounts and implications to selling base products and add-ons[J]. Marketing science, 2012, 31(5): 801-818.

[95] QING P, LOBO A, CHONGGUANG L. The impact of lifestyle and ethnocentrism on consumers' purchase intentions of fresh fruit in China[J]. Journal of consumer marketing, 2012, 29(1): 43-51.

[96] 魏世勇，沈利生．基于心理账户的习惯形成 [J]. 统计研究，2014, 31（4）：72-78.

[97] 李爱梅，李斌，许华，等．心理账户的认知标签与情绪标签对消费决策行为的影响 [J]. 心理学报，2014, 46（7）：976-986.

[98] 钱明辉，李蔚菱．心理预算研究新进展及其启示 [J]. 管理评论，2014, 26（10）：173-180.

[99] 李爱梅，凌文辁．心理账户：理论与应用启示 [J]. 心理科学进展，2007(5)：727-734.

[100] 刘泽文，孔亮．心理账户的理论、特征和应用 [J]. 人类工效学，2014, 20（4)：74-79.

[101] REYNIERS D J. Relative impatience determines preference between contract bargaining and repeated bargaining[J].International Journal of Game Theory, 2000, 29（2）: 165-176.

[102] JEITSCHKO T D, MIRMAN L J. Information and experimentation in short-term contracting[J]. Economic Theory, 2002(19): 311-331.

[103] CHUNG Tai-Yeong. Incomplete contracts, specific investments and risk sharing [J]. Review of economic studies, 1991, 58(5): 1031-1042.

[104] 孙宁华．经济转型时期中央政府与地方政府的经济博弈 [J]. 管理世界，2001（3)：35-43.

[105] 徐敏丽．农产品市场供给的博弈分析 [J]. 生产力研究，2008（8)：32-33.

[106] 郑国强．农业市场化进程中信用的经济学分析 [D]. 北京：中国农业大学，2005.

[107] 冯忠泽．中国农产品质量安全市场准入机制研究 [D]. 北京：中国农业科学院，2007.

[108] 万俊毅，罗必良．风险甄别、影响因素、网络控制与农产品质量前景 [J]. 改革，2011（9)：75-85.

[109] 王建华，马玉婷，李俏．农业生产者农药施用行为选择与农产品安全 [J]. 公共管理学报，2015, 12（1)：117-126, 158.

[110] 王志刚．食品安全认知与消费决策 [J]. 中国农村经济，2010（4)：3-8.

[111] 钟甫宁，易小兰．消费者对食品安全的关注程度与购买行为的差异分析

——以南京市蔬菜市场为例 [J]. 南京农业大学学报（社会科学版），2010, 10（2）：19-26.

[112] 钱继敏 . 上海市社区居民食品安全知信行调查 [D]. 上海：复旦大学，2011.

[113] RATCHFORD B, TALUKDAR D, LEE M. A model of consumer choice of the internet as an information source[J]. Internation journal of electronic commece, 2001, 5(3): 7-21.

[114] BING P, DANIEL R.Online information search: vacation planing process[J]. Annals of tourism research, 2006, 33(3): 809-832.

[115] GINABERG J, MOHEBBI M H, PATEL R S， et al. Detecting influenza epidemics using search engine query data [J]. Nature, 2009, 457(19): 1012-1014.

[116] JÖRG RECH. Discovering trends in software engineering with Google trend[J]. ACM sigsoft software engineering notes, 2007, 32(2): 1-2.

[117] 周小又 . 利用综合搜索引擎获取网络经济信息资源 [J]. 图书情报工作网刊，2008（10）：86-89.

[118] 韩冰，路紫 . 户外运动网站论坛功能评估及其互动作用对个人出行行为的导引 [J].人文地理，2007（1）：58-62, 128.

[119] 吴士锋，陈兴鹏，路紫，等 . 网站信息流对旅游人流增强作用研究 [J].现代情报，2009, 29（11）：215-217, 224.

[120] 李山，邱荣旭，陈玲 . 基于百度指数的旅游景区络空间关注度：时间分布及其前兆效应 [J].地理与地理信息科学，2008, 24（6）：102-107.

[121] 龙茂兴，孙根年，马丽君，等. 区域旅游网络关注度与客流量时空动态比较分析——以四川为例 [J]. 地域研究与开发，2011，30（3）：93-97.

[122] 林志慧，马耀峰，刘宪锋，等 . 旅游景区网络关注度时空分布特征分析

[J]. 资源科学，2012, 34（12）: 2427-2433.

[123] 路紫，赵亚红，吴士峰，等 . 旅游网站访问者行为的时间分布及导引分析 [J]. 地理学报，2007, 62（6）: 621-630.

[124] 马丽君，孙根年，黄芸玛，等 . 城市国内客流量与游客网络关注度时空相关分析 [J]. 经济地理，2011, 31（4）: 680-685.

[125] 邹永广，林炜铃，郑向敏 . 旅游安全网络关注度时空特征及其影响因素 [J]. 旅游学刊，2015, 30（2）: 101-109.

[126] 张力 . 基于百度指数分析的地域网络关注度研究 —— 以镇江为例 [J]. 图书情报研究，2012, 5（1）: 40-47, 14.

[127] 周彩屏，戈冬梅 . 旅游规模差异及其位序规模体系研究 —— 以浙江省为例 [J]. 经济地理，2010, 30（02）: 345-350.

[128] 保继刚，甘萌雨 . 改革开放以来中国城市旅游目的地地位变化及因素分析 [J]. 地理科学，2004, 23（3）: 365-370.

[129] 卢松，陆林，王莉，等 . 古村落旅游客流时间分布特征及其影响因素研究 —— 以世界文化遗产西递、宏村为例 [J]. 地理科学，2004, 24（2）: 250-256.

[130] 冯相昭，邹骥，马珊，等 . 极端气候事件对中国农村经济影响的评价 [J]. 农业技术经济，2007（2）: 19-25.

[131] 周京平，王卫丹 . 极端气候因素对中国农业经济影响初探 [J]. 现代经济（现代物业：现代物业中旬刊），2009, 8（7）: 142-145.

[132] 顾连宏 . 从环境危机到民族危机 [J]. 植物生态学报，2007（3）: 546-547.

[133] 蔡波 . 极端气候对粮食生产影响的研究综述 [J]. 经济研究导刊，2013(15): 239-240.

[134] 甘甜 . 极端气候因素对中国农业经济影响初探 [J]. 财经界（学术版），2014

(12): 21.

[135] 童万民，潘焕学．我国农产品价格波动与价格预期关系研究 [J]. 价格理论与实践，2014 (5): 47-49.

[136] 张潇潇，张伟，李晶．农产品价格波动因素与我国农产品价格现状研究 [J]. 湖北民族学院学报 (哲学社会科学版)，2013, 31 (2): 59-62.

[137] 宋洪远．农产品价格波动：形成机理与市场调控 [J]. 经济研究参考，2012 (28): 28-37.

[138] 黄秀海．农产品产量波动对价格影响的实证分析 [J]. 价格月刊，2007 (9): 11-13.

[139] 魏瑞江，张文宗，陈道红，等．异常气候下极端天气事件对河北省农业的影响 [J]. 干旱区资源与环境，2007 (11): 35-38.

[140] 马龙龙．我国农产品批发市场转型与升级亟待推进 [J]. 农村工作通讯，2014 (20): 49.

[141] 依绍华．我国农产品批发市场发展状况调查及对策建议 [J]. 北京工商大学学报 (社会科学版)，2014, 29 (6): 16-21.

[142] 余娟，倪少权，甘蜜，等．农产品批发市场升级改造的评估方法 [J]. 统计与决策，2016 (1): 49-53.

[143] 张红程，王双进．基于供应链管理的河北农产品批发市场升级改造研究 [J]. 山东农业工程学院学报，2015, 32 (5): 4-6.

[144] 温卫娟，唐秀丽．北京市农产品批发市场升级改造必要性及措施分析 [J]. 物流技术，2015, 34 (1): 11-12.

[145] 杨军．我国农产品批发市场转型升级的目标和路径 [J]. 经济纵横，2016 (11): 121-124.

[146] 姜秀永．传统农产品批发市场转型升级浅析 —— 以徐州农副产品中心批

发市场为例 [J]. 现代商业，2017（15）：18-19.

[147] 周逸嫚．探寻农产品批发市场转型之路——建立面向终端群体的分布式一体化农产品流通服务平台 [J]. 农业经济，2015（7）：115-117.

[148] 毛艳琼，邢玉凤．探索电子商务在农产品批发市场的应用 [J]. 科技创新导报，2015, 12（17）：134.

[149] 踪锋．电子商务环境下农产品批发市场升级研究 [J]. 商业经济研究，2018（4）：128-130.

[150] 梁键．我国农产品批发市场的公益性及发展对策思考 [J]. 商业时代，2013（26）：20-21.

[151] 李志博，米新丽，洪岚，等．软集理论在管理决策中的应用研究——以公益性农产品批发市场建设方案选择为例 [J]. 经济问题，2014（5）：98-102.

[152] 张闯，夏春玉，刘凤芹．农产品批发市场公益性实现方式研究——以北京新发地市场为案例 [J]. 农业经济问题，2015, 36（1）：93-100, 112.

[153] 纪良纲，米新丽．推进农产品批发市场公益性建设的政策建议 [J]. 河北大学学报（哲学社会科学版），2016, 41（6）：75-79.

[154] 李志博，米新丽．农产品批发市场公益性职能缺失的经济分析 [J]. 经济问题，2017（1）：110-114.

[155] 刘川锋，王瑞梅，胡妤，等．"互联网 +"背景下公益性农产品电子商务批发市场构建 [J]. 科技管理研究，2018, 38（2）：203-208.

[156] 陈炳辉，安玉发，刘玉国．我国农产品批发市场升级改造的目标模式与重点选择 [J]. 农村经济，2006（5）：107-110.

[157] 王一淋．转型升级背景下农产品批发市场发展模式选择与创新 [D]. 杭州：浙江工商大学，2012.

[158] 纪宝成，晏维龙．电子商务下的商品流通 [J]. 经济理论与经济管理，2000

(4): 35-40.

[159] 洪涛，张传林 . 2014—2015 年我国农产品电子商务发展报告 [J]. 中国商论，2015 (Z1): 44-54.

[160] 张耘堂，李东 . 原产地形象对农产品电商品牌化的影响路径研究 [J]. 中国软科学，2016 (5): 43-54.

[161] 侯燕 . 基于 AHP 法的农产品电商品牌建设质量评价 [J]. 商业经济研究，2016 (15): 99-100.

[162] 吴彦艳 . 基于品类管理的农产品电子商务发展模式研究 [J]. 商业经济研究，2015 (21): 71-73.

[163] 陈欣 . 电子商务视角下移动农产品消费者购买意愿研究 [J]. 商业经济研究，2015 (13): 65-66.

[164] 龚骊 . 对上海农产品电子商务销售现状的调查分析 [J]. 统计科学与实践，2015 (9): 45-47.

[165] 刘冰芳，刘金璐 . 基于农产品电子商务的消费者感知价值对信任的影响 [J]. 中原工学院学报，2015, 26 (5): 75-80.

[166] 张佩卿，陈涛，蒋旭东，等 . 基于可追溯流程管理的农产品电子商务运营模式创新研究 [J]. 商场现代化，2014 (1): 108-109.

[167] 肖丽平 . 生鲜农产品电子商务消费者信任影响因素分析 —— 以蔬菜为例 [J]. 商业经济研究，2016 (16): 67-69.

[168] 金晓丹，王波，赵晓倩 .WebIM 在农产品电子商务系统中的应用研究 [J]. 电脑知识与技术，2013, 9 (7): 1720-1722.

[169] 王银凤，何紫阳，段炳辉，等 . 基于 ASP.NET 技术的农产品电子商务平台的设计 [J]. 信息通信，2015 (7): 91.

[170] 邢如意 . 基于 JFinal 构建可追溯农产品电子商务平台 [J]. 连云港职业技

术学院学报，2015, 28（2）：67-70.

[171] 胡俊波 . 农产品电子商务发展模式研究：一个模式构想 [J]. 农村经济，2011（11）：111-113.

[172] 樊西峰 . 鲜活农产品流通电子商务模式构想 [J]. 中国流通经济，2013, 27（4）：85-90.

[173] 洪涛 . 农产品电商模式创新研究 [J]. 农村金融研究，2015（8）：7-12.

[174] 但斌，郑开维，刘墨林，等 . 基于社群经济的“互联网 +”生鲜农产品供应链 C2B 商业模式研究 [J]. 商业经济与管理，2016（8）：16-23.

[175] 杨俊峰 . 生鲜农产品电子商务配送模式及优化策略 [J]. 物流技术，2014, 33（23）：139-141.

[176] 汪旭晖，张其林 . 电子商务破解生鲜农产品流通困局的内在机理 —— 基于天猫生鲜与沱沱工社的双案例比较研究 [J]. 中国软科学，2016（2）：39-55.

[177] 胡拥军，高庆鹏 . 国外农产品电子商务的发展及其对我国的启示 [J]. 经济研究参考，2015（28）：6-10.

[178] 蒋倩 . 美国农产品电子商务模式对中国的启示 [J]. 世界农业，2015（10）：170-173, 184.

[179] 葛俊，严奉宪，杨承霖 . 国外农产品电子商务发展模式对中国的启示 [J]. 世界农业，2013（5）：48-51, 154-155.

[180] 李自琼，刘东皇 . 借鉴国外经验探索中国农产品电子商务发展模式 [J]. 世界农业，2015（10）：154-157, 161.

[181] 尹志洪，李平 . 英美国家农产品电子商务发展模式对中国的启示 [J]. 电子商务，2014（12）：25-26.

[182] 刘一江，王录安，冯璐，等 . 降低农产品价格的新探索 —— 构建生鲜农

产品电子商务模式 [J]. 现代管理科学，2015（3）：112-114.

[183] 侯燕 .“消费者中心”理念下农产品电商品牌建设策略研究 [J]. 商业经济研究，2016（5）：48-50.

[184] 付秀平 . 通榆县农产品电子商务发展模式研究 [J]. 东方企业文化，2015（13）：376.

[185] 唐微 . 山西特色农产品电子商务发展策略研究 [J]. 黑龙江生态工程职业学院学报，2016, 29（1）：18-19.

[186] 孙百鸣，王春平 . 黑龙江省农产品电子商务模式选择 [J]. 商业研究，2009（8）：175-176.

[187] 綦方中，郑婷婷，潘凤钗 . 基于第三方电子商务平台的农产品物流模式分析 [J]. 农业经济，2012（11）：106-108.

[188] 张鑫 . 电子商务背景下农产品流通模式分析 [J]. 商业经济研究，2016(16)：167-168.

[189] 张永强，高延雷，王刚毅，等 .“互联网 +”背景下农产品电子商务两种典型模式分析 [J]. 黑龙江畜牧兽医，2015（22）：8-12.

[190] 李欣 . 服装线上线下营销渠道冲突问题研究 [D]. 杭州：浙江理工大学，2013.